应用型高等院校经管类系列实验教材·信用管理

征信数据库管理与应用实验

唐明琴 王纯红 成蓉晖 周建红 叶湘榕 吴雪亮 编著

中国财经出版传媒集团
经济科学出版社
Economic Science Press

图书在版编目（CIP）数据

征信数据库管理与应用实验/唐明琴等编著.
—北京：经济科学出版社，2016.10
应用型高等院校经管类系列实验教材
ISBN 978-7-5141-7378-9

Ⅰ.①征… Ⅱ.①唐… Ⅲ.①信用-数据库-高等学校-教材 Ⅳ.①F830.5-39

中国版本图书馆 CIP 数据核字（2016）第 252501 号

责任编辑：白留杰　刘殿和
责任校对：王肖楠
责任印制：李　鹏

征信数据库管理与应用实验
唐明琴　王纯红　成蓉晖　周建红　叶湘榕　吴雪亮　编著
经济科学出版社出版、发行　新华书店经销
社址：北京市海淀区阜成路甲 28 号　邮编：100142
教材分社电话：010-88191354　发行部电话：010-88191522
网址：www.esp.com.cn
电子邮件：bailiujie518@126.com
天猫网店：经济科学出版社旗舰店
网址：http://jjkxcbs.tmall.com
北京密兴印刷有限公司印装
787×1092　16 开　13.25 印张　330000 字
2016 年 12 月第 1 版　2016 年 12 月第 1 次印刷
ISBN 978-7-5141-7378-9　定价：32.00 元
（图书出现印装问题，本社负责调换。电话：010-88191510）
（版权所有　侵权必究　举报电话：010-88191586
电子邮箱：dbts@esp.com.cn）

总　序

　　实践教学是高等教育本质的必然要求,是践行应用型人才培养的必经之路,是地方行业性教学型本科院校办学的重要特征。近几年来,各高校经济与管理类专业实验教学已经逐步开展,把实验教学作为教学改革的抓手、知识融合的平台以及联系社会的桥梁,然而如何进一步完善实验教学体系、提高实验实践教学水平与质量已经成为各高校亟待解决的问题。应用型高等院校经管类系列实验教材以提高高等院校经济与管理类专业实验教学的建设水平为目的,以实验教材建设为突破口,探讨高等院校经济与管理类实验教材的新方向、新思路、新内容、新模式。

　　本系列实验教材的编写紧紧围绕"知行合一,能力为尚,积淀特色,共享协作"的地方行业性教学型经济与管理类实验教学理念,贯彻以现代教育技术为基本手段,以实验资源共享与应用为条件,强化理论教学与实践教学互动与互补,"实践与理论相结合"和在"做中学"的指导思想,强调实验教材建设与实验课程建设、实验项目建设、实验教师队伍建设以及深化实验教学改革相结合,力图通过系列教材建设规范实验教学内容和实验项目,促进实验教学质量的提高。

　　(一)本系列实验教材内容与教学方式符合实验教学规律和要求。具体表现在以下几个方面:

　　1. 实验教材以实验项目为章节,按如下体例编写:实验目的和实验要求;实验的基本原理;实验仪器、软件和材料或实验环境;实验方法和操作步骤;实验注意事项;数据处理和实验结果分析;实验报告。当然,对于不同的课程,根据其本身的学科特点,实验教材的编写体例并不完全一致。

　　2. 增加综合性、设计性、创新性实验项目的比例,并逐步将科研成果项目转化为教材的实验项目。

　　3. 与当前流行的实验平台软件或硬件及教材内容紧密结合,符合一般软件要求。

　　4. 充分体现以学生为主体,明确实验教学的内涵。实验教学过程体现以学生操作为主,教师辅导为辅,少量时间教师讲解,大部分时间学生操作的特点。

　　5. 按实验教学规律分配学时,并且有多余的实验项目供学生利用开放实验室自主学习。

　　6. 内容精练,主次分明,详略得当,文字通俗易懂,图表与正文密切配合。

　　(二)本系列实验教材遵循实验教学规律,体现时代特色,总体来说,具有以下四个特点:

　　1. 与现代典型案例相结合。以培养应用型人才为原则,根据实验教学大纲,注重理论联系实际,教材具有较强的实践性、新颖性、启发性和适用性,有利于培养学生的实践能力和创新能力。

　　2. 建设形式新颖。实验教材分为纸质实验教材和网络资源的形式;纸质教材实验报告尝试做成活页形式，或做成可撕下的带切割线形式；在纸质教材出版，配套建有供学生实验前和实验后学习使用的网络资源。

3. 实验内容创新。对于实验教材编写内容上的创新，一是凸显应用型人才培养特色实验项目，提高了综合性、设计性、创新性实验项目的比例；二是将教师的科研成果转化为本科学生实验教学项目。

4. 编写程序严格。对实验教材的申请立项的实验教材经由学院领导及专家进行立项审查；实验教材初稿经由相关同行专家给出鉴定，最终审核后，送交出版社评审出版。

本系列教材得到各方面人士的指导、支持和帮助，尤其是得到中国经济信息学会实验经济学与经济管理实验室专业委员会的专家，广东金电集团等多家业界人士，以及各高校同行老师们的支持和帮助，我们在此表示由衷的感谢。本系列实验教材尚处于探索阶段，作为一种努力和尝试，存在诸多不足之处，竭诚希望得到广大同行及相关专家的批评指正。

应用型高等院校经管类系列实验教材编委会
2009 年 12 月

前　言

　　征信数据库作为社会信用管理的技术基础，已是人类社会活动的一个不可或缺的重要组成部分，其应用之广泛、深入，技术发展之迅速，是专业人士与普通公众都始料不及的，掌握征信数据库的相关知识与应用技能，是现代信用管理对专业人才的新要求。如何在体系庞杂、技术日新月异的征信数据库理论教学与应用技能方面精选内容、改革教学模式，是高等教育的一个新课题。而实践性教学又是更为重要的环节，深层、抽象的理论精髓内容需要通过一定的实验教学才易于被人们接受，并逐渐深入，然后推动技术发展。更进一步来说，实验教学应该如何精选内容，改革教学模式与教学手段，使培养人才的质量、效益提高，在有限的教学时间内，使实践应用能力的培养取得最大化的收获，也是作者与同事们一直关注并为之努力探索的课题。

　　征信数据库管理与应用是一门专业学科，以信息经济学和计算机基础以及金融学等学科交叉而产生，它是伴随着21世纪初在我国掀起的诚信教育热潮而诞生，在我国既是一门崭新的学科，又是一门实务性较强的学科。广东金融学院在本科生中开设《征信数据库管理与应用》实验课程，进一步突出了应用型人才的培养目标。实验的内容在于让学生掌握或了解以下内容：（1）征信原理；（2）征信报告及阅读；（3）企业征信报告撰写；（4）个人征信报告撰写；（5）征信数据库原理及业务。

　　如何精选内容，改革实验教学模式，让学生从枯燥乏味的理论学习中解脱出来，在了解相应理论知识的同时，加强实践性教学内容的学习，掌握一些实用、好用的相关技能，并对相关理论知识体系、技术细节、操作管理等有系统完整的训练，是本书努力探索的方向。

　　由于时间仓促、水平有限，书中不妥之处敬请读者批评指正。

唐明琴
2016 年 9 月

目　　录

第一部分　征信数据库管理与应用概述 1
第二部分　系统功能架构 10
第三部分　系统操作说明 22
第四部分　实验 26
　实验一　数据库的创建、恢复与管理（实验性实验） 26
　实验二　表的创建与管理（设计、实验性实验） 39
　实验三　数据操纵、查询（设计、实验性实验） 46
　实验四　征信数据字典解读（实验性实验） 56
　实验五　个人征信报告范例及解读（设计性实验） 77
　实验六　个人征信报告及撰写（设计性实验） 86
　实验七　个人银行征信数据仿真（设计、实验性实验） 95
　实验八　企业征信报告范例及解读（设计性实验） 114
　实验九　企业征信报告及撰写（设计性实验） 133
　实验十　个人征信报告应用仿真（实验性、设计性实验） 133
　实验十一　企业行政部门征信数据仿真（设计、实验性实验） 153
　实验十二　征信统计分析（实验性实验） 157
　实验十三　征信综合实验（综合性实验） 162

附录
个人信用报告（个人查询版样本） 177
企业信用报告（自主查询版样本） 187

参考文献 202

第一部分 征信数据库管理与应用概述

一、征信数据库管理与应用实验产生的背景

征信，是指对市场参与者的信用和其他资信状况进行调查核实，并对所获取的信息进行分析，给出相应的信用评价。信用是征信的前提，是各参与方履行要约与合同的行为结果，与结果本身的好坏以及形成结果的原因相关的信息，是我们对其进行评价的基础。在征信活动中需要将大量的相关信息收集整理分析得出结论，而庞大的数据如何集中管理又要能够方便及时提取，在传统的征信业务中是一个难题。伴随着电子技术的出现，计算机巨大的信息储存量和高速解析能力，给征信基础数据存储和处理方式带来变革，建立软件库存系统，先将收集到的信息数据录入其中，并通过检索技术，迅速查找调用所需的信息，这就是征信数据库，一个将这些信息收集保存和提取的载体。

征信行业是随着信用交易发展而出现的，它能够降低交易双方的信息不对称性，是市场交易中公平公正的第三方。传统的征信服务，是一种有针对性的调查服务，是由委托人委托相应的机构对目标进行信息采集、核实和处理。由于科技不发达，通信手段落后等原因，其调查范围和信息采集渠道受限，其信息的准确性和客观性得不到保障，且相应的信息资源不能得到有效共享，存在重复调查的现象，征信业发展缓慢。"二战"以后，在发达的资本主义国家，以商业银行为代表的金融机构开始大力推广住房消费信贷和信用卡，同时电子技术的发展和计算机的普遍运用，政府和企业开始有组织的信息收集归纳存储和联网共享，以备需要时进行查询，方便快捷且信息资源得到有效利用，很好地避免了多次重复的人力浪费，传统模式逐步退出。

在我国经济发展起步较晚，改革开放之后市场经济才得到迅猛发展，不仅人民生活水平大幅提高，经济发展的国际化程度也逐步深化。20世纪80年代后期，中国的对外经济合作取得了很大发展，海外投资者和出口商对中方需要更多的了解，为了吸引外资和促进国际贸

易的发展，我国由外经贸部决定与美国的邓白氏公司合作，互相提供中外企业的信用报告。后来，与海外机构的合作扩大到香港的"日新公司"和台湾的"中华征信所"等机构。在加入WTO之后，金融市场逐步开放，个人与企业的金融活动越来越活跃。在自由市场中，是依靠信用建立各种经济关系，更好的经济发展，就需要更高的信用要求。如何让个人或企业的信用得到直观的体现，则需要根据个人或企业过去和现在的各种信息进行综合评价并量化信用等级，由于部分征信数据的特殊性，和国外机构的合作已经不能满足市场需求，这使得建立征信数据库并加快企业和个人征信体系成为我们当前的紧迫需求。

党的十六大报告明确提出要"健全现代市场经济的社会信用体系"，十六届三中全会明确提出"按照完善法规、特许经营、商业运作、专业服务的方向，加快建设企业和个人信用服务体系。"2003年，国务院"三定方案"明确赋予人民银行"管理信贷征信业，推动建立社会信用体系"的职责，由中国人民银行负责组织商业银行建立个人信用信息基础数据库，一方面是为了防范和降低各商业银行的信贷风险，另一方面也要维护个人数据的安全，以保障数据被合法使用，2005年10月1日开始执行《个人信用信息基础数据库管理暂行办法》。2007年召开的全国金融工作会议进一步提出，以信贷征信体系建设为重点，全面推进社会信用体系建设。为进一步发挥人民银行在社会信用体系建设作用，2008年，国务院将人民银行职能调整为"管理征信业，推动建立社会信用体系"。

国际金融危机的出现，再次凸显出了资信评级及其监督管理的重要性，如何改革资信评级标准及其监督管理方式，成为国际上热议的问题。面对这个契机，人民银行再次提出了要加快我国征信管理体系的发展与完善，并参与到各项与征信数据收集使用或征信企业发展有关的规章制度和法规条例的制定中。

（一）企业与个人征信系统的建设运行情况

根据具体调查对象的不同，征信业务通常被分为企业征信和个人征信。当前全球共有40多个公共征信系统在运行，欧盟国家的公共征信系统是世界最早的公共征信系统。始建于1946年的法国中央银行的"信用登记系统"是欧洲公共征信系统的典型，建立在中央银行的贷款登记联网咨询系统的基础之上，包括企业信用登记系统和个人信用登记系统两个子系统。

欧美地区征信体系建立的早，发展也相对成熟，美国的邓白氏公司（Dun & Bradstreet Corp）、英国的益百利公司（Experian）和荷兰的格瑞顿公司（Graydon International Co.）都是能够提供全球或国际企业征信服务的大型征信机构。

邓白氏公司拥有一个全球最庞大，覆盖超过2亿商业信息的海量数据库，它收集来自全球多达214个国家、95种语种或方言、181种货币单位的商业信息。同时，为确保信息的精确性、完整性、及时性和跨领域的一致性，数据库对数据更新高达每日150万次！邓白氏数据库之所以能成为全球同类中综合性最高的数据库，全有赖于邓白氏特有的DUNSRight流程对原始数据的收集、编辑及核实。DUNSRight的流程操作基于公司对信息的质量掌控。由全球数据收集、实体匹配、邓氏编码、企业关联、预测指数5大步骤有序构成，流程中多达2 000次的自动核对及人工审核确保数据达到高质量标准。邓白氏确信，任何通过这个流程的信息都是优质而卓具洞察与远见的，任何客户都可借助这一流程信心十足地作出商业决策。

益百利公司是全球领先的信息服务公司，向世界各地的客户提供数据和分析工具。帮助企业管理信贷风险、防止欺诈行为、确定营销目标，以及实现自动化决策。同时，益百利也帮助个人用户查询自己的信用报告和信用评分，并防止身份盗用。它在40个国家设立办事处，客户遍及80个国家，持有超过4亿客户和包括新华信在内的5 000万家企业的信息资料，与全球70多家征信机构进行合作开发出25国专用的Mosaic客户细分系统，其中包括亚太地区，持有全球1.3亿家庭和消费者的营销信息资料，每日将Hitwise搜集的2 500万网络用户在线使用、搜索和会话行为等信息，提供给全球1 500个客户。

格瑞顿公司（Graydon International Co.），是一家成立于1888年历史悠久的欧洲大型征信服务公司，它有能力提供世界上130多个国家和地区的企业信用报告。

在亚洲地区，1899年成立的日本帝国征信公司（Teikoku Databank Business Service, Ltd.）规模最大，该公司的COMOS数据库和CCR数据库存储有大概120万家企业和52万家分支机构的信用档案，还有39万家企业的破产记录。帝国数据银行和东京商工两家占据了日本市场份额的60%~70%。

在个人领域，最著名的是三大个人征信局，包括英国的益百利公司（1996年收购了美国TRW公司的信息业务）、1899年成立的美国Equifax公司和1968年成立的美国环联公司（Trans Union，TU），他们各自拥有2亿以上的消费者信用档案。

我国的企业信用信息基础数据库始于1992年成立的第一家私营企业征信机构"北京新华信商业风险管理有限公司"（2001年更名为"北京新华信商业信息咨询有限公司"），此外，华夏国际企业信用咨询有限公司、上海中商商业征信有限公司、中贸远大商务咨询有限公司、北京中征征信咨询服务有限公司和北京华通人市场信息有限责任公司也都是出现较早的私营企业征信机构。目前，中国国内共有5家获得认可的权威信用评级机构，分别为中诚信国际、联合资信、大公国际、上海远东资信、上海新世纪评级等。

公共征信机构则是始于人民银行于1997年开始筹建的银行信贷登记咨询系统，2002年建成地市、省市和总行三级数据库体系，实现以地市级数据库为基础的省内数据共享。该系统主要从商业银行等金融机构采集企业的基本信息、在金融机构的借款、担保等信贷信息，以及企业主要的财务指标。在该系统多年运行基础上，2005年人民银行启动银行信贷登记咨询系统的升级工作，将原有的三级分布式数据库升级为全国集中统一的企业信用信息基础数据库，在信息采集范围和服务功能上大大提高。企业信用信息基础数据库已经于2006年7月实现全国联网查询。截至2010年3月底，企业信用信息基础数据库收录企业及其他组织共计1 700多万户，其中600多万户有信贷记录。

在金融机构建立企业征信数据库以外，政府还按照国务院《关于社会信用体系建设的若干意见》、《关于社会信用体系建设规划的部署》、《征信业管理条例》及"十二五"规划要求，以工商、税务、质检、法院等全国各级、各区域54个职能部门对企业的管理信息为基础，吸纳社团、媒体、金融、消费者等评价信息，建成覆盖全国、统一标准的11 315全国企业征信系统。11315全国企业征信系统是第三方公共征信平台，早在2002年，就已在国家工商行政管理机关和电信部门依法注册备案。2004年，在北京市工商行政管理局依法注册征信公司，将"企业信用的征集、评定"等征信业务明确列入法人执照营业范围之内，获得征信机构的合法主体资格。2013年3月15日，为庆祝国务院《征信业管理条例》实施，11315全国企业征信系统正式启动。截至2013年11月，公司库的企业数达2 600多万家,各政府职能部门评价信息、行业评价信息、媒体评价信息等达数亿条,是目前中国最庞大的企业库,最全的企业信用信息数据库,并且信息量还在不断的积累增加中。

我们国家的个人信用信息基础数据库建设最早是从1999年7月人民银行批准上海资信有限公司试点开始的。2004年底实现15家全国性商业银行和8家城市商业银行在全国7个城市的成功联网试运行。2005年8月底完成与全国所有商业银行和部分有条件的农村信用社的联网运行。经过一年的试运行,2006年1月个人信用信息基础数据库正式运行。截至2010年3月底,个人信用信息基础数据库收录自然人数共计6亿多人,其中1亿多人有信贷记录。

征信数据库需要不断更新与完善,不仅数据统计量庞大,而且如何能得到迅速更新,以满足市场变化的需求,也是当前征信发展所需要面对的问题。我国除了政府主导的征信机构以外,也鼓励其他征信企业发展,2013年12月20日,《征信机构管理办法》正式施行,其中详细说明了征信企业的准入要求及业务规范,在保障征信企业的健康发展同时,也对信息安全提出了要求。

当前,我国征信业的雏形已形成,征信管理的基础架构、法律基础和标准化体系都初步建立,征信数据库发展迅速,并已经开始面向社会提供服务。

(二) 企业与个人征信系统网络结构

在发达国家,征信体系已经逐步完善,征信数据的使用已经体现在个人信贷消费、社会保障、金融投资等经济生活的方方面面之中。而在我国,目前企业和个人信用信息基础数据库的主要使用者是金融机构,通过专线与商业银行等金融机构总部相连(即一口接入),并通过商业银行的内联网系统将终端延伸到商业银行分支机构信贷人员的业务柜台,实现了企业和个人信用信息定期由各金融机构流入企业和个人征信系统,汇总后实时流向金融机构的功能。其中,前者表现为金融机构向企业和个人信用信息基础数据库报送数据,后者表现为金融机构根据有关规定向企业和个人信用信息基础数据库实时查询企业和个人信用报告。金融机构向企业和个人信用信息基础数据库报送数据可以通过专线连接,也可以通过磁盘等介质。

中国人民银行征信中心和商业银行建立数据报送、查询、使用、异议处理、安全管理等各种内部管理制度和操作规程。企业和个人信用信息基础数据库建立了完善的用户管理制度,对用户实行分级管理、权限控制、身份认证、活动跟踪、数据主体(企业和个人)监督;数据传输加压加密;对系统及数据进行安全备份与恢复;聘请国内一流网络安全管理专家对系统安全进行评估,有效防止计算机病毒和黑客攻击等,建立了全面有效的安全保障体系。

(三) 企业与个人征信系统信息采集和使用

目前,企业和个人信用信息基础数据库的信息来源主要是商业银行等金融机构,收录的信息包括企业和个人的基本信息、在金融机构的借款、担保等信贷信息,以及企业主要财务指标。自企业和个人信用信息基础数据库建设以来,人民银行一直都在与相关部门积极协商,扩大数据采集范围,提升系统功能。2005年以来,人民银行加大了与相关政府部门信息共享协调工作的力度。

企业数据库数据主要包括企业基本信息数据库、资信数据库、企业信用（付款）记录数据库、坏账数据库（黑名单）、往来票据拒付数据库、企业环保信息、缴纳各类社会保障费用和住房公积金信息、质检信息、企业拖欠工资信息、其他法律纠纷信息、缴纳电信信息以及企业主要股东或高级管理人员的基本信息等。其征信目的就是按照一定的规则对以上各种信息分析解释，形成全面完整的企业征信报告交付需求方。为了满足市场需求，企业征信机构需要根据客户需求，从企业征信数据库中调用不同侧重点的信息，生成多种征信报告，通常包括企业基本信息报告、普通企业资信调查报告、深度企业资信调查报告、专项资信调查报告和信用风险指数报告等。由于数据量庞大而人力时间都有限，在实际的操作过程中，企业征信报告基本靠作业流水线完成，先从数据库中调取相应的数据之后，将数据直接记录进入报告模板，技术人员再对其填充的数据进行核对和删减，附上分析指标和评价结果参考标准，即可形成一份标准的企业征信报告。

个人数据库信息除了主要个人的信贷信息外，还包括个人缴费及欠费信息、其他个人不良记录等。个人信用信息量更大，但是信息涉及范围小，处理起来相对简单。通常基础数据库采集到上述信息后，按数据主体对数据进行匹配、整理和保存，将属于同一个人的所有信息整合在其名下，按模板自动生成该个人的信用档案，并在金融机构查询时生成信用报告。市场上常见的个人征信报告包括购房信贷信用报告、就业报告、商业报告、销售支援报告、个人信用评分报告。

信息采集是征信工作的基础，也是日常工作。在信息采集的过程中，要遵循信息采集"最新"、"合格"、"合法"的原则。在信息来源上，要把握好法律尺度，既要做到全面准备的采集，又要保证不触犯法律，对于可能涉嫌违法的信息，即使被获取，也应该放弃披露。个人信息当前主要是在个人办理金融业务的时候，通过机构提取更新，而企业采集信息的渠道较多，通常可以通过当事人走访、实地考察、权威机构报告等方式获取可靠信息。在走访调查前要做好充分准备，掌握足够的背景资料和相关行业的专业知识，规划梳理好提问单，以便在信息获取中把握更多的主动权，迅速地获取准确有深度的信息。除此以外，从其他网络和坊间流传信息也应该加以留意，但是需要加大核实力度，考察信息真实性。后台数据处理的技术人员要提高更新频率，增强信息的时效性，同时要针对不同的信息主体设定不同的筛选指标，以保证合格信息不被遗漏，无效信息不被采纳，对量化信息要记录准确，对非量化信息要记录全面。

征信信息通常被划分为正面信息和负面信息，在信息的采集中，对负面信息需要尽可能详细完整的采集，对正面信息也需要充分的记录。在市场行为中负面信息能够帮助各个参与主体尽可能地避免风险，但无法为市场主体获取更好的服务提供帮助。准确有效的利用正面信息，既有利于市场主体得益于自身优良的信用而获取更好的发展，也利于征信机构拓展其服务空间，事实上，美国大型征信机构快速的业务扩展，正是建立在利用正面信息进行增值服务的基础之上的。由于正面信息极大地增强了征信机构信用信息的全面性、有用性及征信机构服务的空间，促进了征信机构与用户之间的良性互动，从而极大地推动了征信服务产业的发展。

在西方一些国家，征信数据库并不是唯一的，各行业也有自己的征信系统，比如海关、法院、税务、证券等行业，他们独立建立自身的征信数据库，同时面向社会开放查询，这对信息单一的金融机构征信数据库信息，是一个很好的补充。由于各行业能直接面向企业或个人，数据库信息的更新速度也更及时。目前，我国各大征信公司也建立了自己的数据库，但是由于各自的信息量有限且无法顺利共享，因此无法承担起满足资信调查和信用评估的重任，在信息的充实、通与共享方面，还需要更进一步的努力。

（四）企业与个人征信系统主要功能

企业和个人信用信息基础数据库功能主要是为金融借贷市场服务。

首先，帮助商业银行快速核实客户身份，节省时间，杜绝信贷欺诈、保证信贷交易的合法性。当事人通过直接向金融机构提供权威机构发布的完整征信报告来证明自身的优质信用，金融机构则通过征信报告在短时间内迅速获取当事人的信用状况，不用再独立调查，省时省力。有信用污点的当事人，无法提供权威的正面信用证明，则为金融机构提供预警，让其加大风控力度甚至不予以贷款。

其次，征信数据库全面反映企业和个人的信用状况，通过获得信贷的难易程度、金额大小、利率高低等因素的不同，奖励守信者，惩戒失信者。在商业领域，企业征信服务能够解决企业赊销和其他授信活动在决策时的信息不对称问题，为作出正确的授信决策提供科学的依据，能够帮助企业的信用管理人员更好地完成客户资信管理工作，筛选出格的赊销客户；个人征信服务则能帮助个人获取更大的贷记卡信用额度，且可以通过无抵押担保信用贷款帮助个人发展。

再次，征信数据是利用企业和个人征信系统遍布全国各地的网络及其对企业和个人信贷交易等重大经济活动的影响，提高法院、环保、税务、工商等政府部门的行政执法力度，提高执法的速度和精准度。

最后，征信数据库通过企业和个人征信系统的约束性和影响力，培养和提高企业和个人遵守法律、尊重规则、尊重合同、恪守信用的意识，提高社会诚信水平，建设和谐美好的社会。

当前在我国，全民征信意识还不够，征信系统的功能远远没有发挥完全，有待于今后的经济生活中更多的发掘征信系统的利用点，让其更好地服务于社会。

二、征信数据库管理与应用实验的意义

征信数据库管理与应用是培养学生运用理论知识进行实际操作的能力，使学生具备更强的适应实际工作的能力，实现应用型人才的培养目标。

随着市场经济的发展和本科教育大众化的趋势，大学生不再是配置在重要岗位的"高级人才"，而是可能走向生产和管理第一线的"专门人才"。为适应社会需求的变化，大学本科教育逐渐摒弃精英教育的培养模式，而转向培养适合社会需求的应用型、复合型高级专门人才。越来越多的大学毕业生将不得不走向操作型岗位，成为一般的经济管理人才。这就要求学生在大学阶段就培养出较强的动手操作能力和决策能力，毕业后能在较短时间内胜任本岗位工作。学生应用能力的培养必须通过实践，实践教学环节中最重要的是校内实验和校外实习。校外实习有其局限性，一是愿意接收实习生的单位少，找到的实习单位也接收不了那么多的学生；二是短时间的实习未必能全面实践信用管理的内容、程序和方法。而校内实

验不但可以克服以上问题,还能加深学生对理论知识的进一步理解。同样,该课程也可以走向社会,作为从业人员技术培训的基础。

征信行业起步较晚,当前行业规模不大,无法承担起培养征信专业人员的社会重任,但是随着征信意识以及征信市场需求的不断增加,征信行业的市场潜力巨大,需要大量的储备人才。因此,我们通过校内实验来培养应用型人才,征信数据库管理与应用综合实验正是这样一门能够让同学们在学校就能够了解征信工作的意义,并通过征信仿真系统学习征信提前学习征信系统的运作方法,在工作后能够迅速进入状态,成为专业的征信人才,同时也成为向社会传播征信意识与征信知识的使者。

三、征信数据库管理与应用实验的内容

征信数据库管理与应用是一门专业学科,以信息经济学和计算机基础以及金融学等学科交叉而产生,它是伴随着 21 世纪初在我国掀起的诚信教育热潮而诞生,在我国既是一门崭新的学科,又是一门实务性较强的学科。随着金融经济信息化、全球化、一体化的进程的发展,掌握和学习通过本课程的教学,要使学生能充分了解征信这一信用管理的基础性服务工作,对减少金融市场的信息不对称,防范信用风险,培养自己的动手能力和实践能力,以适应新形势下对人才厚基础、宽口径、高素质的培养要求,切实贯彻教育要面向现代化、面向世界和面向未来这一总的指导方针。

实验的内容在于让学生掌握或了解以下内容:(1) 征信原理;(2) 征信报告及阅读;(3) 企业征信报告撰写;(4) 个人征信报告撰写;(5) 征信数据库原理及业务。

鉴于征信行业为社会信用体系中的基础性服务行业,征信与数据库管理作为金融学类专业的专业课,以信息经济学、现代信用学和计算机数据库原理等为基础课程,并要求具有一定的会计学和金融学知识,与信用评级、企业信用管理等为平行课程,信用担保、保理和出口信用保险等深层次的信用服务专业课为本课程的后续课程。

四、征信数据库管理与应用实验的组织和基本程序

作为征信数据库管理理论课程的深化和延展,征信数据库管理实验课程安排在理论课程的下一个学期进行教学为宜。在学生对征信数据库管理已有较好理解的基础上进行实验教学,将有助于学生更好地运用理论扩展自己的操作技能。

征信数据库管理实验的基本程序可以分为以下几个步骤:

1. 明确实验目的。实验不能满足于仅仅掌握操作技能,而是要将理论知识运用于实际操作之中。每个实验都是信用管理工作链条上的一环,要理解前后实验之间的联系。一般通过教师启发和引导学生来实现。

2. 掌握实验原理。实验原理是实验进行之前必须掌握的知识,教师在试验进行之前要讲解实验原理,并组织学生讨论。

3. 清楚实验内容。实验内容是实验进行的具体项目,其中也包括实验所需的案例数据

和材料，对于实验所需资料，教师要做适当展示和强调，让学生正确理解其内容和用途。

4. 按步骤进行实验。实验步骤是围绕实验内容来进行的，一般教师先做软件操作示范，再让学生自己完成。

5. 提交实验结果及实验报告。单项实验以系统记录的操作为准来进行考核，催收综合实验要求提交实验报告。每个学生都要及时完成实验，教师根据实际完成情况作出评价记录。

五、征信数据库管理与应用实验软件的特点

本软件由两大部分组成：包括企业信用信息基础数据库和个人信用信息基础数据库。是对中国人民银行征信系统的仿真，目的是让学生理解与掌握征信系统在现实工作中的实际运用。

1. 帮助商业银行简化审批流程、缩短审批时间。
2. 帮助商业银行作出灵活的贷款决策。
3. 帮助商业银行了解客户在异地、他行的借款以及还款记录，客观判断客户的还款能力或还款意愿，规避潜在风险。
4. 帮助商业银行全面了解客户及其家庭的总体负债情况，客观评价客户的还款能力，规避潜在风险。
5. 帮助商业银行核实借款人真实身份，防范恶意骗贷情况的发生。
6. 帮助商业银行回收逾期贷款。
7. 帮助商业银行了解借款人为他人担保情况，全面审查潜在负债风险，合理作出贷款决策。
8. 帮助商业银行防范中小企业信贷风险。
9. 帮助借款人防范信用盗用风险，增强维护自己信用的意识。

课间小结一：常用术语及知识点拓展

1. 信用（credit）。以偿还为条件的价值运动的特殊形式，是在商品交换和货币流通存在的条件下，建立在信任基础上，债权人以有条件让渡形式贷出货币或赊销商品，债务人不用立即付款或担保，承诺按约定的日期偿还借贷或贷款并支付利息，就可获得资金、物资或服务的活动。广义的信用是一种主观上的诚实守信和客观上的偿付能力的统一。

2. 信用主体（subject of credit）。从事信用交易的个人、法人或其他组织。

3. 信用交易（credit transactions）。在受信方承诺未来偿还的前提下，授信方向其提供的不直接以现金体现的形成债权债务关系的交易活动，如赊销赊购、消费信贷、信用卡消费、信用融资等市场交易活动。

4. 授信（credit granting）。向客户直接提供资金支持，或对客户在有关经济活动中可能产生的支付责任向第三方作出保证的行为。

5. 受信（credit receiving）。赊购或者接受授信业务的经济活动或行为。

6. 信用额度（credit limit）。授信方根据受信方的信用状况，事先设定的最高授信金额。

7. 守信（credibility）。信用主体按照约定履行承诺的行为。

8. 失信（discredit；faith breaking）。信用主体没有按照约定履行承诺的行为。

9. 信用工具（credit instrument）。资金供应者和需求者之间进行资金融通时，用来证明债权债务关系或投资关系的各种合法凭证。按期限可分为短期信用工具和长期信用工具。

10. 票据（note）。由出票人依据票据法签发的，无条件约定自己或要求他人支付一定金额给收款人或持票人，以证明收款人或持票人具有一定权力的凭证，主要包括汇票、本票和支票三种基本类型。

11. 信用卡（credit card）。银行以及其他金融机构、专营公司向单位或个人发行的，赋予其适当信用额度的凭证。

12. 信用证（letter of credit）。有条件的银行（开证行）应买方（申请人）的要求和指示为保证立即或将来某一时间内付给卖方（受益人）一笔款项而出具的担保文件。

13. 债券（bond）。政府、金融机构、企业等机构直接向社会借债筹措资金时，向投资者发行，并且承诺按约定条件支付利息、偿还本金的债权债务凭证。

14. 贷款（loan）。债权人（或放贷人）向债务人（或借款人）让渡资金使用权的一种金融行为。广义的贷款指贷款、贴现、透支等出贷资金的总称。按照贷款期限的不同，可分为定期贷款和活期贷款。按照担保的性质不同，贷款还可分为抵押贷款和信用贷款。按照贷款的质量不同，可分为正常贷款、关注贷款、次级贷款、可疑贷款和损失贷款。按照贷款的用途不同，可分为流动资金贷款和固定资金贷款。

15. 消费信贷（consumer loan）。银行或其他金融机构向个人消费者（非法人或组织）提供的满足其消费目的（非经营目的）的贷款。

16. 信用衍生产品（credit derivatives）。为实现分离、隔绝、转移、规避、再造信用风险目的而对基础信用工具进行开发、组合、再加工所获得的信用交易工具。

17. 信用形式（credit forms）。借贷关系特征的表现形式。

18. 国家信用（national credit）。国家（政府）以债务人身份借助于债券向国内外筹集资金的一种信用形式。

19. 商业信用（business credit）。企业之间提供的与商品交易联系的以延期付款或预先支付货款的方式所提供的一种信用形式。

20. 银行信用（bank credit）。银行及其他金融机构以货币形态向企业和其他债务人提供的一种信用形式。

21. 消费信用（consumer credit）。由工商企业、商业银行以及其他金融机构以商品、货币或劳务的形式向消费者个人提供的用以满足其消费需求的一种信用形式。

22. 信用风险（credit risk）。因受信方无能力或没有意愿履行承诺而导致授信方潜在损失的可能性。

23. 违约（default）。债务人因某种因素不能按照事先达成的协议全部或部分履行合约的行为。

24. 违约率（default rate）。截至某一时点，债务人对已经到期的合同未能按合同约定履行相关义务的实际违约情况。

25. 违约概率（probability of default）。债务人未来一定时期内不能按合同约定履行相关义务的可能性。

第二部分 系统功能架构

一、征信数据库系统概要

（一）征信业务活动主体

构建征信标准体系框架之前，先对征信业务活动涉及的主体进行分析有助于更加清晰的了解其征信业务运作流程，从而可以明确应制定标准的各个层级。征信活动涉及的主体包括征信监管部门、征信机构、信用信息提供机构、信用信息使用机构。

1. 征信监管部门。征信监管部门的主要职责是对征信机构及其业务的日常经营活动进行监督管理，达到规范征信业务，保护信用交易双方权益，维护征信市场秩序，促进征信业健康有序发展的作用。通过制定一系列关于征信机构资质、业务流程、服务等管理活动中涉及的标准，可为科学监管征信业提供技术依据，引导征信机构规范运作。

2. 征信机构。征信机构指依法设立的专门从事信用信息服务的机构，是一个独立的法人。包括信用登记机构、信用调查机构以及信用评级机构等，征信机构是征信行业运作的核心。在实际工作中，为全面、准确反映被征信主体信用状况，征信机构需要尽可能多从政府部门、金融机构、企业以及个人等各种合法渠道收集信用信息，并在此基础上整理、加工生成征信产品，以满足信用信息使用方准确判断信用信息主体信用状况的需要。为规范征信业务，提高征信服务质量，引导征信机构健康发展，需要对信用信息的采集、传输、交换、处理和发布等各个流程方面制定相应的标准。

3. 信用信息使用机构。信用信息使用机构主要是银行等信贷机构、其他非银行金融机构、金融监管部门、政府部门等使用信用信息的机构或个人。有些部门是信用信息的使用机构同时也是信用信息的提供机构，如商业银行、担保机构以及非银行金融机构等。信用信息涉及企业商业秘密和个人隐私，对信用信息的使用须严格规范。对信用信息使用机构满足的资质条件以及信用信息的使用原则、使用要求等方面都需要制定相应的规范或标准。

4. 信用信息提供机构。根据征信业的相关机构的作用构建征信业运作总体模型,如图2-1所示,信用信息提供机构主要是指提供企业和个人信用信息的银行,电信公司、政府部门、公用事业组织、企业等机构。作为信用信息提供机构,应在法律框架下准确、完整、及时地提供个人和企业信用信息,尽量避免发生信息的失真。对于有争议和或者不能确定的信息内容,有义务进行核实。信用信息提供机构还需要更正发现的错误信息,更新信用信息的内容,核实可疑的信息。因此,尤其对于征信这一新兴服务业,在相应法律法规不能很快出台的情况下,需更多使用标准化工具对服务交易的双方进行规范。

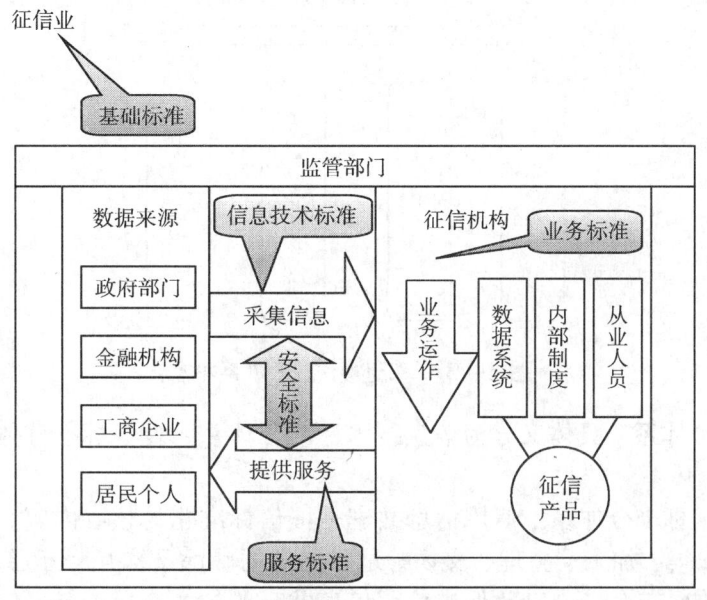

图 2-1 征信业运作总体模型

(二)征信标准总体框架

根据征信业务运作模型,并结合征信业对标准的需求,将标准体系框框架分为两级(见图2-2),第一级为基础标准分体系、主体标准分体系以及监管标准分体系。第二级将

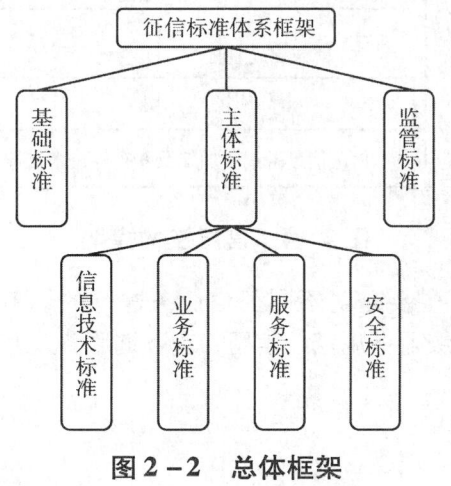

图 2-2 总体框架

确保征信系统互联互通的信息技术标准、规范征信业务和对外服务的标准以及确保信用信息报送和使用安全的标准归纳为主体标准分体系。

1. 基础标准分体系。(见图2-3) 主要是征信领域内作为其他标准的基础并普遍使用，具有广泛指导意义的标准，包括了规范征信业的体制性、框架性、原则性和方法性等标准以及一些国家和行业类已有的一些基础性标准，如征信业基本术语、信用信息目录以及指导征信标准化工作的指导性文件、标准编写规则等。

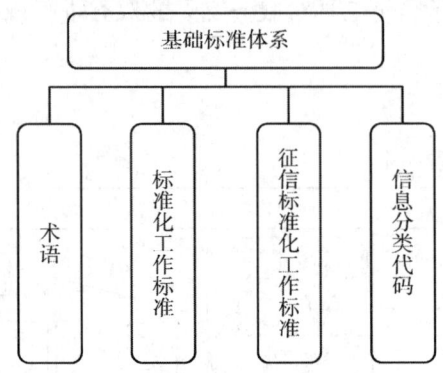

图2-3 基础标准子体系框架

2. 主体标准分体系。具体又分为信息技术标准分体系、业务标准分体系、服务标准分体系和安全标准分体系。

（1）信息技术标准分体系。信用信息共享是征信标准化的核心内容。信息技术标准主要针对信用信息采集、加工、整理、交换等过程制定的确保系统互联互通，便于信息分类、整理的数据元、数据交换格式以及促进信用信息共享的技术支撑标准，信息技术模型如图2-4所示。

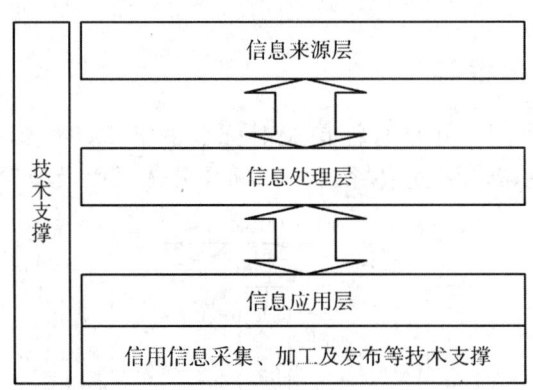

图2-4 信息技术模型

（2）业务标准分体系。主要是对不同征信业务进行的规范，包括信用调查业务规范、信用登记业务规范、信用评级业务规范、信用管理咨询服务及其他类征信服务几个部分，业务运作模型如图2-5所示。

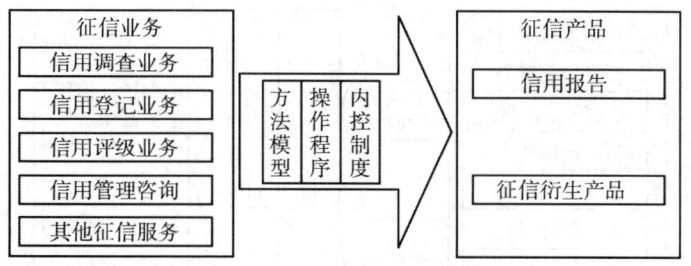

图 2-5　业务运作模型

（3）服务标准分体系。主要是对征信机构对外提供服务的一系列行为进行规范，包括征信服务合同格式规范、征信机构服务规范、征信产品标准、征信产品使用规范等几个部分，服务流程模型如图 2-6 所示。

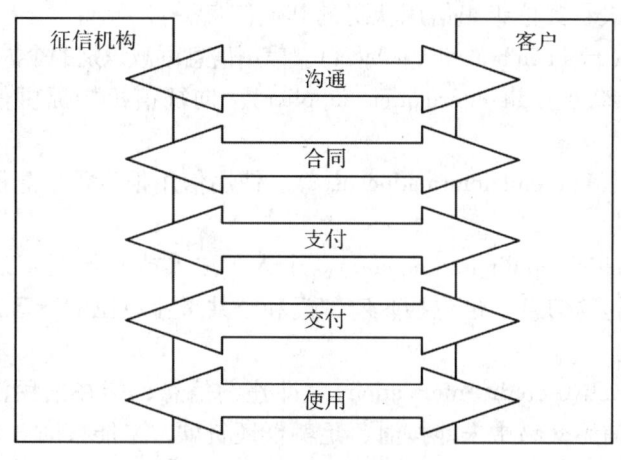

图 2-6　服务流程模型

（4）安全标准分体系。安全标准分体系的设立是针对征信活动中信用信息的采集、加工、使用、披露过程中的信息安全以及其他可能造成相关信用主体权益损害的行为进行规范，主要包括物理安全标准、安全防护标准、安全管理标准、安全检测标准四个部分。

3. 监管标准分体系。监管标准分体系主要是征信行业监管部门对各类征信机构进行监督、检查等活动遵循的基本方法和要求，包括征信机构资质认证、征信从业人员资质认证、征信业务管理规范等方面的标准，监管模型如图 2-7 所示。

课间小结二：常用术语及知识点拓展

1. 信用信息（credit information）。能够反映个人或者法人、其他组织信用状况的信息，包括：（1）身份识别信息，指个人的姓名、住所、职业、身份证件号码；法人、其他组织的名称、住所、组织机构代码、经营范围等信息；（2）信用交易信息，指个人或者法人、其他组织在贷款、使用信用卡、赊销、担保等经济活动中形成的债务及债务履行记录；（3）社会公共信息，指能够反映个人或者法人、其他组织的信用状况的行政处罚信息，人民法院已经发生法律效力的判决、裁定的执行信息，企业环境影响评价信息等信息；

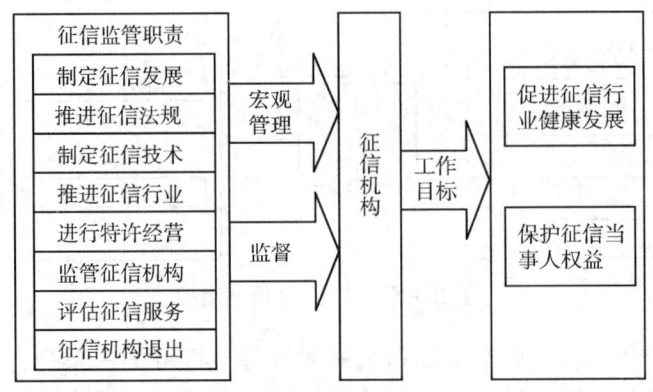

图 2-7 监管基本模型

（4）反映个人或者法人、其他组织信用状况的其他信息。

2. 信用信息主体（credit information subject）。信用信息可被识别的个人、法人或其他组织。

3. 信用信息提供者（credit information supplier）。向征信机构提供信用信息的个人、法人或其他组织。

4. 信用信息使用者（credit information user）。使用信用报告等信息服务的个人、法人或其他组织。

5. 正面信息（positive credit information）。个人、法人或其他组织过去的信用交易以及在信用交易中正常履约的信息，也包括政府部门和公共事业单位的行政许可、奖励、按时履行合同等方面的信息。

6. 负面信息（negative credit information）。即违约信息，指在信用活动中，个人、法人或其他组织在过去的信用交易中未能按时、足额偿还贷款，未能按时、足额支付各种费用等对信用主体信用状况构成负面影响的信息，也包括政府部门和公共事业单位的处罚信息。

7. 信用记录（credit record）。储存在征信机构的，以一定格式记载并保存下来的描述信息主体在信用活动中的相关数据和信息。

8. 逾期（overdue）。即过期，指到还款日最后期限仍未足额还款。

9. 透支（overdraw）。银行允许其存款户在事先约定的限额内，超过存款余额支用款项的一种放款形式。

10. 交易信息记录（information record of special transaction）。在信贷业务过程中发生的展期（延期）、担保人代还、以资抵债等方面的有关信息。

11. 特殊交易信息记录（information record of special transaction）。在信贷业务过程中发生的展期（延期）、担保人代还、以资抵债等方面的有关信息。

12. 特别记录（special record）。商业银行等数据报送机构上报的应引起特别关注的信息（特别是负面信息），如欺诈、被起诉、破产、失踪、死亡以及核销后客户主动还款等。

13. 查询记录（inquiry record）。信用信息主体的信用报告被查询且包括查询日期、查询者、查询原因等的情况，是能够为信息主体提供追踪查询依据和为查询者了解信息主体的风险状况提供参考的信息。

二、征信数据库系统流程

当前，个人与企业的征信报告查询，均可按照图2-8所示。

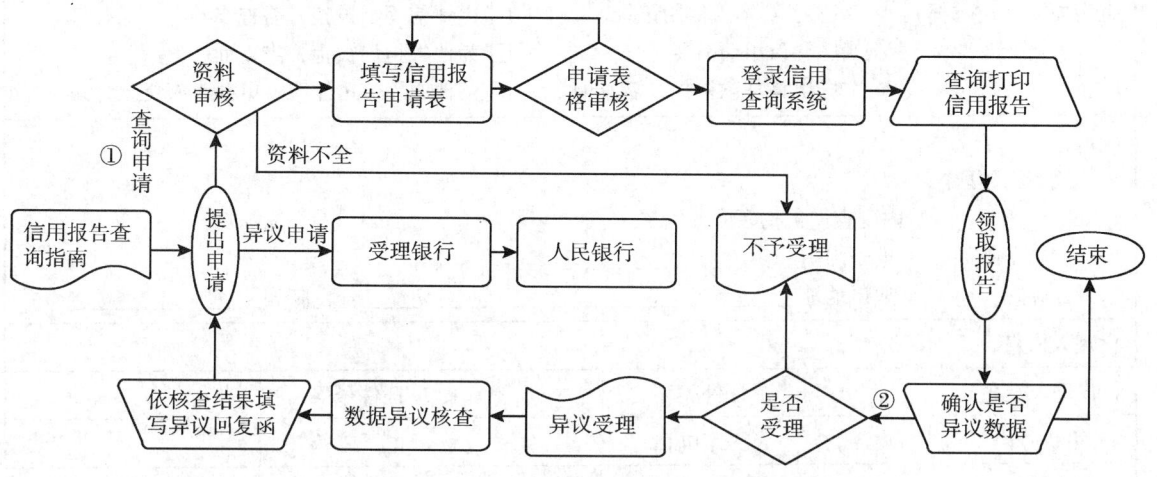

图2-8 企业和个人申请查询征信系统数据流程

（一）个人查询信用报告流程

由中国人民银行组织全国商业银行建立的个人信用信息基础数据库自2006年1月正式建成并全国联网运行，现在个人可通过该系统查询到自己的信用报告。本人查询信用报告的流程、要求说明如下：

1. 查询个人信用报告的方式。个人或委托他人到征信分中心查询本人的信用报告，其中被委托人称为代理人。

（1）本人查询信用报告。携带本人有效身份证件原件及一份复印件（其中复印件留给征信分中心备查），填写《个人信用报告查询申请表》（见表2-1）到中国人民银行各地分支行、征信分中心查询。目前，征信中心不通过电话和互联网提供信用报告查询服务。

表2-1　　　　　　　　　　个人信用报告查询申请表

编号：　　　　　　　　　信用报告编号：

申请信息（必填）					
申请人姓名		证件类型		证件号码	
出生日期		性　　别		户籍地址	
手机号码		固定电话		电子邮箱	
学　　历	□研究生及以上	□本科	□大专	□技术学校	□高中　□初中及以下
学　　位	□名誉博士	□博士	□硕士	□学士	□其他
婚姻状况	□未婚	□已婚	□丧偶	□离婚	

续表

单位名称			单位地址及邮编		
职　　务	□高级领导	□中级领导	□一般员工	□其他	
住宅地址及邮编					
查询原因（请选择）：	□了解本人信用记录　　　□申请信用卡被拒，需查询 □异议申请需要　　　　　□为他人担保被拒，需查询 □申请贷款被拒，需查询　□其他原因，请注明：申办小额贷款公司				
领取方式（请选择）： 　　□当场领取 　　□于_____日内到查询机构领取 　　□电子邮件　电子邮箱_____ 　　□邮寄　　　通讯地址_____邮编_____					
代理人信息					
代理人姓名		证件类型		证件号码	
手机号码		固定电话		电子邮箱	
申请人或代理人签名					
申请人或代理人（签字）：		领取人（签字）：		领取日期：　年　月　日	
以下由查询机构工作人员填写					
查询机构	征信中心深圳分中心		查询机构联系人		
查询机构联系电话	25590240-183		查询机构电子邮箱	pbcszgr@pbcc.org.cn	
查询机构地址及邮编	深圳市深南东路5006号人民银行大厦三楼征信管理处（邮编：518001）				
受理人（签字）：			受理日期：　年　月　日		

注：此表一式两联，查询机构和查询申请人分别保存，并作为查询申请人领取信用报告的凭证。

有效身份证件包括：身份证（第二代身份证须复印正反两面）、军官证、士兵证、护照、港澳居民来往内地通行证、台湾同胞来往内地通行证、外国人居留证等。

（2）委托他人查询信用报告。需要携带的材料有委托人及代理人双方的身份证件原件及复印件、授权委托书。其中身份证件复印件和授权委托书留给征信分中心备查。

2. 查询信用报告的收费标准。目前暂不收费。

3. 个人信用报告展示的内容。

（1）个人基本信息包括个人身份信息、居住信息、职业信息等。

（2）信用交易信息包括个人信用卡、贷款以及为他人担保信息。

（3）异议标注信息。

（4）本人声明信息。本人声明是客户对本人信用报告中某些无法核实的异议所做的说明，征信中心不对本人声明的真实性负责。

（5）查询记录。

4. 征信中心关于信用报告的说明。中国人民银行征信中心是中国人民银行的直属事业单位，负责信用信息的收集、整理、保存、加工、分析和展示。信用报告中除个人声明、查询记录和异议标注外的信用信息采自各家银行或其他各类机构，征信中心承诺保持其客观、中立的地位，并保证将这一原则贯穿于信息汇总、加工、整合的全过程中。

（二）个人信用异议申请流程

个人认为本人信用报告中的信用信息存在错误的，可以向中国人民银行征信中心提出异议申请。现对异议申请的方式、要求等方面说明如下：

1. 异议申请的方式和要求。个人或委托他人到征信分中心现场提出异议申请，其中被委托人称为代理人。

（1）本人提出异议申请。携带本人有效身份证件原件及一份复印件（其中复印件留给征信分中心备查），到中国人民银行各地分支行、征信分中心提出异议申请。

有效身份证件包括：身份证（第二代身份证须复印正反两面）、军官证、士兵证、护照、港澳居民来往内地通行证、台湾同胞来往内地通行证、外国人居留证等。

（2）委托他人提出异议申请。需要携带的材料有委托人及代理人双方的有效身份证件原件及各一份复印件、授权委托书。其中身份证件复印件和授权委托书留给征信分中心备查。

另可自备填写完成《个人信用报告异议申请表》见附录。

2. 异议处理。征信中心受理异议申请后，将联系提供此异议信息的商业银行进行核查，并于受理异议申请后的 15 个工作日内回复异议申请人。到规定的 15 个工作日后，异议申请人可到征信分中心领取回复函。目前，异议申请无须交纳费用。

3. 《个人信用报告异议申请表》填写注意事项。

（1）除了接收机构填写的内容以外，异议申请人必须按要求填写表格中各必填项。

（2）"异议描述"项必须包含以下内容：

明确描述异议所涉及的业务，以便于征信中心准确定位异议信息。例如，信用卡信息发生异议时应描述发卡机构名称、卡类型、开户日期和信用额度；贷款信息发生异议时应描述贷款机构名称、贷款种类、贷款发放日期和贷款合同金额。

明确客户认为存在错误的数据项。

（3）准确填写异议申请人电话号码或手机号码，以确保征信中心异议处理人员必要时取得联系。

（三）发表个人声明流程

对于无法核实的异议信息，中国人民银行征信中心允许异议申请人对有关异议信息附注 100 字以内的个人声明。个人声明不得包括与异议信息无关的内容，异议申请人应当对个人声明的真实性负责。

1. 个人声明申请要求。客户需要提供的材料有《个人声明表》、个人信用报告异议回复函、身份证件复印件（第二代身份证须复印正反两面）、证明材料等，并将材料邮寄到征信中心客服部。

邮寄地址为上海市浦东新区卡园二路 108 号 4 号楼（邮编：201201），收件人为中国人民银行征信中心客服部，并在信封上注明"个人声明"字样。

2. 《个人声明表》填写注意事项。

(1)必须填写姓名、证件类型、证件号码和有效的联系电话,以确保征信中心异议处理人员必要时取得联系。

(2)"声明描述"项应注意以下几个方面:

第一,明确描述个人声明所涉及的业务,以便于查询者准确定位声明信息。例如,对信用卡信息发表声明时应描述发卡机构名称、卡类型、开户日期和信用额度;对贷款信息发表声明时应描述贷款机构名称、贷款种类、贷款发放日期和贷款合同金额。

第二,描述该业务的实际情况。

第三,阐述个人意见。

第四,声明内容应在100字以内,包括标点符号。

(3)申请人必须签字并填写申请日期。

(4)个人声明的内容中不能有威胁他人或单位、投诉性的语句。例如,本人永远不办理信用卡,如果再有银行给我办理信用卡,一切后果本人概不负责。

(四)企业查询信用报告流程

企业信用报告主要是用于反映企业经营状况,客观分析企业的发展潜力及资信等级。包括企业基本信息、信贷信息和非银行信息。其中基本信息可在工商部门查询,信贷信息可在银行查询,而非银行信息则由一些资信评级公司或征信公司收集提供。

1. 查询企业信用报告的方式。通常企业财务状况是企业经营最直接的反映,因此对于企业的信用报告查询侧重于信贷信息的查询。

(1)企业查询自身的信贷报告。企业通过银行查询企业的信贷信息,需要提供以下材料:①贷款卡;②机构信用代码证原件及复印件;③单位介绍信;④《企业信用信息查询申请表》(见表2-2);⑤经办人有效身份证件及复印件(正反两面复印在一页)。

表2-2　　　　　　　　企业基本信用信息报告查询申请表

单位行政公章:

借款人名称			
贷款卡编码		组织结构代码	
申请日期		年　月　日	
经办人姓名		联系电话	
查询原因:			
经办人有效证件复印件粘贴处			
征信管理部门办理结果:		签名: 日期:	

注:申请人填写该表后还须携带以下资料:贷款卡、介绍信、机构信用代码证原件及复印件和经办人有效身份证原件及复印件。

（2）代理查询企业信用报告。代理人接受企业委托提供以下资料可以查询企业的信用报告：①《代理查询企业信用信息查询申请表》（见表2-3）；②《查询企业信用信息授权书》；③代理人有效身份证件原件及复印件（正反两面复印在一页）。

表2-3　　　　　　　　　代理查询企业信用信息申请表

查询单位行政公章：

被查企业名称			
贷款卡编码		组织结构代码	
申请日期		年　　月　　日	
经办人姓名		联系电话	
查询原因：			
经办人有效证件复印件粘贴处			
征信管理部门办理结果： 签名： 日期：			

注：申请人填写该表后还须携带以下资料：介绍信、查询企业信用信息授权书和经办人有效身份证件原件及复印件。

查询企业信用信息授权书

中国人民银行中心支行：

　　本企业　　（组织结构代码），现授权给（组织结构代码或身份证号码），于　　年　　月　　日至　　日查询本企业信用信息，并将查的信息转交本企业或被授权人获取和使用。

授权人（签章）
被授权人（签章）：

　　授权时间：　年　月　日
　　承　　诺
以上授权书确系授权人亲自出具，如有不实，均有本人承担法律责任。
　　被授权人（签章）：
　　年　月　日

2. 企业信用报告查询的费用。当前，在银行查询企业的信贷信息是不收费的。但是企业的其他相关信息如需资信评级公司或者征信公司提供，则需按照市场价格付费获取，根据不同的信息量费用不等，一般不低于5 000元每份，有些超大型资信评级公司给出的每份报告的售价甚至超过10万元。

3. 企业信用报告所包含的内容。一份完整的企业信用报告应该包括以下几项：

（1）基本信息。企业的注册信息、股东信息、附属机构信息，管理层个人信息及员工信息。

（2）信贷信息。企业开户账号、开户银行名称、未结清信贷信息、未结清不良资产及其他财务异常信息。

（3）非银行信息。法院、工商、税务、电信、社保质监、海关及其他承担行政管理的组织对企业的正面或者负面信息记录，企业自身主营业务及采购、生产、销售等与业务往来密切的信息记录。

其中，基本信息和信贷信息分别是工商管理部门和银行直接提供，其信息是十分准确客观的。非银行信息多为征信公司或资信评级公司从各个部门汇总获取，且在企业的经营状况上对及时更新的信息获取不够全面，或有提供报告的公司自身实力获取信息的能力不够强、报告撰写人带有主观评价等原因，其报告内容的准确性可能不如前两者。

课间小结三：常用术语及知识点拓展

1. 信用档案（credit files；credit archives）。信用信息主体信用记录的集合。

2. 征信（credit reporting）。对个人和法人、其他组织的信用信息进行采集、整理、保存、加工等处理活动，并对外提供与其信用状况相关信用信息产品的经营活动。

3. 企业征信（enterprise credit reporting）。又称商业征信、工商征信，是以企业为征信客体的征信活动，通过专业化的信用管理或服务机构对有关企业资信状况进行系统的调查和评估，并按照市场化原则向社会开放征信资料和数据、提供信用报告，为企业提供相关决策参考的活动。

4. 个人征信（personal credit reporting）。又称个人信用征信，是以个人为征信客体的征信活动，通过专门的征信机构把分散在社会各个方面的个人信用信息通过合法手段进行采集、加工、存储，形成个人信用档案，并根据金融、商业等机构的要求提供个人信用信息查询和评估服务的活动。

5. 征信业务（credit information service）。依法收集、整理、保存、加工个人、法人及其他组织的信用信息，并对外提供信用登记、信用调查、信用评分、信用评级等以及其他增值服务的业务活动。

6. 信用登记（credit registration）。征信机构采用特定标准与方法采集（或收集）、整理及加工企业和个人信用信息并形成数据库，并提供信用报告查询服务的活动。

7. 信用调查（credit investigation）。征信机构接受客户委托，依法通过信息查询、访谈和实地考察等方式，了解和评价被调查对象信用状况，并提供调查报告，为授信或经济决策提供参考的活动。

8. 信用评分（credit scoring）。征信机构根据评分对象的信用信息，利用数理模型对影响评分对象的诸多信用风险因素进行统计分析研究，就其偿还债务的能力及其偿债意愿进行量化评价，来预测其违约可能性的一种活动。

9. 信用评级（credit rating）。也称为资信评级，由独立的信用评级机构对影响评级对象的诸多信用风险因素进行分析研究，就其偿还债务的能力及其偿债意愿进行综合评价，并且用简单明了的符号表示出来。

10. 征信增值业务（value-added credit business）。征信机构为满足不同征信市场主体的实际需求而在征信基本业务基础上开展的扩充业务。

11. 征信产品（credit reporting products）。征信机构根据服务对象的需要，对收集和保存的个人、法人或其他组织的信用信息经过一系列业务流程生产出来并交由服务对象使用的专业化成果，主要包括信用报告、信用调查报告、信用评分报告、信用评级报告等以及其他增值产品。

第三部分 系统操作说明

一、软件登录

软件登录界面如图3-1所示。

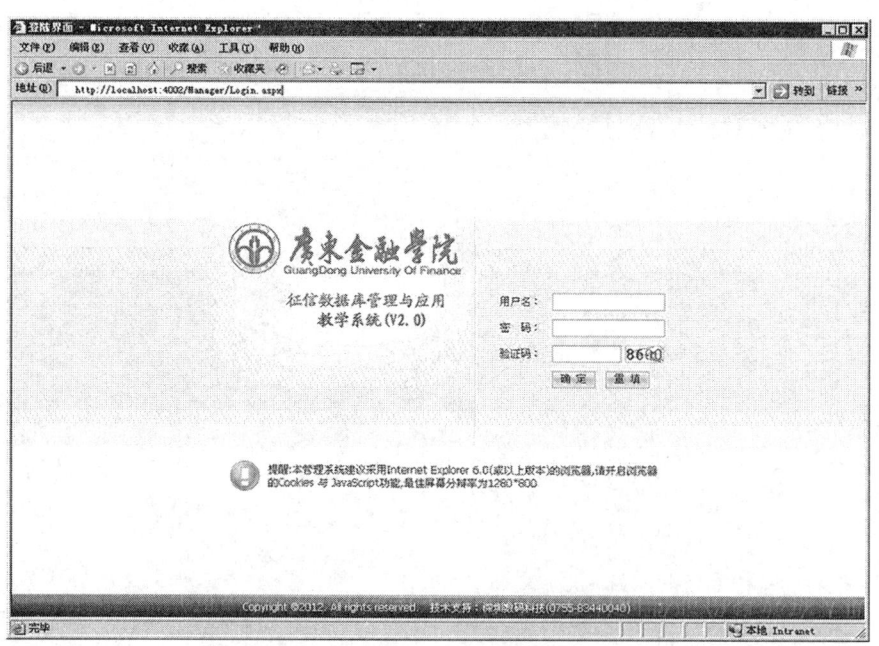

图3-1 软件登录

验证窗口：运行后，即要求输入用户账号和登录密码以及验证码进行用户验证，方可进行其他操作。

备注：在实验系统中，每个学生都拥有一个以自己的学号命名的用户名。

二、系统界面

系统主界面由菜单栏、工作区、工具栏、状态栏四部分组成（如图3-2所示）。

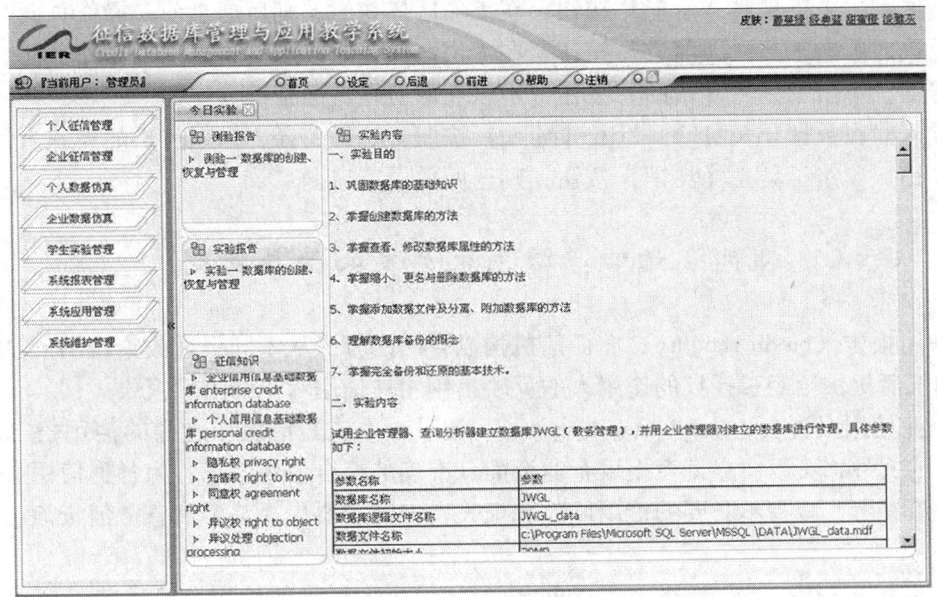

图3-2 系统界面

三、菜单栏

菜单栏界面如图3-3所示。

1. 个人征信管理
   - 个人异议申请
2. 企业征信管理
   - 企业异议申请
3. 个人数据仿真
   - 个人基本信息
4. 企业数据仿真
   - 电信缴费信息
5. 学生实验管理
   - 实验报告评阅
6. 系统报表管理
   - 企业信贷分析
7. 系统应用管理
   - 系统帮助管理
8. 系统维护管理
   - 系统环境配置

图3-3 菜单栏界面

四、工具栏

工具栏界面如图3-4所示。

图3-4 工具栏界面

常用工具栏按钮的使用如下：

1. 首页。单击工具栏【首页】按钮，则返回主界面的初始状态。
2. 设定。单击工具栏【设定】按钮，用来重新设定用户的登录密码与页面显示数据的笔数。
3. 后退。单击工具栏【后退】按钮，在工作区操作时，则后退至前一操作页面。
4. 前进。单击工具栏【前进】按钮，在工作区操作时，则后进至前一操作页面。
5. 帮助。单击工具栏【帮助】按钮，用以获取所在页面帮助。
6. 导入。在数据导入窗口，单击【导入】按钮，选择路径，导入客户的欠款人信息。
7. 注销。单击工具栏【注销】按钮，则返回登录窗口。

课间小结四：常用术语及知识点拓展

1. 信用报告（credit reporting）。征信机构以合法的方式从不同渠道收集信用信息，进行整理和加工后提供给经过授权的使用人的反映信用主体信用状况的书面报告。

2. 企业信用报告（business credit report）。记录法人或其他组织过去的信用信息反映其信用状况的文件，可以向查询者提供企业全面、准确的综合信用信息，为各类信用交易提供重要的决策参考，减少不必要的信用风险和损失，内容主要包括基本信息、信贷信息、非银行信息等。

3. 个人信用报告（personal credit report）。记录个人过去的信用信息反映其信用状况的文件，主要内容包括公安部身份信息核查结果、个人基本信息、银行信贷交易信息、非银行信用信息、本人声明及异议标注和查询历史信息等。

4. 信用调查报告（credit investigation report）。信用调查机构依法通过信息查询、访谈和实地考察等方式获取调查对象的相关信息，作如实的记载和系统分析整理，并按照委托人的要求撰写的能充分反映调查对象真实信用情况的报告。

5. 信用评级报告（credit rating report）。信用评级机构根据收集到的资信调查资料，作如实的记载和系统分析整理，按评级要求和程序给予信用等级，并撰写充分反映评级对象真实信用情况的报告（信用评级业务规范）。

6. 征信增值产品（value-added credit products）。基于信用报告的信息，经过一系列加工，或进行各种分析而生产的产品，包含了大量的智力资本在其中，如企业信用评级、个人信用评分等。

7. 征信机构（credit reporting agency）。依法设立的从事征信业务的经营性机构，属于第三方中介性质的信息服务机构。

8. 企业征信机构（enterprise credit reporting agency）。依法设立的从事企业征信业务的征信机构。

9. 个人征信机构（personal credit reporting agency）。依法设立的从事个人征信业务的征信机构。

10. 征信系统（credit information system）。依法成立的征信机构为采集、保存、整理个人、企业和其他组织的信用信息建立的信用信息平台或者数据库系统，其日常运行和管理符合国家征信业监督管理部门制定的安全和保密规定。依据建立主体的不同，可以划分为公共征信系统和私营征信系统。

11. 企业信用信息基础数据库（enterprise credit information database）。中国人民银行组织建立的全国统一的企业信用信息共享平台，采集、保存、整理企业和其他组织信用信息，为商业银行、企业、相关政府部门提供信用报告查询服务，为货币政策、金融监管和其他法定用途提供有关信息服务。

12. 个人信用信息基础数据库（personal credit information database）。中国人民银行组织建立的全国统一的个人信用信息共享平台，采集、整理、保存个人信用信息，为个人建立信用档案，记录个人过去的信用行为，为商业银行、个人或相关政府机构提供信用报告查询服务，为货币政策制定、金融监管和法律、法规规定的其他用途提供有关信息服务。

第四部分 实 验

实验一

数据库的创建、恢复与管理
（实验性实验）

一、实验目的

1. 巩固数据库的基础知识。
2. 掌握创建数据库的方法。
3. 掌握查看、修改数据库属性的方法。
4. 掌握缩小、更名与删除数据库的方法。
5. 掌握添加数据文件及分离、附加数据库的方法。
6. 理解数据库备份的概念。
7. 掌握完全备份和还原的基本技术。

二、实验内容

试用企业管理器、查询分析器建立数据库 JWGL（教务管理），并用企业管理器对建立的数据库进行管理。具体参数如表4-1-1所示。

表4-1-1

参数名称	参数
数据库名称	JWGL
数据库逻辑文件名称	JWGL_data
数据文件名称	c：\ProgramFiles\Microsoft SQL Server\MSSQL\DATA\JWGL_data.mdf
数据文件初始大小	20MB
数据文件大小最大值	200MB
数据文件增长增量	5MB
日志逻辑文件名称	JWGL_log
日志文件名称	c：\Program Files\Microsoft SQL Server\MSSQL\LOG\JWGL_log.ldf
日志文件初始大小	5MB
日志文件大小最大值	50MB
日志文件增长增量	1MB

三、实验步骤

（一）创建数据库使用企业管理器

1. 打开企业管理器，在左窗格中双击要建立数据库的服务器节点，将该节点展开。双击【数据库】节点，然后在右窗格中右击空白区域，从弹出的快捷菜单中选择【新建数据库】命令。

2. 在【名称】文本框中输入的数据库名称【JWGL】，然后单击【数据文件】选项卡，在【文件名】栏中自动生成文件名为【JWGL_DATA】的数据文件，注：SQLServer2000在默认情况下自动在用户输入的文件名后面增加上Data字样。

3. 在【文件组】栏中，输入文件所属的文件组名称（主文件文件组名不能改变）。

4. 在【文件属性】选项组里，选中【文件自动增长】复选框，当数据文件的空间不够用时，SQLServer2000可以自动增加容量。SQLServer2000提供了两种方式来实现数据文件的自动增加。一种是以"按兆字节"的方式递增，一次增加1MB；另一种方式是以"按百分比"的方式递增，一次递增原数据库文件容量的10%。

5. 单击【位置】栏中的按钮，选择存放数据文件的位置。

6. 单击【确定】返回【数据库属性】，单击【事务日志】选项卡，输入日志文件的名称、位置、大小，在日志需要更多空间时可以在【文件属性】选项组中设置日志自动增长和最大值选项，方法与设置数据文件类似。

（二）查看、修改数据库属性

1. 使用企业管理器查看、修改数据库属性。

（1）SQLServer2000 有许多选项可以改变数据库的行为。因此，在使用数据库之前可以考虑其中一些选项的设置。

进入企业管理器，右击【数据库 JWGL】，从弹出的快捷菜单中选择【属性】命令后出现【JWGL 属性】对话框，打开【选项】选项卡，如图 4－1－1 所示。

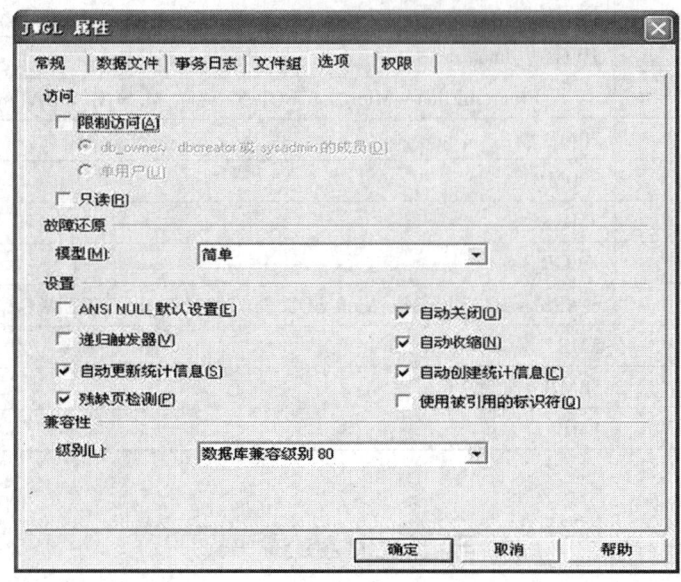

图 4－1－1　JWGL 数据库【选项】卡 可根据需求对其进行调整

（2）调整数据库大小。如果在数据库中用户需要不断地增加数据，就需要扩大数据库文件。打开【数据文件】（或【事务日志】）选项卡，如图 4－1－2 所示。

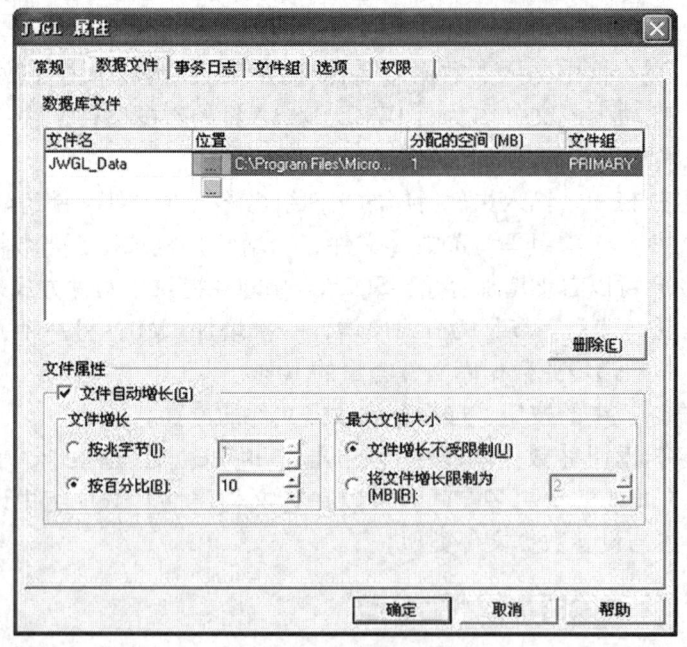

图 4－1－2　JWGL 数据库的【数据文件】选项卡

A. 文件自动增长：选中该复选框表示数据库文件自动增长，这时可以选择按兆字节增长还是按百分比增长。

　　B. 文件增长不受限制：意味着数据库没有最大限制，可以一直充满磁盘。

　　C. 将文件增长限制为：为数据库选择一个最大限制。

　　D. 分配的空间：用户可以直接增加数据库文件大小。

　　F. 扩大数据库的另外一个方法是增加辅助数据文件。

　（3）增加文件组。生成辅助文件后，可将其逻辑组织到文件组中，帮助管理磁盘空间分配。增加文件组的方法是：在文件组列中输入一个新的文件组名称，如 next，单击【确定】按钮，然后右击数据库，从弹出的快捷菜单中选择【属性】命令，打开【JWGL 属性】对话框，打开【文件组】选项卡，如图 4-1-3 所示。

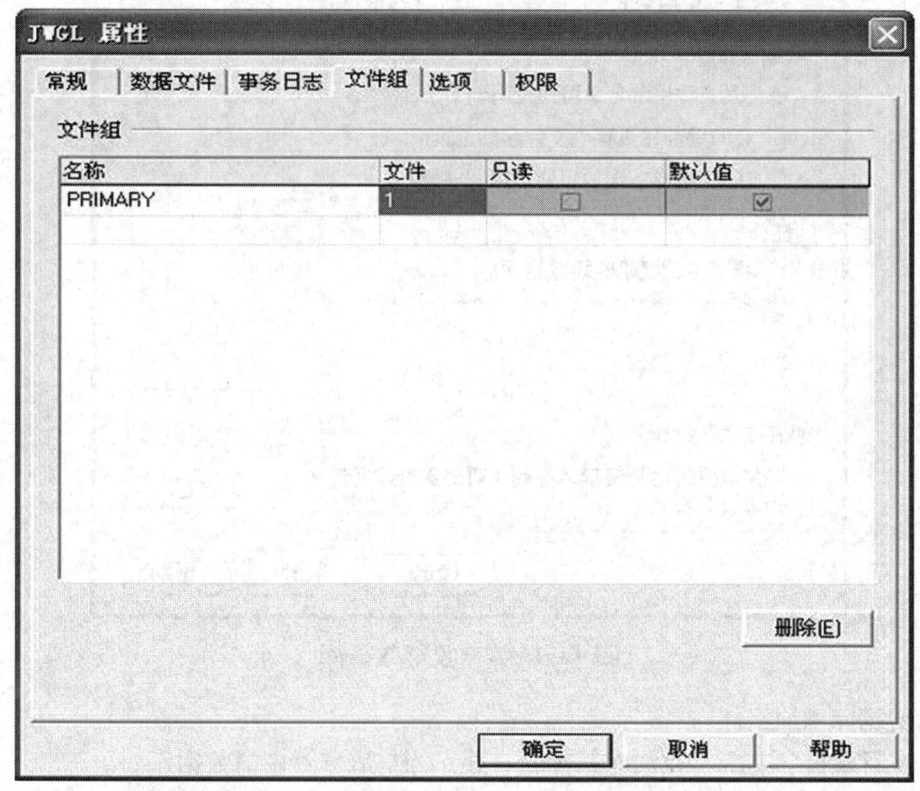

图 4-1-3　JWGL 数据库的【文件组】选项卡

　　单击【选项】选项卡，在【访问】选项组里选中【限制访问】复选框，原本保持灰白状态的两个单选按钮变为激活状态（选中"单用户"单选按钮表示当前只能有一个用户可以使用该数据库）。选中【只读】复选框表示该数据库在当前只能读取数据而不能进行修改。

　（4）缩小数据库。SQLServer2000 提供了缩小过于庞大的数据库的手段，以回收没有使用的数据空间，可以用手动的方法单独缩小某个数据文件，也可以缩小整个文件组的长度。还可以设置数据库在达到一定大小之前自动执行缩小操作。企业管理器完成缩小数据库的步骤如下：

第一步：展开服务器组，展开指定的服务器。

第二步：从指定的服务器上展开数据库节点。

第三步：右击要执行缩小操作的数据库，从弹出的快捷菜单中选择【所有任务】→【收缩数据库】命令，会弹出如图4-1-4所示的对话框，选择执行数据库缩小操作的方式。利用该对话框可以输入数据库大小，并且可以定制任务，让SQLServer2000自动定期收缩数据库。

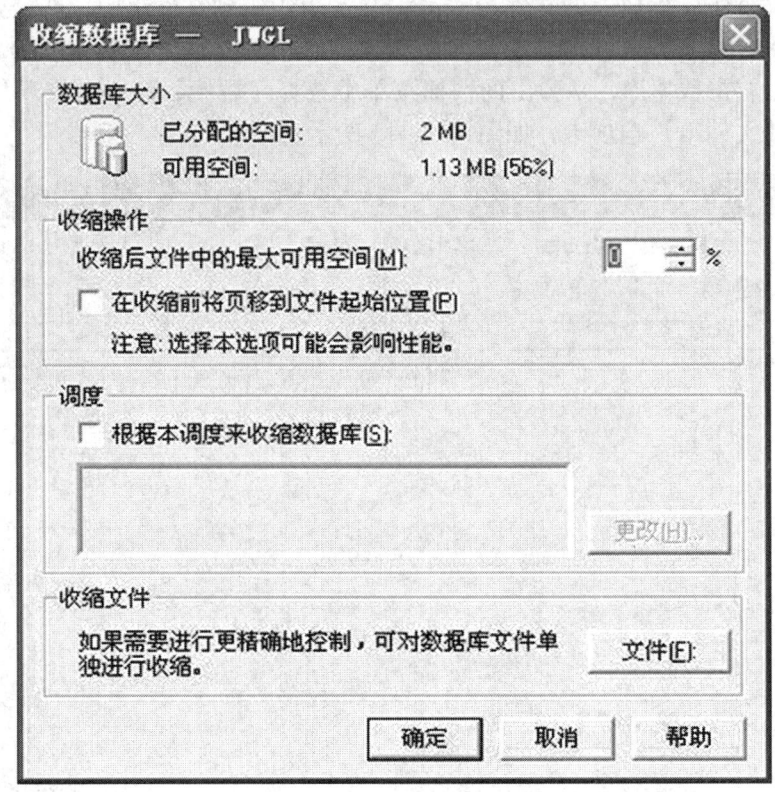

图4-1-4　收缩数据库

2．为数据库添加文件。

（1）在目录窗口单击【数据库】项目，显示当前服务器中的数据库。

（2）右键单击【JWGL】数据库，在弹出的快捷菜单中选择【属性】命令。

（3）在数据库属性对话框中单击【数据文件】选项卡，在【数据库文件】列表中的空行【文件名】单元格中输入【JWGL_Data2】作为添加的辅助数据库文件名称；不修改文件位置、默认与主数据文件位置相同；将【分配的空间】单元格中的文件大小值修改2。

（4）单击【事务日志】选项卡，为数据库添加一个辅助日志文件，文件名【JWGL_Log2】。

（5）单击确定，关闭对话框（如图4-1-5所示）。

3．分离【JWGL】数据库

SQL服务器在运动时，会维护其中所有数据库的信息，如果一些数据库暂不使用，则可

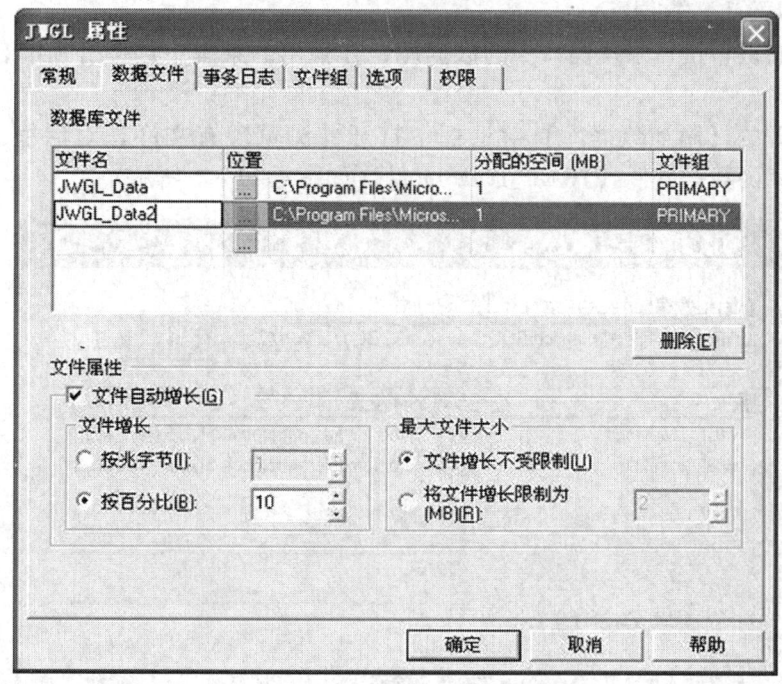

图4-1-5 添加数据库文件

将其从服务器分离,从而减轻服务器的负担。

(1)鼠标右键单击目录树窗口中的【JWGL】数据库,在弹出的菜单中选择【所有任务】→【分离数据库】命令。

(2)打开的对话框显示【成绩数据库】连接数为0,数据库状态显示可以分离数据库,单击确定,执行分离操作。

(3)分离成功操作执行完成后自动打开对话框,单击【确定】后关闭该对话框,完成分离操作(如图4-1-6所示)。

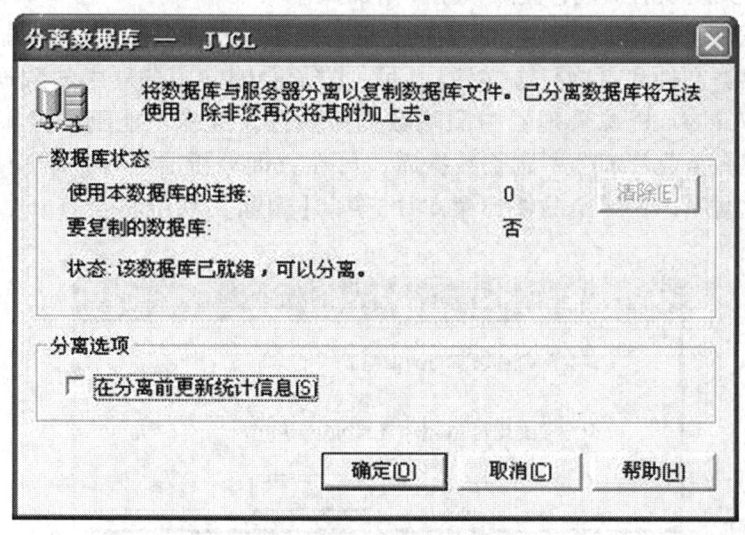

图4-1-6 分离数据库

4. 附加【JWGL】数据库。

（1）鼠标右键单击目录树窗口中的数据库，在弹出的菜单中选择【所有任务】→【附数据库】命令。

（2）在打开的【附加数据库】对话框中打开【浏览现有文件】对话框，在其中选中【JWGL】数据库的数据文件【JWGL_Data.mdf】（如图4-1-7所示）。

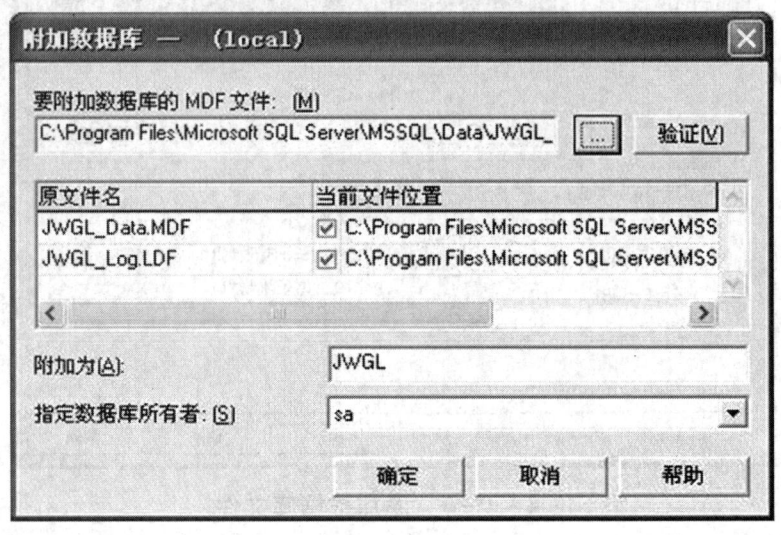

图4-1-7　附加数据库

（3）单击【确定】按钮，此时 SQLServer 自动将该数据库的数据文件和事务日志文件添加到【附加数据库】对话框，并执行验证操作。

（4）通常，SQL Server 根据数据文件名称自动确定附加数据库的名称，一般不需修改数据库名称和数据库所有者。

（5）单击【确定】按钮，执行附加数据库操作。操作成功完成后，自动打开对话框，单击【确定】后关闭该对话框，完成数据库附加操作。

5. 删除数据库。如果一个数据库不再使用，则可将其删除。执行一方面会删除数据库文件（包括数据文件和事物日志文件），另一方面会删除服务器中的数据库信息，如果只是简单地从 Windows 资源管理器中删除数据库文件，这样不能删除掉服务器中的数据库信息。所以要在企业管理器中删除数据库，可在查询分析器或客户端程序中执行命令。选中要删除的数据库，在弹出的快捷菜单中选择【删除】系统将会打开如图4-1-8所示的对话框。

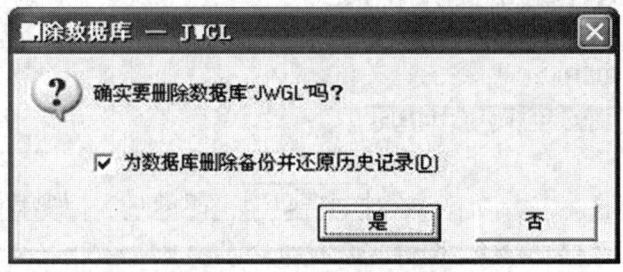

图4-1-8　删除数据库

（1）如果选中为数据库删除备份并还原历史记录，则表示在删除数据库的同时删除数据库备份并还原历史记录，如果要保留数据库备份，则可取消复选框的选中标记。单击【是】，即可删除数据库。

（2）从指定的服务器上展开数据库节点。

（3）右击要执行缩小操作的数据库，从弹出的快捷菜单中选择【所有任务】→【收缩数据库】命令，会弹出如图 4-1-4 所示的对话框，选择执行数据库缩小操作的方式。利用该对话框可以输入数据库大小，并且可以定制任务，让 SQLServer2000 自动定期收缩数据库。

6. 备份数据库（利用企业管理器进行备份）。完成备份设备的创建后便可以进行数据库的备份。若没有创建任何备份设备，则打开备份数据库程序时会提醒用户必须先创建备份设备。

第一步：在右窗格中右击【数据库备份】项目，从弹出的快捷菜单中选择【备份数据库】命令（如图 4-1-9 所示）。

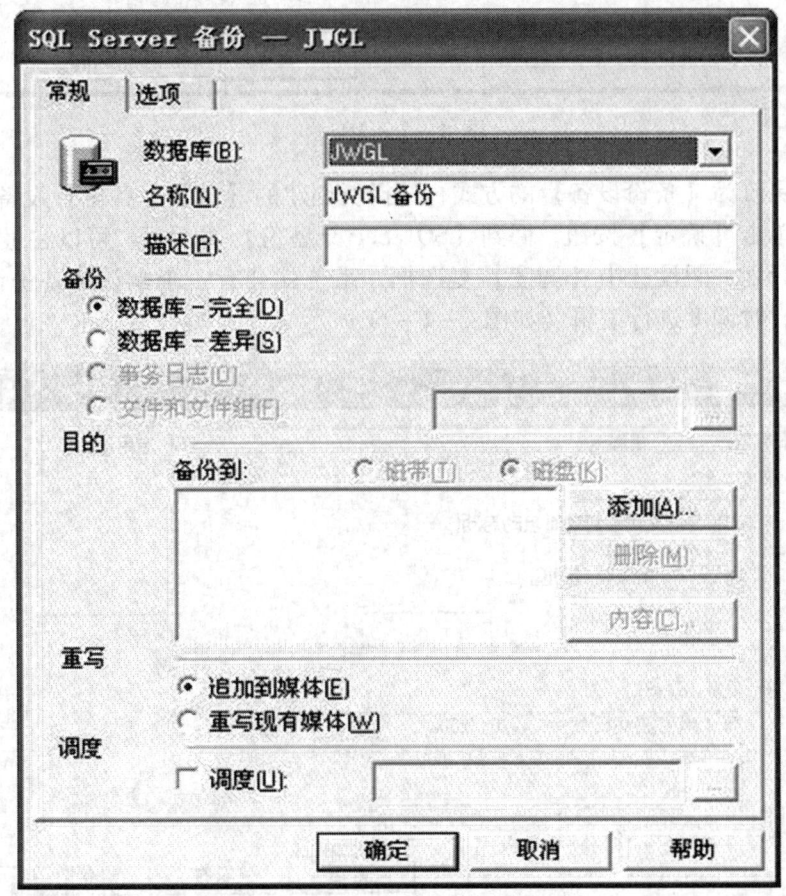

图 4-1-9

第二步：打开【SQL Server 备份】对话框，选择所要备份的数据库 JWGL。
第三步：选择完全数据库备份的方式。

第四步：单击【目的】区中的【添加】按钮，进入【选择备份目的】对话框（如图 4－1－10 所示）。

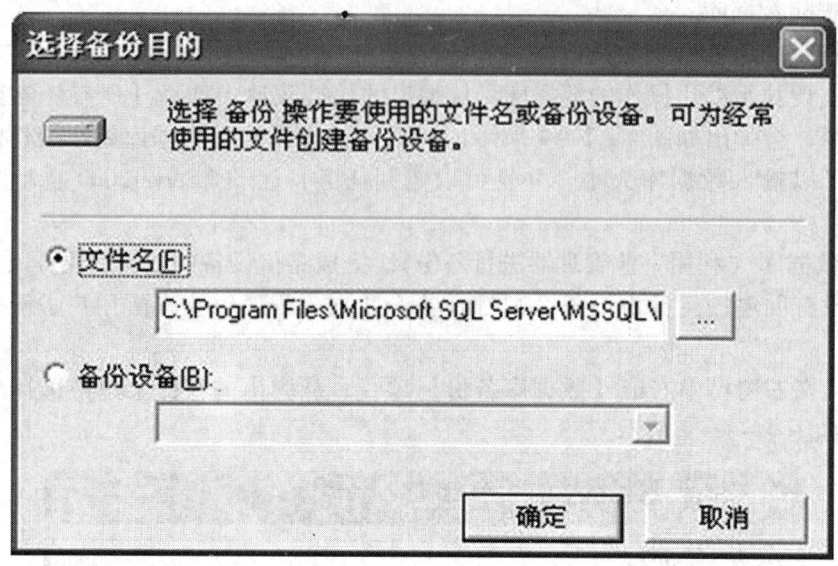

图 4－1－10

第五步：更改为【备份设备】的方式，选择所创建的【数据库备份】设备。

第六步：单击【确定】按钮，回到【SQL Server 备份】对话框。可以在最下的【调度】区中设置备份计划，假设选中【调度】复选框，系统就会有一个默认的备份计划，通过单击右下角按钮，对调度进行编辑（如图 4－1－11 所示）。

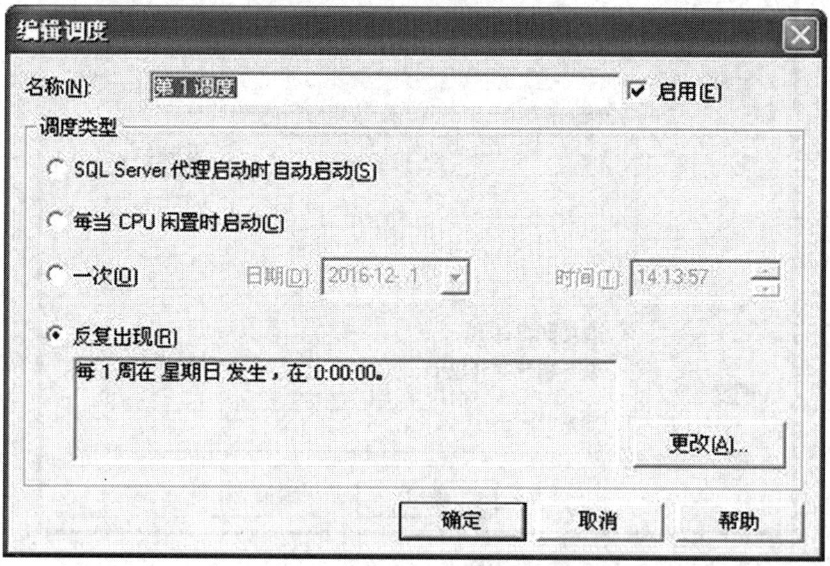

图 4－1－11

第七步：除了系统默认值之外，也可以单击右下角的【更改】按钮改变备份时间（如图 4－1－12 所示）。

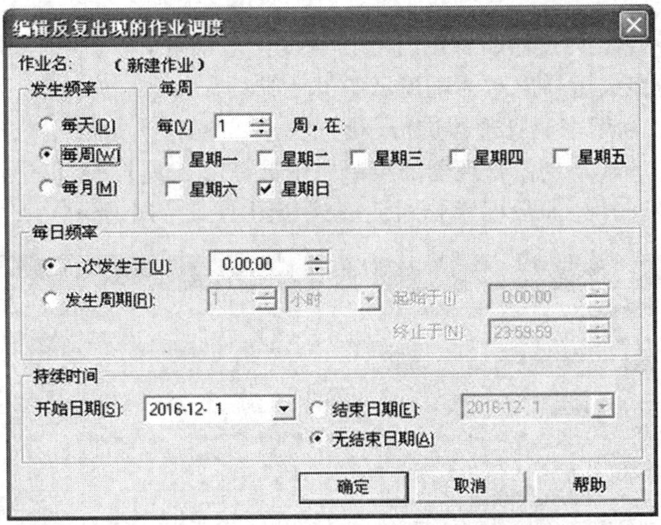

图 4-1-12

第八步：单击【确定】按钮，回到【SQL Server 备份】对话框。单击【选项】标签，选中【检查媒体集名称和备份集到期时间】复选框（如图 4-1-13 所示）。

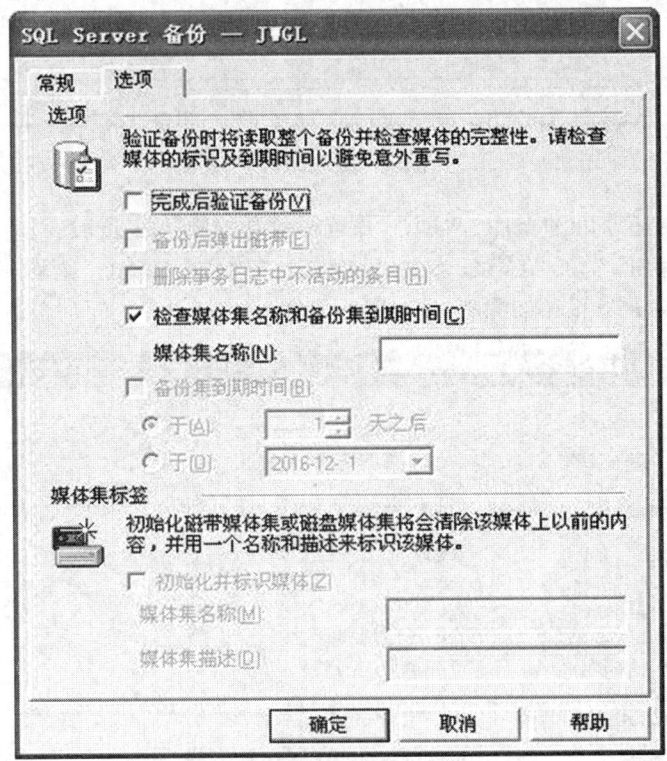

图 4-1-13

第九步：至此，设置基本完成。若选中了【调度】复选框，单击【确定】按钮后不会马上进行数据备份；若撤选【调度】复选框，单击【确定】按钮后马上就可以进行备份、备份设置完成对话框。

　　第十步：单击【确定】按钮，弹出【备份进度】对话框。

　　第十一步：备份完成后弹出对话框提示备份完成。

7. 数据库还原（利用企业管理器进行还原）。

　　第一步：在 SQL Server 企业管理器的菜单栏中选择【工具】→【还原数据库】命令。

　　第二步：系统打开【还原数据库】对话框（如图 4－1－14 所示）。

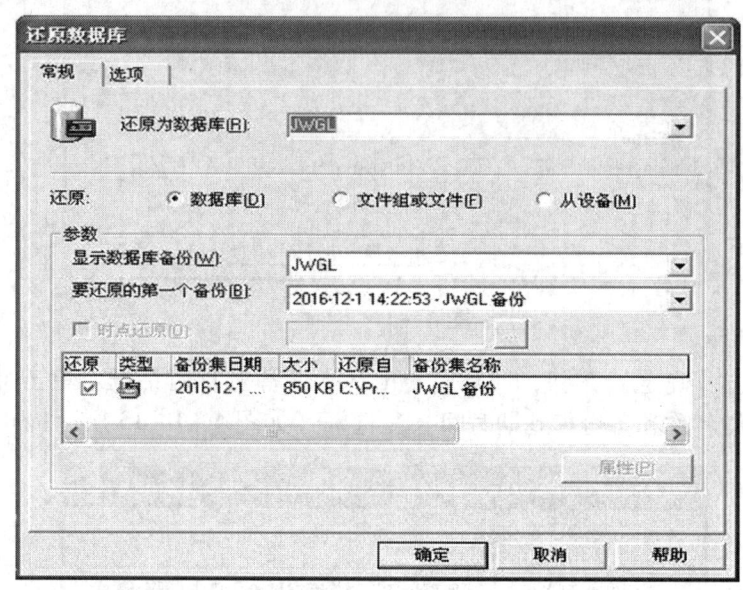

图 4－1－14

　　第三步：选择要还原的数据库 JWGL，并选择要还原哪一次备份。

　　第四步：针对备份记录，在第三步中可以单击"属性"按钮，查看更详细的备份记录，也可以改变还原的备份设备（如图 4－1－15 所示）。

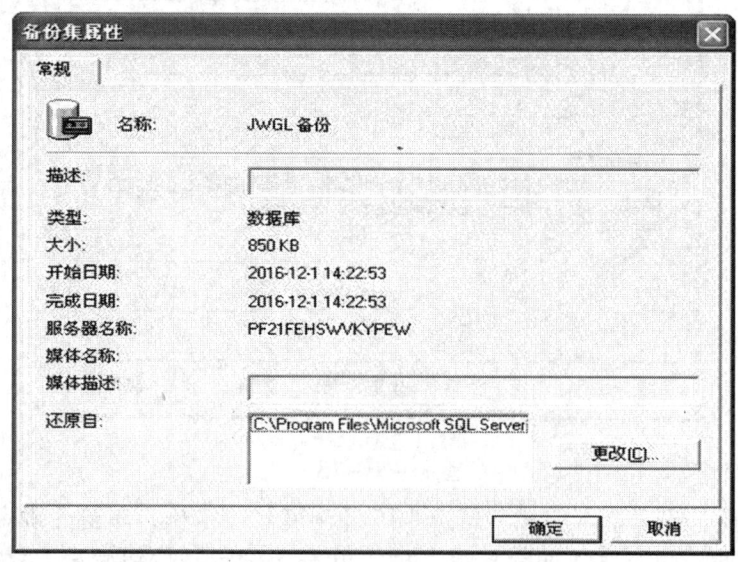

图 4－1－15

第五步：选择还原设备，这里选择数据库备份。

第六步：回到【还原数据库】对话框，单击【选项】按钮，在此可以看到还原的数据库文件为【JWGL_Data.mdf】、【JWGL_log.ldf】两个文件。必要时可以选中【在现有数据库上强制还原】复选框（如图 4－1－16 所示）。

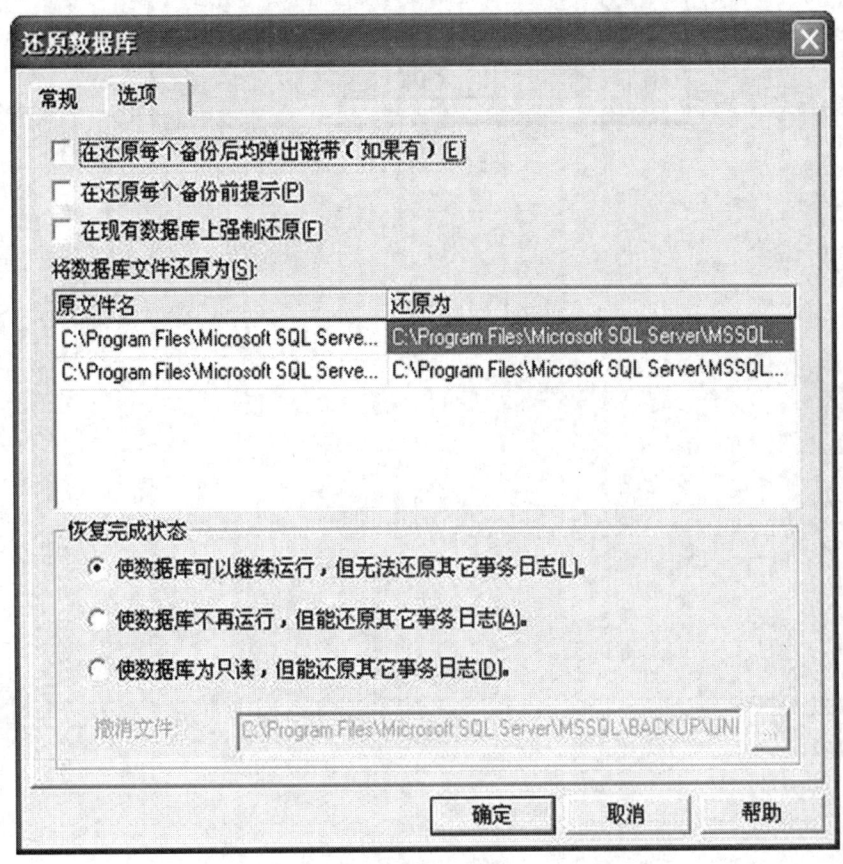

图 4－1－16

第七步：单击【确定】按钮，SQL Server 开始进行还原数据库的操作（如图 4－1－17 所示）。

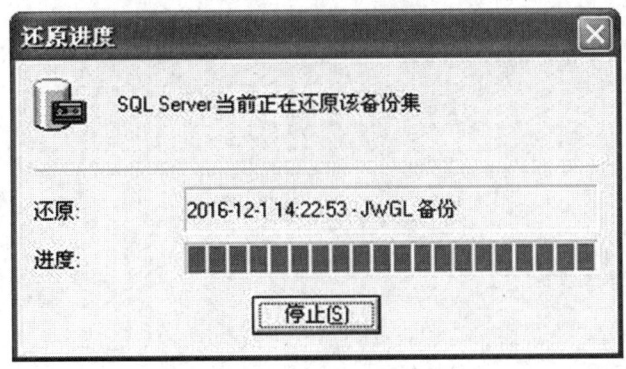

图 4－1－17

第八步：完成还原后弹出对话框提示还原完毕（如图 4－1－18 所示）。

图 4－1－18

表的创建与管理
（设计、实验性实验）

一、实验目的

1. 巩固数据库的基础知识。
2. 掌握创建表与删除表的方法。
3. 掌握修改表结构的方法。

二、实验内容

1. 分别利用企业管理器和查询分析器在数据库 JWGL 中建立数据表，并对建立的数据表进行简单管理。
2. 在企业管理器建立表：student（学生）表，course（课程）表，sudent_course（学生_课程）表，teacher（教师）表。
3. 在查询分析器中建立表：book（书）表，class（班级）表，class_course（班级_课程）表，department（系）表。
4. 并在建立好的表中填入如下数据（见实验步骤）。

三、实验步骤

在 SQL Server2000 下创建表有两种方法：
1. 利用企业管理器创建表。
（1）打开企业管理器，打开左窗格中树开结构上的数据库节点。
（2）选中创建好的数据库，单击数据库中的表对象。
（3）在右窗格中右击空白区域，从弹出的快捷菜单中选择【新建表】命令，弹出创建新表窗口。在此窗口中，需要对表的内容进行定义。

在此窗口下要为【JWGL】数据库建立两个数据表【student】、【course】、【student_course】、【teacher】。表结构和表内容如表4-2-1~表4-2-8所示。

表4-2-1　　　　　　　　　　　　　　student表结构

列名称	数据类型	长度	允许空值	说明
Student_id	Char	8	否	学生学号
Student_name	Nvarchar	8	否	学生姓名
Sex	Bit	1	否	性别
Age	Int	4	否	年龄
Class_id	Char	6	否	班级号
Department_id	Char	6	否	系编号
Home_adder	Nvarchar	40	否	家庭住址

表4-2-2　　　　　　　　　　　　　　course表结构

字段名称	数据类型	长度	允许空值	说明
Course_id	Char	10	否	课程号
Course_name	Varchar	20	否	课程名称
Book_id	Char	15	否	书标识

表4-2-3　　　　　　　　　　　　　student_course表结构

字段名称	数据类型	长度	允许空值	说明
Course_id	Char	10	否	课程号
Student_id	Varchar	8	否	学生号
Grade	Tinyint		否	成绩
Credit	Tinyint		否	学分

表4-2-4　　　　　　　　　　　　　　teacher表结构

字段名称	数据类型	长度	允许空值	说明
Teacher_id	Char	8	否	教师编号
Teacher_name	Nvarchar	8	否	教师姓名
Department_id	Char	6	否	所在系号
Profession	Nvarchar	16		
Sex	Bit		否	性别
Telephone	Nvarchar	15	是	电话号码
Home_address	Nchar	40	是	住址
Salary	Numberic	5.2	是	工资
Birth	Smalldatetime		否	出生日期
Postalcode	Postalcode		是	邮编

表4-2-5　　　　　　　　　　　　　student 表内容

Student_id	Student_name	Sex	Age	Class_id	Department_id	Home_addr
g9940201	张虹	1	19	g99402	Dep_01	南京市鼓楼区古平岗3号
g9940202	林红	0	19	g99402	Dep_02	扬州市五亭街41号
g9940203	曹雨	1	20	g99402	Dep_03	南京玄武区林荫大道4号
g9940204	芮华	1	19	g99402	Dep_01	江苏仪征市青年路6号
g9940205	李丽	0	18	g99402	Dep_04	江苏仪征市青年东路1号
g9940206	林海国	1	19	g99402	Dep_04	北京市中关村太平北路
g9940207	李红	0	21	g99402	Dep_04	南京虎锯北路43号
g9940210	赵青	1	20	g99402	Dep_04	南京中山北路10号
g9940211	赵凯	1	21	g99402	Dep_04	南京中山北路10号
g9940301	左群	1	19	g99403	Dep_01	上海市龙盘路97号
g9940302	许小华	0	19	g99403	Dep_02	上海市北京东路191号
g9940303	张雅丽	0	19	g99403	Dep_03	南京中山路9号
g9940304	林红	0	20	g99403	Dep_01	北京市海淀天平路8号

表4-2-6　　　　　　　　　　　　　course 表内容

Course_id	Course_name	Book_id	Total_perior	Week_perior	Crdeit
Dep01_s001	电磁波工程	Dep01_s001_01	80	6	6
Dep04_b001	计算机基础	Dep01_b001_02	68	4	4
Dep04_p001	C语言程序设计	Dep01_p001_02	68	4	4
Dep04_s001	数据库开发技术	Dep01_s001_01	80	5	5
Dep04_s002	JAVA程序开发	Dep01_s002_01	68	4	4
Dep04_s003	单片机原理	Dep01_s003_01	68	4	4
Dep04_s004	软件开发技术	Dep01_s004_01	51	3	3
Dep04_s005	网页设计	Dep01_s005_01	80	3	5

表4-2-7　　　　　　　　　　　　student_course 表内容

Course_id	Student_id	Grade	Credit
Dep04_b001	g9940201	88	4
Dep04_b001	g9940202	78	4
Dep04_b001	g9940203	88	4
Dep04_b001	g9940204	56	6

续表

Course_id	Student_id	Grade	Credit
Dep04_b001	g9940205	45	2
Dep04_b001	g9940206	98	4
Dep04_b001	g9940207	87	1
Dep01_s001	g9940201	89	4
Dep01_s001	g9940202	78	2
Dep01_s001	g9940203	44	5
Dep01_s001	g9940204	65	3
Dep01_s001	g9940205	52	5
Dep01_s001	g9940206	92	8

表 4-2-8　　　　　　　　　　teacher 表内容

Teacher_id	Teacher_name	Sex	Department	Profession	Telephone	Home_addr	Salary	Postalcode
Dep01_001	王敬远	1	Dep_01	副教授	6211544	南京先贤路31号	2100.02	210002
Dep02_001	康辉	1	Dep_02	教授	8569231	南京长虹路5号	3100.08	210002
Dep03_001	董一平	1	Dep_03	副教授	3728543	南京长江路9号	2300.36	210002
Dep03_002	潘惠	0	Dep_01	讲师	5887654	南京长江路5号	1800.36	210022
Dep04_001	纪云	1	Dep_04	副教授	6234321	南京长江路3号	2100.08	210002
Dep04_002	章红	0	Dep_04	教授	2781602	南京西路31号	3500.56	210012
Dep04_003	李伟	1	Dep_04	教授	3728543	南京先贤路3号	5000.99	210042
Dep04_004	严为	1	Dep_04	助教	7654987	南京长虹路3号	1900.01	210034
Dep04_005	乔红	0	Dep_04	讲师	8802888	南京太青路32号	2500.25	210102

2. 利用 SQL 语句创建表。

（1）打开查询分析器。

（2）输入创建表的 Transact_SQL 语句，建立【book】数据表，表结构如表 4-2-9 所示。

表 4-2-9　　　　　　　　　　book 表结构

字段名称	数据类型	长度	允许空值	说明
Book_id	Char	13	否	书号
Book_name	Varchar	30	否	书号
Publish_comepany	Varchar	50	否	出版社
Author	Nvarchar	8	是	作者
Price	Numeric	5.2	是	价格

输入的 SQL 语句如下：

```
create table book（
book_id              char（13）           NOT NULL,
book_name            varchar（30）        NOT NULL,
publich_company      varchar（50）        NOT NULL,
author               nvarchar（8）,
price                numeric（5，2））
```

（3）单击工具栏中的【运行】按钮，完成数据表创建操作。

按此方法依次建立表【class】、【class_course】、【department】。表结构和表内容如表 4 – 2 – 10 ~ 表 4 – 2 – 16 所示。

表 4 – 2 – 10　　　　　　　　　　　class 表结构

字段名称	数据类型	长度	允许空值	说明
Class_id	Char	6	否	班级号
Monitor	Varchar	8	是	班主任姓名

表 4 – 2 – 11　　　　　　　　　　class_course 表结构

字段名称	数据类型	长度	允许空值	说明
Class_id	Char	6	否	班级号
Course_id	Char	10	否	课程号

表 4 – 2 – 12　　　　　　　　　　department 表结构

字段名称	数据类型	长度	允许空值	说明
Department_id	Char	6	否	系编号
Department_name	Nvarchar	20	否	系名称

表 4 – 2 – 13　　　　　　　　　　book 表内容

Book_id	Book_name	Publish_company	Author	Price
Dep01_s001_01	电磁波工程	电子工业出版社	顾华	21
Dep04_b001_01	计算机基础	清华大学出版社	洪涛	16
Dep04_b001_02	计算机应用	电子工业出版社	李群	19.8
Dep04_p001_01	C 语言程序设计	清华大学出版社	钟军	18.8
Dep04_p001_02	C 语言程序设计	南京大学出版社	李力	16.7

续表

Book_id	Book_name	Publish_company	Author	Price
Dep04_s001_01	SQLServer 数据库开发技术	北方交通出版社	成虎	21.5
Dep04_s002_01	JAVA 语言程序设计	东南大学出版社	王平	22.8
Dep04_s003_01	单片机原理	东南大学出版社	肖红	16.5
Dep04_s004_01	软件开发技术	南京大学出版社	刘雨	15
Dep04_s005_01	网页设计	地质出版社	张凯芝	12

表 4-2-14　　　　　　　　　　class 表内容

Class_id	Mointor
g00401	张丽
g00402	姚夏
g00403	路立
g00401	方舟
g00402	钱程
g00403	李微
g00401	朱敬
g00402	孙兵
g00403	李晴
g00401	李强
g00402	姜一鸣
g00403	成佳洱

表 4-2-15　　　　　　　　class_course 表内容

Class_id	Course_id
g99402	Dep04_s001
g99402	Dep04_s002
g99402	Dep04_s003
g99402	Dep04_s004
g99402	Dep04_s005
g99403	Dep04_s001
g99403	Dep04_s002
g99403	Dep04_s003
g99403	Dep04_s004
g99403	Dep04_s005

表 4-2-16   department 表内容

Department_id	Department_name
Dep_01	无线电
Dep_02	通信与信息工程
Dep_03	电子工程
Dep_04	计算机科学

3. 表的修改。在 SQL Server2000 下修改表有两种方法。

一是利用企业管理器修改表：

（1）从树形结构上展开要修改表所在的数据库。

（2）选中该数据库节点下的表节点，则企业管理器显示出该数据库下全部的表格。

（3）右击所要修改的表，从弹出的快捷菜单中选择【设计表】命令，在弹出的窗口中可以进行列的增加、删除、修改等操作。在空白处右击鼠标，从弹出的快捷菜单中选择【属性】命令，在打开的窗口中可以更改约束，也可增加约束。

二是利用 SQL 语句修改表：

（1）向表中添加新字段：在学生名单表中添加一个【年龄】字段，数据类型为数字。

（2）修改原有的列定义：将年龄的数据类型改为半字长整数。

（3）删除表中的旧列：在学生名单表中删除【年龄】字段。

4. 表的删除。在 SQL Server2000 下有两种方法。

一是在企业管理器中删除：

（1）在树形结构上，展开表所在的数据库。

（2）选择表节点，则显示出该数据库下的全部表。

（3）选择表（按 Shift 或 Ctrl 可选多个表）。

（4）右击鼠标，从弹出的快捷菜单中选【删除】命令，随后弹出的对话框中列出所有将被删除的表，可选择其中的表，然后单击【显示相关性】按钮，查看与该表格相关的数据库对象的信息。

（5）单击【全部除去】按钮，删除所有选中的表。

二是使用 SQL 语句删除：

语句：drop table table_name

如删除当前连接的数据库中的一个名为 tal 的表和删除 pubs 数据库中的 example 表的语句如下：

    drop table tal
    drop table pubs. dbo. example

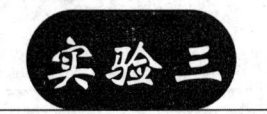

数据操纵、查询
（设计、实验性实验）

一、实验目的

1. 掌握查看、重命名及删除用户定义数据类型的方法。
2. 掌握向表中添加、删除及修改方法。
3. 了解查询的概念和方法。
4. 掌握查询分析器的使用方法。
5. 掌握 SELECT 语句在单表查询中的应用。

二、实验内容

分别使用企业管理器和查询分析器对建立好的数据表进行管理，具体内容实验步骤。

三、实验步骤

1. 使用查询分析器管理数据表。使用 INSERT 添加表格数据。
（1）插入单个元组。
例1：将一个新学生记录（student_id：g9940303、student_name：张红、sex：女、birth：1985 - 02 - 08、class_id：99402，department_id：Dep_03，home_addr：沈阳皇浦区34号）插入到 student 表中。
在查询分析器中输入以下 SQL 语句：
  use JWGL
  go
    Insert into student
  （student_id, student_name, sex, age, class_id, department_id, home_addr)

values（'g9940311','陈红','1','19','g99403','Dep_03','沈阳皇浦区34号'）

go

注：可以省略列清单，但必须按这些列在表中定义的顺序来提供每个列的值，如上例可改写为：

use JWGL

go

Insert　into student

values（'g9940311','何必','1','19','g99403','Dep_03','沈阳皇浦区34号'）

go

（2）插入子查询结果。通过该方法可在表中插入多行数据。

例2：对每一个班，求学生的平均年龄，并把结果存入数据库。

A. 在数据库中建立新表"age_avg"，其中一列存放班级，另一列存放相应的学生平均年龄。

  Create table age_avg（

  class_id　char（6），

  age_avg　tinyint）；

B. 对学生名单表按班级求平均年龄，再将班级和平均年龄存入新表中。

  use jwgl

  go

  insert into ageavg（class_id，age_avg）

  select class_id，avg（age）from student group by class_id；

使用UPDATA实现数据的修改

①修改某一个元组的值。

例3：将学号为g9940201的学生的姓名改为张丽，年龄改为18。

  use JWGL

  go

  update student

  set student_name = '张力'，age = 18 where student_id = 'g9940201'；

  go

例4：将一个字段值赋给另外一个字段的同时，修改一个字段的值。

  use JWGL

  go

  update student

  set student_name = class_id，class_id = 'dep_09'

  where student_id = 'g9940311'

  go

②修改多元组。

例5：将 student 表中的所有系别（department_id）均改为"dep_03"
　　use JWGL
　　go
　　update student
　　set department_id = 'dep_03';

③用子查询修改语句。

例6：将班级号（class_id）为 g99402 的全体学生的成绩加30分。
　　use jwgl
　　go
　　update student_course
　　set grade = grade + 30
　　where' g99402 ' in (select class_id from student where student. student_id = student_course. student_id)

使用 delete 删除表中的数据

例7：从学生名单中删除所有课程号（course_id）为 dep04_b001 的记录。
　　use JWGL
　　go
　　delete
　　from student_course
　　where course_id = 'dep04_b001'

2. 使用企业管理器管理表格数据。SQL Server 提供了使用企业管理器来完成表格管理的所有工作，包括编写 SQL 语句。利用企业管理器管理表格的执行步骤如下：

（1）从树形结构上展开要指定表所有的数据库。
（2）选中该数据库节点下的表节点，则企业管理器显示出该数据库下全部的表格。
（3）选中指定的表格。
（4）右击鼠标，从弹出的快捷菜单中选择【打开表】命令，在【打开表】命令下有3个子命令。

返回所有行：打开表后将返回表中所有数据。
返回行首：打开表后只返回指定的前 n 行数据（如图4-3-1所示）。

图4-3-1　返回行数

企业管理器将弹出行数对话框。在文本框中输入数值后，将弹出表格数据编辑框查询：让用户来编写查询语句，以 JWGL 数据库的 student 表为例（如图 4-3-2 所示）。

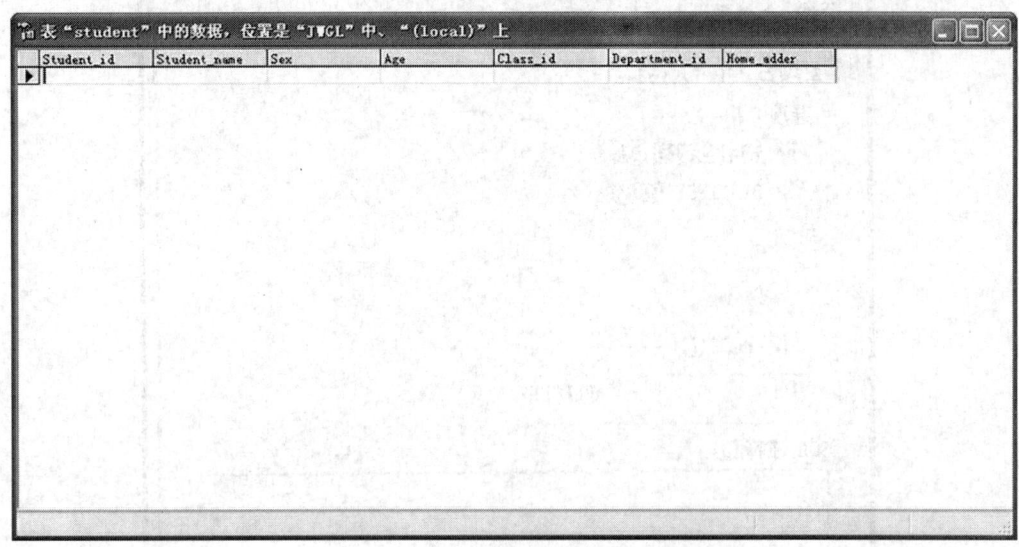

图 4-3-2　表格数据编辑框

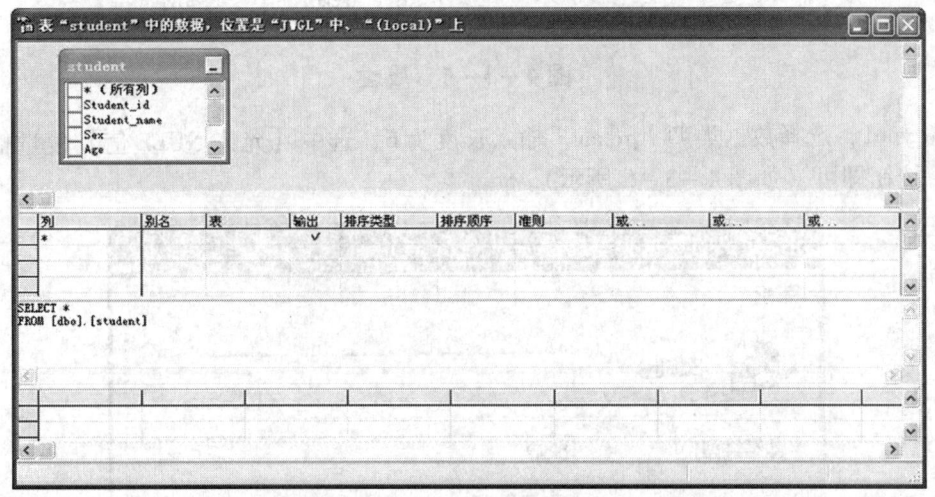

图 4-3-3　用于查询的 4 个栏目

（5）右击鼠标，从弹出的快捷菜单上选择"属性"命令，将弹出如图 4-3-4 所示的查询对话框，可以重新设置 TOP 值参数和 DISTINCT 属性等。

练习：试用企业管理器对各表进行数据查询。

3. 创建、重命名及删除用户定义的数据类型。

（1）创建用户定义的数据类型。

A. 使用企业管理器创建一个名为 newtype1、长度为 6，可变长字符、允许为空的自定义数据类型。进入企业管理器，进入成绩管理数据库，右键单击【用户定义的数据类型】后从弹出的快捷菜单中选择【操作】→【新建用户定义数据类型】命令　输入要定义的数据

图 4-3-4　属性

名称 newtype1，选择数据类型 vqrchar，输入长度为 6，选中【允许 NULL 值】复选框，单击【确定】按钮即可（如图 4-3-5 所示）。

图 4-3-5　自定义用户数据类型

B. 使用 T – SQL 语句创建一个名为 newtype2，数据长度为 6、定长字符型、不允许为空的自定义数据类型。

Use JWGL

Exec sp_addtype newtype2,'char（6）','not null'

（2）重命名用户定义的数据类型。

A. 使用系统存储过程 sp_rename 将自定义数据类型 newtype1 重新命名为 a1。

exec sp_rename newtype1, a1

B. 用企业管理器再将自定义数据类型 a1 重新命名为 newtype1。

（3）删除用户定义的数据类型。

A. 使用系统存储过程 sp_droptype 来删除用户自定义数据类型。

execsp_droptype newtype1

B. 使用企业管理器删除用户。进入企业管理器，进入成绩管理数据库，单击【用户定义的数据类型】选项后，右窗口中将出现所有用户定义的数据类型，右键单击 newtype2，从弹出的快捷菜单中选择【删除】命令即可。

4. 单表查询。最简单的 SELECT 查询语法如下：

select column_name [, …n] [from tablename]

例1：从 student 表中分别检索出学生的所有信息，以及仅查询学生号、学生姓名。

（1）打开查询分析器。

（2）在输入区中输入 Transact – SQL 查询语句：

use JWGL

go

select * from student

或

select student_id, student_name from student

（3）单击"分析查询"按钮（或按 Ctrl + F5 键）。

（4）按 F5 键，得到查询结果。

利用 SELECT 语句来进行无数据库查询

例2：使用 SELECT 语句查看全局变量的数据。

Select @@version 注：@@version 中间不能有空格

go

返回结果为服务器版本信息

使用 TOP 关键字查询

例3：分别从 course 中检索出前2条及前面67%的教师的信息。

Use JWGL

Go

Select top 2 *

From student

Select top 67 percent *

From student

使用 DISTINCT 关键字

例4：分别用带 DISTINCT 和不带 DISTINCT 关键字的 SELELCT 在 student 中进行查询。

  Use JWGL

  Go

  Select credit from student_course

  Select distinct credit from student_course

使用计算列

Transact - SQL 允许直接在 SELECT 语句中使用计算列。计算列并不存在于表格所存储的数据中，它是通过对某些数据进行计算得出的结果。

例5：将 teacher 表中各教师的姓名、教工号及工资按95%发放的信息，第2条语句将工资按95%发放后列名改为'预发工资'。语句如下：

  Select teacher_id, teacher_name, salary * 0.95 from teacher

  Select teacher_id, teacher_name, salary * 0.95 as 预发工资 from teacher

操作查询的列名

Transact - SQL 提供了在 SELECT 语句中操作列名的方法，可以根据实际的需要对查询数据的列标题进行修改，或者为没有标题的列增加临时的标题。对列名进行操作有3种方式，一种是采用符合 ANSI 规则的标准方法，即在列表达式后面给出列名，如：

  Use JWGL

  Go

  SELECT course_id '课程序号', student_id '学生代码', credit + 1 '修正学分'

   from student_course

   go

另一种方法是使用 SQLServer2000 支持的 ' = ' 来连接列表达式，如

  SELECT course_id = '课程序号','学生代码' = student_id,'修正学分' = credit + 1

   from student_course

使用 WHERE 子句

使用 WHERE 子句的目的是从表格的数据集中筛选出符合条件的行。WHERE 子句中的条件表达式包括算术表达式和逻辑表达式。

①使用算术表达式。

例6：搜索 JWGL 数据库中的 student_course 表，返回修正后的学分仍然大于4的课程的代号、名称以及原先的学分。

  Use JWGL

  Go

  SELECT course_id AS '课程序号', student_id AS '学号', credit as '学分'

  FROM student_course

  WHERE credit + 1 > 4

  Go

②使用逻辑表达式。

例7：查询 course 表中所有学分大于2并且序号成绩不及格的学生的信息。

Use JWGL

go

SELECT course_id　AS ′课程序号′，student_id　AS ′学号′，grade as ′成绩′，credit as ′学分′

FROM student_course

WHERE credit + 1 > 4 and grade < 60

Go

③使用 BETWEEN 关键字。

使用 BETWEEN 关键字可以更方便地限制查询数据的范围。

例8：查询学分在 4~8 的学生信息。

Use JWGL

go

SELECT course_id　AS ′课程序号′，student_id　AS ′学号′，grade as ′成绩′，credit as ′学分′

FROM student_course

WHERE credit between 4 and 8

Go

上面的查询语句可以使用下面的查询语句等价替换：

Use JWGL

go

SELECT course_id　AS′课程序号′，student_id　AS ′学号′，grade as ′成绩′，credit as ′学分′

FROM student_course

WHERE credit > = 4 and credit < = 8

go

可以发现以上2种方法的效果是一致的，并且在使用 BETWEEN 限制查询数据范围时，同时包括了边界值，而使用 NOTBETWEEN 进行查询时没有包括边界值。注：not between 间要有一个空格。

④使用 IN 关键字。

例9：从 student_course 表中查询出学生为"2"，"4"的课程的课程号、学生号以及学分，语句如下：

Use JWGL

go

SELECT course_id　AS ′课程序号′，student_id　AS ′学号′，credit as ′学分′

FROM student_course

WHERE credit in (′2′,′4′)

Go

如果要查询不在表列中的值，可以使用 NOT IN；

例10：从 course 表中查询出课程号不为"1"，"4"或"7"的课程的课程号、课程名称以及学分，语句如下：
　　Use JWGL
　　go
　　SELECT course_id　AS '课程序号'，student_id　AS '学号'，credit as '学分'
　　FROM student_course
　　WHERE credit not in ('2','4')
　　Go
使用 LIKE 子句进行模糊查询

在实际查询中，往往不能给出精确的查询条件。因此经常需要根据一些并不确切的线索来查询信息。Transact-SQL 提供了 LIKE 子句来进行这类模糊查询。语法如下：

例11：使用 LIKE 谓词从 teacher 表中分别检索出姓王的教师的资料，或者姓名的第2个字是远或辉的教师的资料，语句如下：
　　use JWGL
　　go
　　select * FROM teacher
　　WHERE teacher_name LIKE '王%'
　　Go
或者
　　select * FROM teacher
　　WHERE teacher_name LIKE '_[远，辉]%'

注：如是第3个字，则 [ ] 前有二个下划线，中间无，或空格。

使用 ORDERBY 给数据排序

SELECT 语句获得的数据一般是没有排序的，也就是说，这一次提取的数据与下一次提取的数据的排列顺序可以不同。为了阅读的方便，最好对查询结果进行一次排序。

例12：从 student_course 表中查询学分大于3的所有信息，并按升序排列，语句如下：
　　use JWGL
　　go
　　SELECT course_id　AS '课程序号'，student_id　AS '学号'，credit as '学分'，grade as '成绩'
　　FROM student_course
　　Where credit > 3
　　Order by credit asc

例13：按照学分修正为原学分加1并按序号降序进行排序。执行语句为：
　　use JWGL
　　go
　　SELECT course_id　, student_id, credit = credit + 1
　　FROM student_course
　　Order by credit desc
　　Go

课间小结五：常用术语及知识点拓展

1. 隐私权（privacy right）。信息主体依法享有的对与公共利益无关的个人信用信息进行隐瞒、知悉、维护、利用、支配的权利。征信机构应对采集和处理个人资料、信息、数据的行为加以一定限制，除法律有特别规定外，未经与资料有关当事人同意，不得任意公开其隐私资料；对任何隐私资料的公开，应作完整记录，并符合对隐私信息合法利用和安全使用要求，防止隐私信息扩散。

2. 知情权（right to know）。信息主体享有从征信机构获悉自身信用信息的内容、性质以及使用者名称和使用目的的权利，并且当信用信息被使用对自身产生不利影响时，有获得通知的权利。

3. 同意权（agreement right）。征信机构收集信用信息原则上须获得信息主体的书面授权。金融机构或其他机构查询个人信用报告时，除对本机构已发放的个人信贷进行贷后风险管理这一用途外，也应当先取得被查询人的书面授权。

4. 异议权（right to object）。信息主体对自己信用报告中的信息持否定或者不同意见，向征信机构提出，要求征信机构按程序进行处理的权利。

5. 异议处理（objection processing）。征信机构、金融机构及其他信息提供机构对存在异议的信用信息进行调查、核实，并对错误信息进行更正的过程。

6. 异议标注（objection label）。征信机构对信用报告中信息主体提出的有异议的信息添加的说明文字。一种是在异议受理人员接受异议申请后，在该异议申请人的信用报告中添加异议标注，表示这份个人信用报告中可能存在有误信息。另一种是数据报送机构提供的异议回复函证明异议申请人的信用报告中的信息确实有误，但因技术原因，数据报送机构无法及时报送更正信息或征信中心暂时无法及时进行信息更正，异议受理人员对该异议信息作出有别于其他异议信息的特殊标注，说明异议事项的调查实情，以及暂时不能更正的原因。

7. 个人声明（personal statement）。异议申请人对信用报告某些内容提出异议后未收到回复或对回复不满意或认为存在需要说明的特殊情况时提出的解释说明，主要包括声明内容和声明日期。

8. 纠错权（right of amendment）。信息主体对自己信用报告中所记载的信息经证实存在错误，要求数据报送机构和征信机构在合理期限内对错误信息进行更正的权利。

9. 征信投诉（credit complaint）。信息主体认为相关机构在征信业务活动中违反规定侵犯其合法权益，向国家征信业监督管理部门提起诉求，要求其维护合法权益的行为。

10. 司法救济权（right of judicial relief）。信息主体在征信机构采集、整理、保存、加工、使用其信用信息过程中损害到其合法权益且征信机构无法满意解决时，享有向司法机关寻求公力救济的权利。

征信数据字典解读
（实验性实验）

一、实验目的

1. 理解数据库字典各字段的含义。
2. 掌握数据库字典在解读个人信用报告解读与企业信用报告解读的作用。

二、实验内容

提取系统中的征信数据，理解每一个字符段所代表的含义，并对数据作出分析。

三、实验步骤

（一）操作步骤参考

单击菜单栏【系统应用管理】下的【基础数据管理】，显示如图 4-4-1 所示。

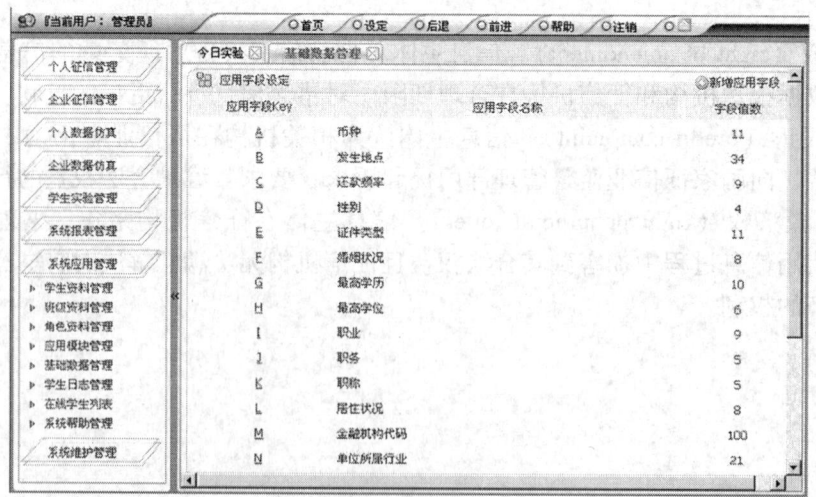

图 4-4-1

1. 【新增数据】。单击工具栏【新增应用字段】按钮,显示如图4-4-2所示。

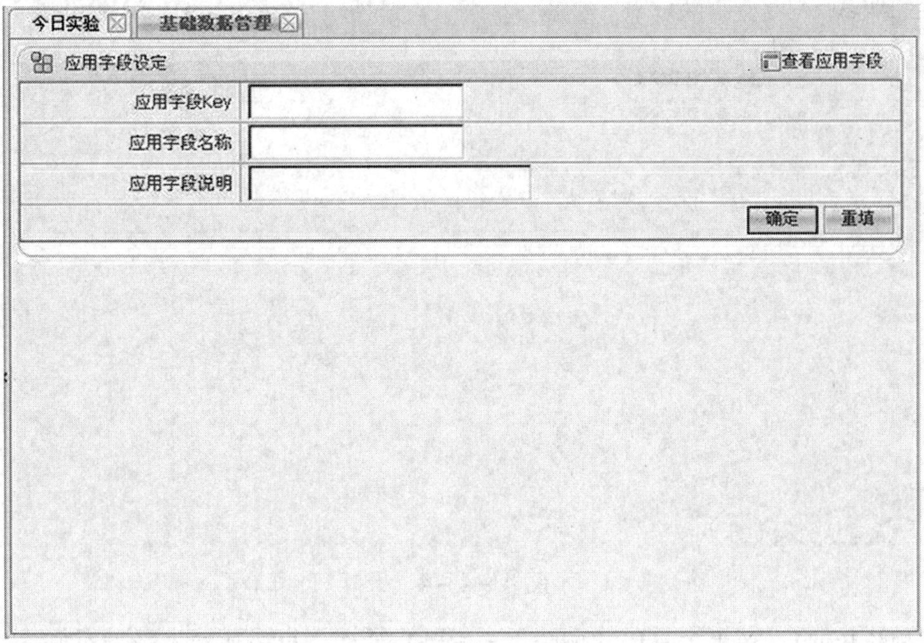

图 4-4-2

- 【应用字段 Key】字段 Key　例:M
- 【应用字段名称】字段名称　例:美元
- 【应用字段说明】字段说明　例:美元

2. 【查看数据】。单击数据项【应用字段 Key】链接,显示如图4-4-3所示。

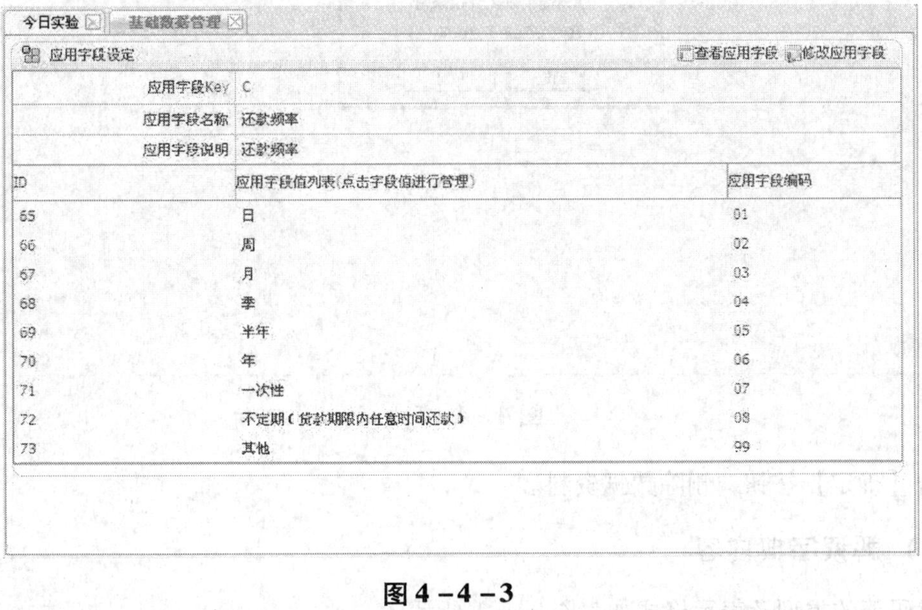

图 4-4-3

3. 【修改数据】。单击工具栏【修改应用字段】按钮,显示如图4-4-4所示。

图 4-4-4

4. 【删除数据】。单击工具栏【删除应用字段】按钮，显示如图 4-4-5 所示。

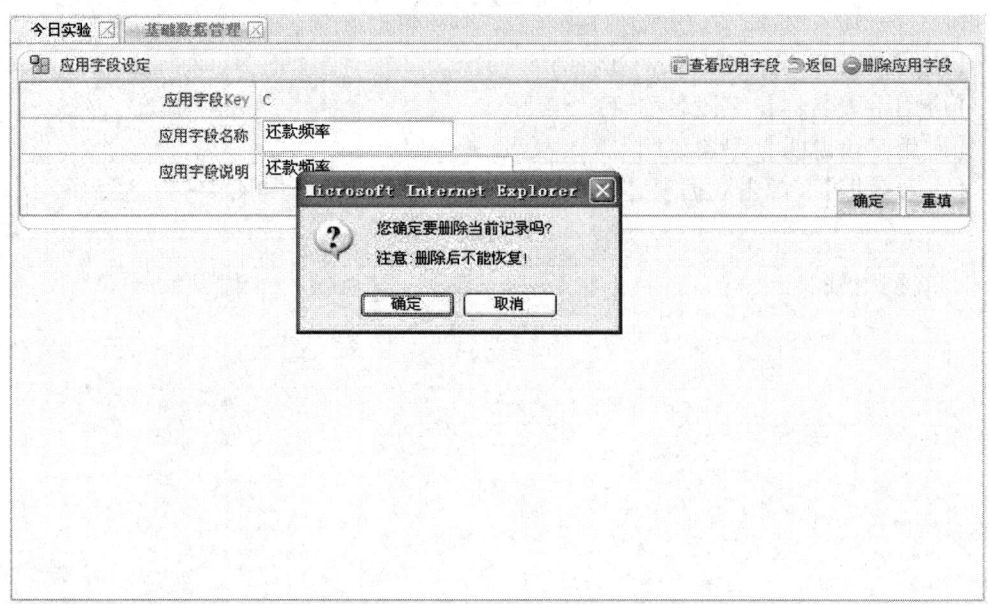

图 4-4-5

单击【确定】按钮，删除数据资料。

（二）解读字典内容

验代码值的类型及表示格式如表 4-4-1 所示。

表 4-4-1

【n】	表示每一位必须是 0-9 的数字
【an】	表示包含 0-9 的数字和不包括汉字在内的其他字符
【anc】	表示包含汉字在内的所有字符
【n..3】	最长 3 位数字形
【n3】	3 位数字形，定长

1. 币种。
- 【说明】货币的种类
- 【表示】an3
- 【编码方法】此处填报的是账户开立时所使用的币种。采用 GB/T 12406-1996《表示货币和资金的代码》中的三位字母型代码（如表 4-4-2 所示。）

表 4-4-2

数据元名称	币种	
代码	名称	说明
CNY	人民币	
HKD	港元	
USD	美元	

2. 发生地点。
- 【说明】货币的种类
- 【表示】an3
- 【编码方法】此处填报的是账户开立时所使用的币种。采用 GB/T 12406-1996《表示货币和资金的代码》中的三位字母型代码（如表 4-4-3 所示）。

表 4-4-3

数据元名称	发生地点	
代码	名称	说明
110000	北京市	
120000	天津市	
130000	河北省	

3. 还款频率。
- 【说明】货币的种类
- 【表示】an3
- 【编码方法】此处填报的是账户开立时所使用的币种。采用 GB/T 12406-1996《表示货币和资金的代码》中的三位字母型代码（如表4－4－4所示）。

表4－4－4

数据元名称	还款频率	
代码	名称	说明
01	日	
02	周	
03	月	
04	季	
05	半年	
06	年	
07	一次性	
08	不定期（贷款期限内任意时间还款）	
99	其他	

4. 性别。
- 【说明】货币的种类
- 【表示】an3
- 【编码方法】此处填报的是账户开立时所使用的币种。采用GB/T 12406－1996《表示货币和资金的代码》中的三位字母型代码（如表4－4－5所示）。

表4－4－5

数据元名称	性别	
代码	名称	说明
0	未知的性别	
1	男性	
2	女性	
9	未说明的性别	

5. 证件类型。
- 【说明】货币的种类
- 【表示】an3
- 【编码方法】此处填报的是账户开立时所使用的币种。采用GB/T 12406－1996《表示货币和资金的代码》中的三位字母型代码（如表4－4－6所示）。

表 4-4-6

数据元名称	证件类型	
代码	名称	说明
0	身份证	
1	户口簿	
2	护照	
3	军官证	
4	士兵证	
5	港澳居民来往内地通行证	
6	台湾同胞来往内地通行证	
7	临时身份证	
8	外国人居留证	
9	警官证	
X	其他证件	

6. 婚姻状况。
- 【说明】货币的种类
- 【表示】an3
- 【编码方法】此处填报的是账户开立时所使用的币种。采用 GB/T 12406-1996《表示货币和资金的代码》中的三位字母型代码（如表 4-4-7 所示）。

表 4-4-7

数据元名称	婚姻状况	
代码	名称	说明
10	未婚	
20	已婚	
21	初婚	
22	再婚	
23	复婚	
30	丧偶	
40	离婚	
90	未说明的婚姻状况	

7. 最高学历。
- 【说明】货币的种类

● 【表示】an3

● 【编码方法】此处填报的是账户开立时所使用的币种。采用 GB/T 12406-1996《表示货币和资金的代码》中的三位字母型代码（如表 4-4-8 所示）。

表 4-4-8

数据元名称	最高学历	
代码	名称	说明
10	研究生	
20	大学本科	简称"大学"
30	大学专科和专科学校	简称"大专"
40	中等专业学校或中等技术学校	
50	技术学校	
60	高中	
70	初中	
80	小学	
90	文盲或半文盲	
99	未知	

8. 最高学位。

● 【说明】货币的种类

● 【表示】an3

● 【编码方法】此处填报的是账户开立时所使用的币种。采用 GB/T 12406-1996《表示货币和资金的代码》中的三位字母型代码（如表 4-4-9 所示）。

表 4-4-9

数据元名称	最高学位	
代码	名称	说明
0	其他	
1	名誉博士	
2	博士	
3	硕士	
4	学士	
9	未知	

9. 职业分类。

- 【说明】货币的种类
- 【表示】an3
- 【编码方法】此处填报的是账户开立时所使用的币种。采用 GB/T 12406－1996《表示货币和资金的代码》中的三位字母型代码（如表 4－4－10 所示）。

表 4－4－10

数据元名称	职业	
代码	名称	说明
0	国家机关、党群组织、企业、事业单位负责人	
1	专业技术人员	
3	办事人员和有关人员	
4	商业、服务业人员	
5	家、林、牧、渔、水利业生产人员	
6	生产、运输设备操作人员及有关人员	
X	军人	
Y	不便分类的其他从业人员	
Z	未知	

10. 职务。

- 【说明】货币的种类
- 【表示】an3
- 【编码方法】此处填报的是账户开立时所使用的币种。采用 GB/T 12406－1996《表示货币和资金的代码》中的三位字母型代码（如表 4－4－11 所示）。

表 4－4－11

数据元名称	职务	
代码	名称	说明
1	高级领导（行政级别局级及局级以上领导或大公司高级管理人员）	
2	中级领导（行政级别局级以下领导或大公司中级管理人员）	
3	一般员工	
4	其他	
9	未知	

11. 职称。
- 【说明】货币的种类
- 【表示】an3
- 【编码方法】此处填报的是账户开立时所使用的币种。采用 GB/T 12406－1996《表示货币和资金的代码》中的三位字母型代码（如表 4－4－12 所示）。

表 4－4－12

数据元名称	职称	
代码	名称	说明
0	无	
1	高级	
2	中级	
3	初级	
9	未知	

12. 居住状况。
- 【说明】货币的种类
- 【表示】an3
- 【编码方法】此处填报的是账户开立时所使用的币种。采用 GB/T 12406－1996《表示货币和资金的代码》中的三位字母型代码（如表 4－4－13 所示）。

表 4－4－13

数据元名称	居住状况	
代码	名称	说明
1	自置	
2	按揭	
3	亲属楼宇	
4	集体宿舍	
5	租房	
6	共有住宅	
7	其他	
9	未知	

13. 金融机构代码。
- 【说明】货币的种类
- 【表示】an3
- 【编码方法】此处填报的是账户开立时所使用的币种。采用 GB/T 12406－1996《表示货币和资金的代码》中的三位字母型代码（如表 4－4－14 所示）。

表 4-4-14

数据元名称			
代码	名称		说明
001	中国人民银行会计营业部分		
011	中国人民银行国家金库		
102	中国工商银行		
103	中国农业银行		
104	中国银行		
105	中国建设银行		
201	国家开发银行		
202	中国进出口银行		
203	中国农业发展银行		
301	交通银行		
302	中信实业银行		
303	中国光大银行		
304	华夏银行		
305	中国民生银行		
306	广东发展银行		
307	深圳发展银行		
308	招商银行		
309	兴业银行		
310	上海浦东发展银行		

14. 单位所属行业。
- 【说明】货币的种类
- 【表示】an3
- 【编码方法】此处填报的是账户开立时所使用的币种。采用 GB/T 12406-1996《表示货币和资金的代码》中的三位字母型代码（如表 4-4-15 所示）。

表 4-4-15

数据元名称		
代码	名称	说明
A	农、林、牧、渔业	
B	采掘业	

续表

数据元名称		
代码	名称	说明
C	制造业	
D	电力、燃气及水的生产和供应业	
E	建筑业	
F	交通运输、仓库和邮政业	
G	信息传输、计算机服务和软件业	
H	批发和零售业	
I	住宿和餐饮业	
J	金融业	
K	房地产业	
L	租赁和商务服务业	
M	科学研究、技术服务业和地质勘查业	
N	水利、环境和公共设施服务业	
O	居民服务和其他服务业	
P	教育	
Q	卫生、社会保障和社会福利业	
R	文化、体育和娱乐业	
S	公共管理和社会组织	
T	国际组织	
Z	未知	

15. 五级分类状态。
- 【说明】货币的种类
- 【表示】an3
- 【编码方法】此处填报的是账户开立时所使用的币种。采用 GB/T 12406-1996《表示货币和资金的代码》中的三位字母型代码（如表 4-4-16 所示）。

表 4-4-16

数据元名称		
代码	名称	说明
1	正常	
2	关注	

续表

数据元名称		
代码	名称	说明
3	次级	
4	可疑	
5	损失	

16. 24 个月（账户）还款状态。

- 【说明】货币的种类
- 【表示】an3
- 【编码方法】此处填报的是账户开立时所使用的币种。采用 GB/T 12406 – 1996《表示货币和资金的代码》中的三位字母型代码。

贷款 24 个月（账户）还款状态（如表 4 – 4 – 17 所示）。

表 4 – 4 – 17

数据元名称	贷款 24 个月（账户）还款状态	
代码	名称	说明
/	未开立账户	
*	本月没有还款历史，还款周期大于月的数据用此符号标识。还款频率为不定期，当月没有发生还款行为的用 * 开户当月不需要还款的也用此符号表示。	
N	正常（借款人已经按时归还该月应还款金额的全部）	
1	表示逾期 1 ~ 30 天	
2	表示逾期 31 ~ 60 天	
3	表示逾期 61 ~ 90 天	
4	表示逾期 91 ~ 120 天	
5	表示逾期 121 ~ 150 天	
6	表示逾期 151 ~ 180 天	
7	表示逾期 180 天以上	
D	担保人代还（表示借款人的该笔贷款已由担保人代还，包括担保人按期代还与担保人代还部分贷款）	
Z	以资抵债（表示借款人的该笔贷款已通过以资抵债的方式进行还款。仅指以资抵债部分）	
C	结清（借款人的该笔贷款全部还清，贷款余额为 0，包括正常结清、提前结清、以资抵债结清、担保人代还结清等情况）	
G	结束（除结清外，其他任何形态的终止账户）	

准贷记卡 24 个月（账户）还款状态（如表 4-4-18 所示）。

表 4-4-18

数据元名称	准贷记卡 24 个月（账户）还款状态	
代码	名称	说明
/	未开立账户	
*	本月没有还款历史，也就是本月未透支	
N	正常（是指准贷记卡透支后还清）	
1	表示逾期 1~30 天	
2	表示逾期 31~60 天	
3	表示逾期 61~90 天	
4	表示逾期 91~120 天	
5	表示逾期 121~150 天	
6	表示逾期 151~180 天	
7	表示逾期 180 天以上	
C	结清的销户	
G	结束（除结清以外的，其他任何形态的终止账户）	

贷记卡 24 个月（账户）还款状态（如表 4-4-19 所示）。

表 4-4-19

数据元名称	贷记卡 24 个月（账户）还款状态	
代码	名称	说明
/	未开立账户	
*	本月没有还款历史，即本月未使用	
N	正常（是指当月的最低还款额已被全部还清或透支后处于免息期内）	
1	表示未还最低还款额 1 次	
2	表示连续未还最低还款额 2 次	
3	表示连续未还最低还款额 3 次	
4	表示连续未还最低还款额 4 次	
5	表示连续未还最低还款额 5 次	
6	表示连续未还最低还款额 6 次	
7	表示连续未还最低还款额 7 次	
C	结清的销户	
G	结束（除结清外的，其他任何形态的终止账户）	

17. 账户状态。
- 【说明】货币的种类
- 【表示】an3
- 【编码方法】此处填报的是账户开立时所使用的币种。采用 GB/T 12406-1996《表示货币和资金的代码》中的三位字母型代码。

贷款账户状态代码表（如表4-4-20所示）。

表4-4-20

数据元名称	账户状态	
代码	名称	说明
1	正常	
2	逾期	
3	结清	
4	呆账	

信用卡账户状态代码表（如表4-4-21所示）。

表4-4-21

数据元名称	账户状态	
代码	名称	说明
1	正常	
2	冻结	
3	止付	
4	销户	
5	呆账	

18. 业务种类细分。
- 【说明】货币的种类
- 【表示】an3
- 【编码方法】此处填报的是账户开立时所使用的币种。采用 GB/T 12406-1996《表示货币和资金的代码》中的三位字母型代码（如表4-4-22所示）。

表4-4-22

数据元名称	贷款类型	
代码	名称	说明
11	个人住房贷款	
12	个人商用房（包括商住两用）贷款	
21	个人汽车贷款	
31	个人助学贷款	
41	个人经营性贷款	
71	准贷记卡	
81	贷记卡	
99	其他	

19. 特殊交易类型。
- 【说明】货币的种类
- 【表示】an3
- 【编码方法】此处填报的是账户开立时所使用的币种。采用 GB/T 12406-1996《表示货币和资金的代码》中的三位字母型代码（如表4-4-23所示）。

表4-4-23

数据元名称	特殊交易类型	
代码	名称	说明
1	展期（延期）	
2	担保人代还	
3	以资抵债	
9	其他	

20. 担保方式。
- 【说明】货币的种类
- 【表示】an3
- 【编码方法】此处填报的是账户开立时所使用的币种。采用 GB/T 12406-1996《表示货币和资金的代码》中的三位字母型代码（如表4-4-24所示）。

表 4-4-24

数据元名称	担保方式	
代码	名称	说明
1	质押（含保证金）	
2	抵押	
3	自然人保证	
4	信用/免担保	
5	组合（含自然人保证）	
6	组合（不含自然人保证）	
9	其他	

21. 业务种类。
- 【说明】货币的种类
- 【表示】an3
- 【编码方法】此处填报的是账户开立时所使用的币种。采用 GB/T 12406-1996《表示货币和资金的代码》中的三位字母型代码（如表 4-4-25 所示）。

表 4-4-25

数据元名称	业务种类	
代码	名称	说明
1	贷款	
2	信用卡	

22. 担保状态。
- 【说明】货币的种类
- 【表示】an3
- 【编码方法】此处填报的是账户开立时所使用的币种。采用 GB/T 12406-1996《表示货币和资金的代码》中的三位字母型代码（如表 4-4-26 所示）。

表 4-4-26

数据元名称	担保状态	
代码	名称	说明
1	担保	
2	解除担保	

23. 账户拥有者信息提示。
- 【说明】货币的种类
- 【表示】an3
- 【编码方法】此处填报的是账户开立时所使用的币种。采用 GB/T 12406-1996《表示货币和资金的代码》中的三位字母型代码（如表 4-4-27 所示）。

表 4-4-27

数据元名称	账户拥有者信息显示	
代码	名称	说明
1	已开立非更改	
2	新账户开立	
3	已开立并更改	

24. 信息类别。
- 【说明】货币的种类
- 【表示】an3
- 【编码方法】此处填报的是账户开立时所使用的币种。采用 GB/T 12406-1996《表示货币和资金的代码》中的三位字母型代码（如表 4-4-28 所示）。

表 4-4-28

数据元名称	信息类别	
代码	名称	说明
A	表示基础段	
B	表示本信息段为身份信息段	
C	表示本信息段为职业信息段	
D	表示本信息段为居住地址段	
E	表示本信息段为担保信息段	
F	表示本信息段为标识信息变更段	
G	表示本信息段为特殊交易段	
H	表示本信息段为特别记录段	

25. 报文类别。
- 【说明】货币的种类
- 【表示】an3
- 【编码方法】此处填报的是账户开立时所使用的币种。采用 GB/T 12406-1996《表示货币和资金的代码》中的三位字母型代码（如表 4-4-29 所示）。

表 4-4-29

数据元名称	报文类别	
代码	名称	说明
1	正常数据	
2	纠错数据	
3	异议数据	

26. 重报提示。
- 【说明】货币的种类
- 【表示】an3
- 【编码方法】此处填报的是账户开立时所使用的币种。采用 GB/T 12406-1996《表示货币和资金的代码》中的三位字母型代码（如表 4-4-30 所示）。

表 4-4-30

数据元名称	重报提示	
代码	名称	说明
1	非重报报文	
2	报文级重报	
3	记录级重报	

27. 企业业务类别。
- 【说明】货币的种类
- 【表示】an3
- 【编码方法】此处填报的是账户开立时所使用的币种。采用 GB/T 12406-1996《表示货币和资金的代码》中的三位字母型代码（如表 4-4-31 所示）。

表 4-4-31

数据元名称		
代码	名称	说明
1	贷款	
2	承兑汇票	
3	票据贴现	
4	保理	
5	贸易融资	

续表

数据元名称		
代码	名称	说明
6	信用证	
7	银行保函	
8	授信	

28. 大事件类别。
- 【说明】货币的种类
- 【表示】an3
- 【编码方法】此处填报的是账户开立时所使用的币种。采用 GB/T 12406-1996《表示货币和资金的代码》中的三位字母型代码（如表4-4-32所示）。

表4-4-32

数据元名称	大事件类别	
代码	名称	说明
1	自然灾害类	
2	事故灾难类	
3	公共卫生事件	
4	社会安全事件	

29. 诉讼地位。
- 【说明】货币的种类
- 【表示】an3
- 【编码方法】此处填报的是账户开立时所使用的币种。采用 GB/T 12406-1996《表示货币和资金的代码》中的三位字母型代码（如表4-4-33所示）。

表4-4-33

数据元名称	诉讼地位	
代码	名称	说明
1	原告	
2	被告	
3	第三人	

30. 结案方式。

- 【说明】货币的种类
- 【表示】an3
- 【编码方法】此处填报的是账户开立时所使用的币种。采用 GB/T 12406 – 1996《表示货币和资金的代码》中的三位字母型代码（如表 4 – 4 – 34 所示）。

表 4 – 4 – 34

数据元名称	结案方式	
代码	名称	说明
1	判决	
2	调节	
3	发回重审	
4	驳回	
5	管辖权异议	
6	撤诉	
7	诉讼终结	

31. 税种。
- 【说明】货币的种类
- 【表示】an3
- 【编码方法】此处填报的是账户开立时所使用的币种。采用 GB/T 12406 – 1996《表示货币和资金的代码》中的三位字母型代码（如表 4 – 4 – 35 所示）。

表 4 – 4 – 35

数据元名称	税种	
代码	名称	说明
1	增值税	
2	企业所得税	
3	营业税	
4	消费税	
5	个人所得税	
6	关税	
7	资源税	
8	印花税	
9	土地增值税	
10	契税	

32. 决定书类别。
- 【说明】货币的种类
- 【表示】an3
- 【编码方法】此处填报的是账户开立时所使用的币种。采用 GB/T 12406 – 1996《表示货币和资金的代码》中的三位字母型代码（如表 4 – 4 – 36 所示）。

表 4 – 4 – 36

数据元名称	决定书类别		
代码	名称		说明
1	警告		
2	罚款		
3	没收违法所得		
4	责任停产停业		
5	暂扣或吊销许可证		
6	行政拘留		

个人征信报告范例及解读
（设计性实验）

一、实验目的

1. 了解查询个人信用报告所需资料和查询条件。
2. 掌握如何填写《个人信用报告查询申请表》及申请流程。
3. 掌握如何填写《个人异议信用报告申请表》及申请流程。
4. 掌握如何阅读《个人信用报告》及报告包含要素。

二、实验内容

利用征信数据库管理与应用系统《个人征信管理》模块进行《个人信用报告查询申请表》填写、《个人信用报告》查询和理解报告要素以及《个人异议信用报告申请表》填写。

三、实验步骤

（一）个人信用报告查询申请表

1. 实验数据。个人查询申请数据表（如表 4-5-1 所示）。

表 4-5-1

姓名	证件类型	证件号码	生日	性别	手机号码	固定电话	邮箱
张娇	身份证	61012419771007885X	1977-10-7	女性	13691626355	0755-26554689	zhangjiao@gmail.com
陈明	身份证	340104195803202522	1958-3-20	男性	13713840256	025-54941326	ChengMing@tom.comTD>
陈江伟	身份证	330725197302055319	1973-2-5	男性	13753241591	0519-84447321	PeterChen@vip.sina.comTD>
杨宇炎	身份证	330724196301180037	1963-1-18	男性	13575876540	0531-52082266	AYang@ding.com
楼天良	身份证	330106196512070537	1965-12-7	男性	15992298502	0535-87694320	Henanled@163.com

续表

户籍地址	邮编	代理人姓名	代理人证件类型	代理人证件号码	代理人手机	代理人固话
广东省深圳市南山区金龙苑A座103B	518003	彭广权	身份证	44528119780101825X	13554713502	
南京市玄武区花园路5号4幢504	210003					
江苏省常州市武进区前黄镇夏坊村委朝北村27号	213177					
山东省济南市济微路106号328信箱	250022					
山东省烟台公寓南区133室	264003	李林林	身份证	4419001966 07124475	13922298004	

代理人邮箱	查询原因	领取方式	查询机构	机构电话	机构受理人	机构地址
APeng@sina.com	了解本人信用记录	当场领取	中国人民银行深圳市中心支行	0755-25590240	吴慕	广东省深圳市罗湖区深南东路5006号人民银行大厦三楼征信管理处
theoldone@sina.com	了解本人信用记录	当场领取	中国人民银行南京分行营业管理部	025-84557322	李进步	南京市延龄巷133号4楼
Chaox@sina.com	异议申请需要	当场领取	中国人民银行常州市中心支行	0519-86919082	潘晓莲	常州市后马路5号二楼营业大厅
Red@sina.com	异议申请需要	当场领取	中国人民银行济南分行营业管理部	0531-86165153	王婷婷	济南市经七路382号
LucyLi@163.com	异议申请需要	当场领取	中国人民银行烟台市中心支行	0535-6601276	张框	烟台市胜利路69号705室

2. 实验步骤。单击菜单栏【个人征信管理】下的【个人查询申请】，显示如图4-5-1所示。

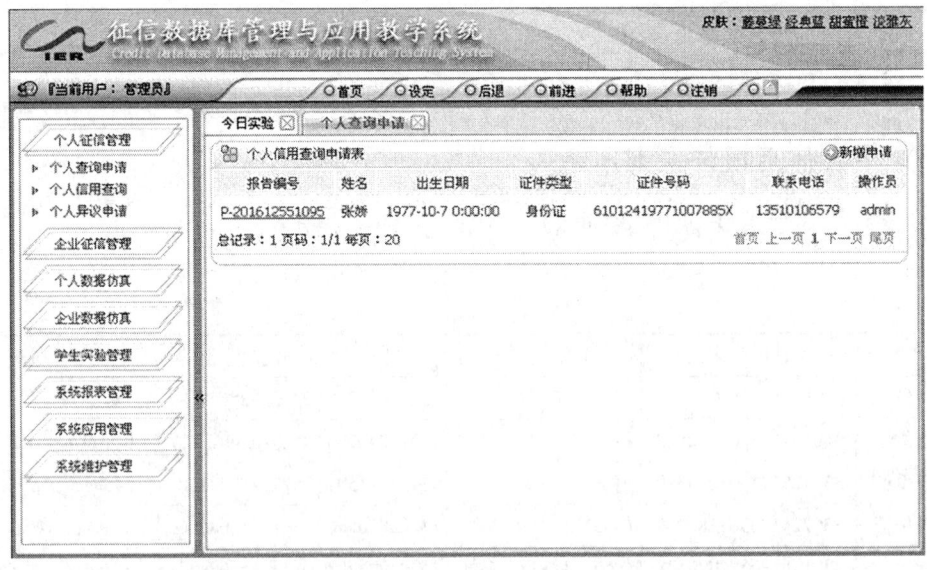

图4-5-1

(1)【新增申请】。单击工具栏【新增申请】按钮，显示如图4-5-2所示。

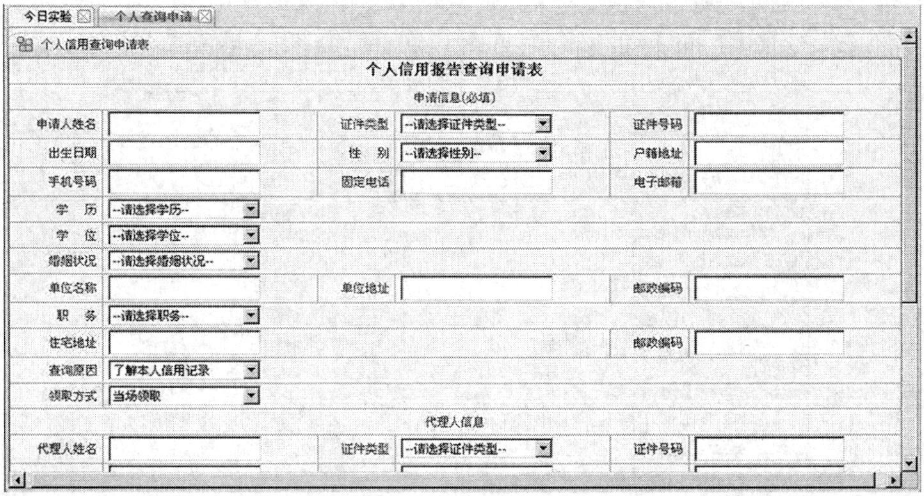

图4-5-2

- 【申请人姓名】被申请者姓名
- 【证件类型】各类法定有效证件
- 【证件号码】相应的证件号码
- 【领取方式】查询报告收取方式
- 【代理人姓名】受委托查询信用报告对象
- 【证件类型】对照上面证件类型
- 【信用编码】由系统生成
- 【查询机构】征信查询中心

(2)【查看申请】。单击数据项【报告编号】链接，显示如图4-5-3所示。

图4-5-3

（3）【修改申请】。单击工具栏【修改申请】按钮，显示如图4-5-4所示。

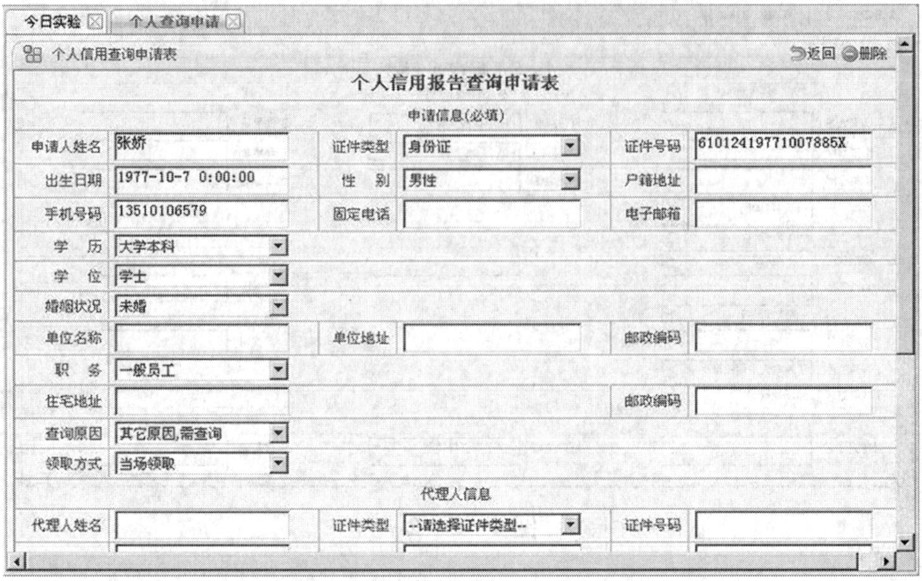

图4-5-4

（4）【删除申请】。单击工具栏【删除申请】按钮，显示如图4-5-5所示。

图4-5-5

单击【确定】按钮，删除个人查询申请。

（二）个人信用报告查询

1. 实验数据。

个人信用报告查询（如表4-5-2所示）。

表 4-5-2

姓名	证件类型	证件号码
张娇	身份证	61012419771007885X
陈明	身份证	340104195803202522
陈江伟	身份证	330725197302055319
杨宇炎	身份证	330724196301180037
楼天良	身份证	330106196512070537

2. 实验步骤。单击菜单栏【个人征信管理】下的【个人信用查询】，显示如图 4-5-6 所示。

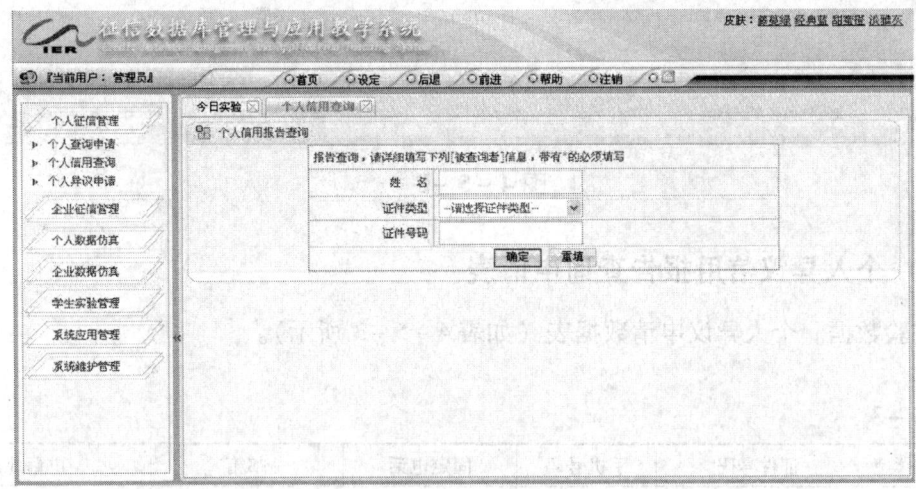

图 4-5-6

【信用查询】。单击【确定】按钮，显示如图 4-5-7 所示。

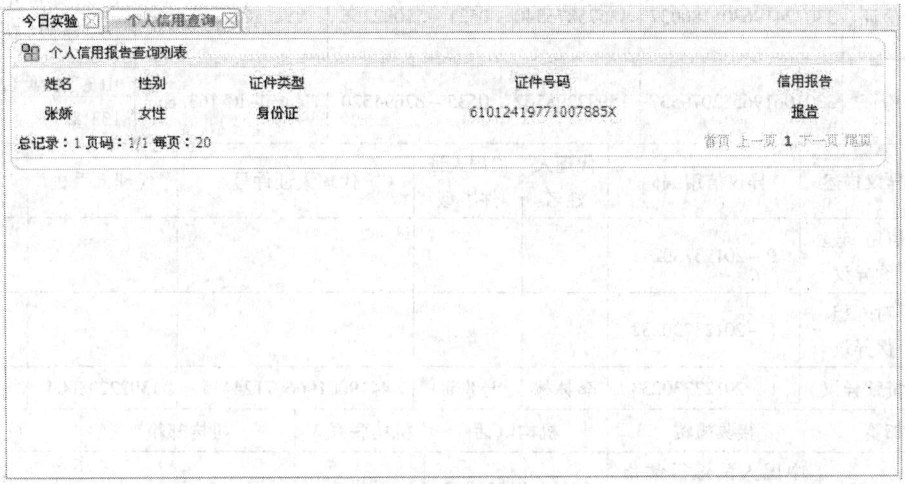

图 4-5-7

单击数据项【信用报告】链接，显示如图4-5-8所示。

图4-5-8

（三）个人异议信用报告查询申请表

1. 实验数据。个人异议申请数据表（如表4-5-3所示）。

表4-5-3

姓名	证件类型	证件号码	手机号码	固定电话	邮箱	户籍地址
陈江伟	身份证	330725197302055319	13753241591	0519-84447321	PeterChen@vip.sina.com	江苏省常州市武进区前黄镇夏坊村委朝北村27号
杨宇炎	身份证	330724196301180037	13575876540	0531-52082266	AYang@ding.com	山东省济南市济微路106号328信箱
楼天良	身份证	330106196512070537	15992298502	0535-87694320	Henanled@163.com	山东省烟台公寓南区133室
邮编	异议描述	异议信用编码	代理人姓名	代理人证件类型	代理人证件号	代理人手机	代理人固定电话
213177	信用卡违约异议	P-20123730231					
250022	对外担保异议	P-20123730232					
264003	贷款异议	P-20123730233	李林林	身份证	441900196607124475	13922298004	
代理人邮箱	接收机构	机构电话	机构联系人	机构邮箱	机构地址
pubp@msn.com	中国人民银行常州市中心支行	0519-86919082	潘晓莲	seviece@pbc.gov.cn	常州市后马路5号二楼营业大厅

续表

代理人邮箱	接收机构	机构电话	机构联系人	机构邮箱	机构地址
fristtime@live.com	中国人民银行济南分行营业管理部	0531-86165153	王婷婷		济南市经七路382号
LucyLi@163.com	中国人民银行烟台市中心支行	0535-6601276	张框		烟台市胜利路69号705室

2. 实验步骤。单击菜单栏【个人征信管理】下的【个人异议申请】，显示如图4-5-9所示。

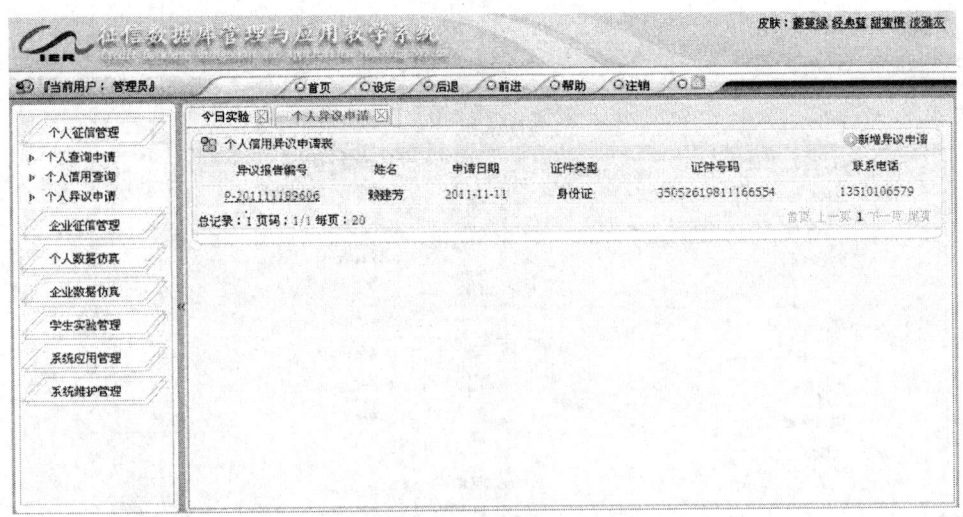

图 4-5-9

（1）【新增异议申请】。

单击工具栏【新增异议申请】按钮，显示如图4-5-10所示。

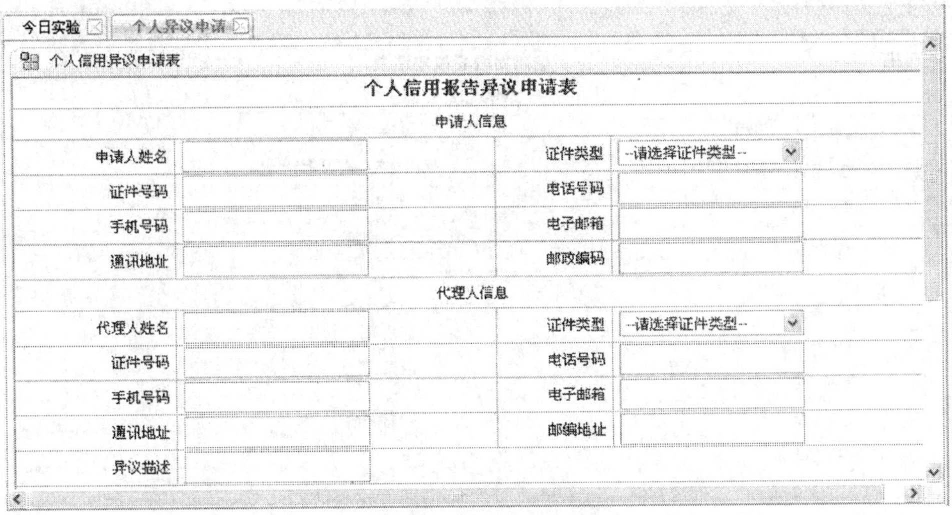

图 4-5-10

- 【申请人姓名】信用报告异议人
- 【证件类型】各类法定有效证件
- 【证件号码】相应的证件号码
- 【领取方式】查询报告收取方式
- 【代理人姓名】代理异议申请人
- 【证件类型】对照上面证件类型
- 【信用编码】由系统生成
- 【异议描述】异议的大概描述

（2）【查看异议申请】。单击数据项【异议报告编号】链接，显示如图4-5-11所示。

图4-5-11

（3）【修改异议申请】。单击工具栏【修改异议申请】按钮，显示如图4-5-12所示。

图4-5-12

（4）【删除异议申请】。单击工具栏【删除】按钮，显示如图4-5-13所示。

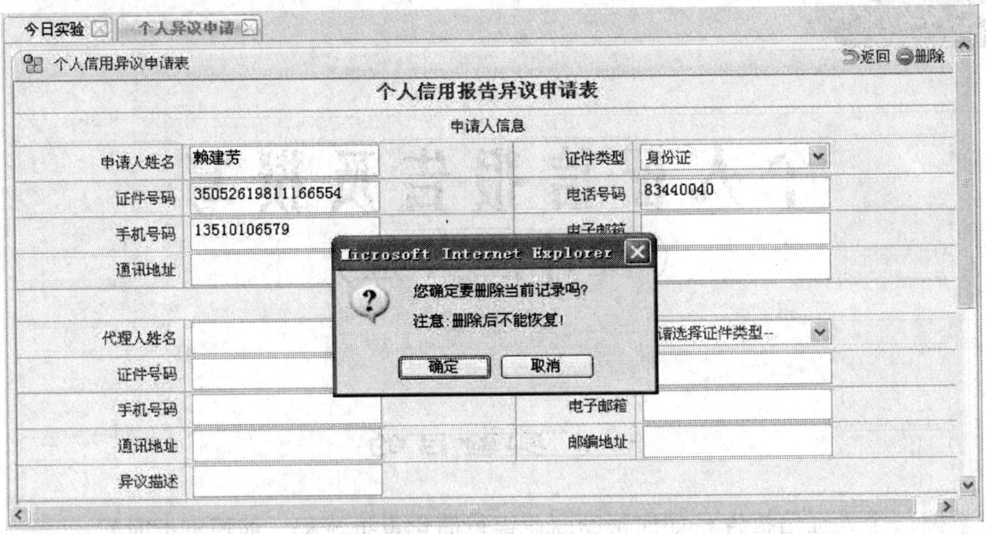

图4-5-13

单击【确定】按钮，删除个人异议申请。

个人征信报告及撰写
（设计性实验）

一、实验目的

1. 掌握《个人征信报告》如何帮助商业银行简化审批流程、缩短审批时间。
2. 掌握《个人征信报告》如何帮助商业银行作出灵活的贷款决策。
3. 掌握《个人征信报告》如何帮助商业银行了解客户在异地、他行的借款以及还款记录，客观判断客户的还款能力或还款意愿，规避潜在风险。
4. 掌握《个人征信报告》如何帮助商业银行全面了解客户及其家庭的总体负债情况，客观评价客户的还款能力，规避潜在风险。

二、实验内容

利用征信数据库管理与应用系统解读个人信用报告和撰写信用报告，具体内容参见实验步骤。

三、实验步骤

（一）个人信用报告查询申请表

1. 实验数据

个人查询申请数据表如表 4-6-1 所示。

表 4-6-1

姓名	证件类型	证件号码	生日	性别	手机号码	固定电话	邮箱
吴华君	身份证	330725197408263917	1974-8-26	男性	13716541753	0552-63215530	Hanry@sina.com
朱小香	身份证	330725197008176822	1970-8-17	女性	13590311622	0371-43215530	Lucy@vip.163.com
陈庆	身份证	330725197905170211X	1979-5-17	男性	13590322622	0394-56660083	ChengQ@hotmail.com
陈亭	身份证	330725197904240247	1979-4-24	女性	13710532737	0373-53018762	Chengting@163.com
龚旭云	身份证	330725198201271922	1982-1-27	女性	13710207110	025-65197967	DYun@163.com

续表

户籍地址	邮编	代理人姓名	代理人证件类型	代理人证件号码	代理人手机	代理人固话
安徽省蚌埠市宏业路255号177信箱	233040					
河南省郑州市龙湖中山北路1号河南工程学院90号信箱	450010					
河南省周口市西华县城关镇箕子台办事处	466600	麦丽芬	身份证	412925197904286838	13820322677	
河南省新乡市建设东路46号	453007					
南京市威尼斯水城第六街区7幢1601室	211800					

代理人邮箱	查询原因	领取方式	查询机构	机构电话	机构受理人	机构地址
yjsport@yuoku.com	申请信用卡被拒，需查询	当场领取	中国人民银行阜阳市中心支行	0558-2267596	李英爱	阜阳市阜王路236号中国人民银行阜阳市中心支行606室
ttesport@yahoo.com	为他人担保被拒，需查询	当场领取	中国人民银行郑州中心支行	0371-69089154	何美莲	郑州市郑东新区商务外环路21号
MaiLF@ifeng.com	申请贷款被拒，需查询	当场领取	中国人民银行周口中心支行	0394-6079135	王洞	周口市七一路中段1号1311室
ydesport@qq.com	其他原因，需查询	当场领取	中国人民银行新乡市中心支行	0373-5823892	郑越挺	新乡市向阳路9号
xiaoc@sina.com	申请贷款被拒，需查询	当场领取	中国人民银行南京分行营业管理部	025-84557322	李冰冰	南京市延龄巷133号4楼

2. 实验步骤。单击菜单栏【个人征信管理】下的【个人查询申请】，显示如图4-6-1所示。

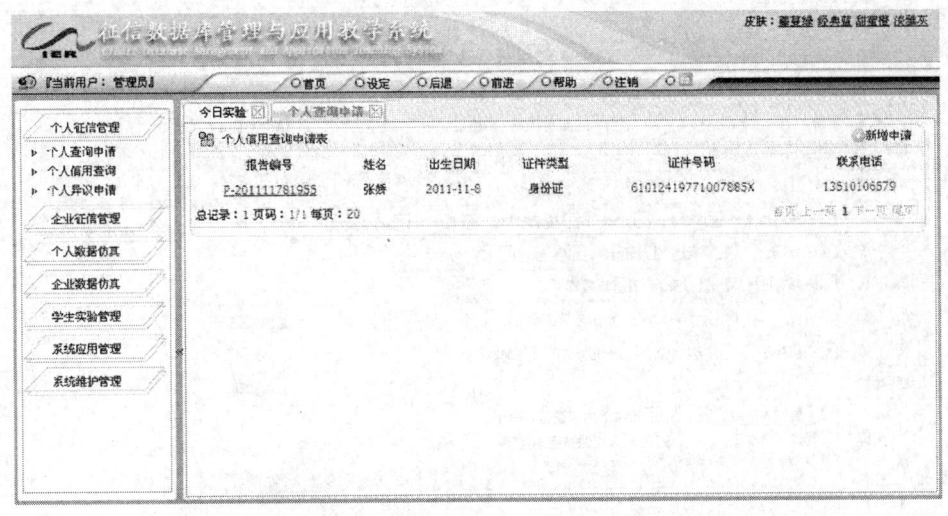

图4-6-1

(1)【新增申请】。单击工具栏【新增申请】按钮，显示如图4-6-2所示。

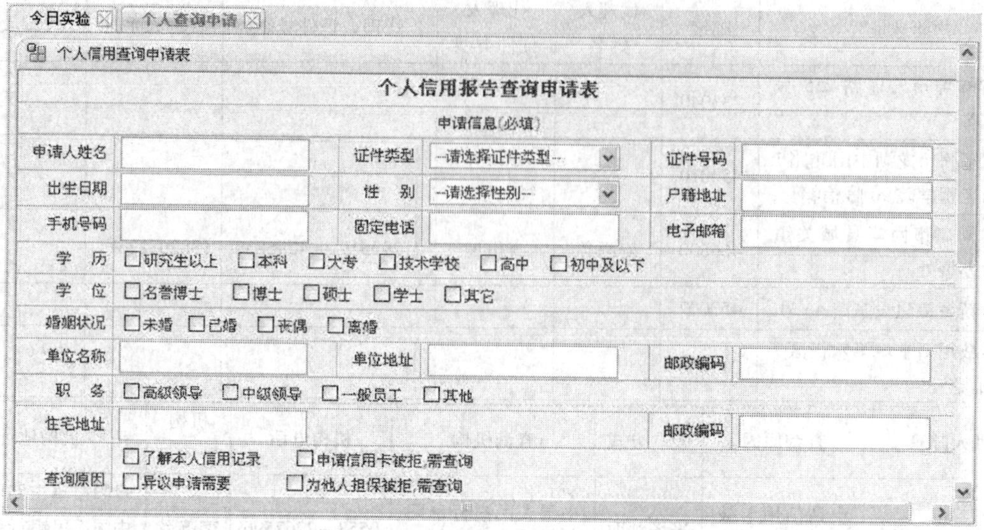

图4-6-2

- 【申请人姓名】被申请者姓名
- 【证件类型】各类法定有效证件
- 【证件号码】相应的证件号码
- 【领取方式】查询报告收取方式
- 【代理人姓名】受委托查询信用报告对象
- 【证件类型】对照上面证件类型
- 【信用编码】由系统生成
- 【查询机构】征信查询中心

(2)【查看申请】。单击数据项【报告编号】链接，显示如图4-6-3所示。

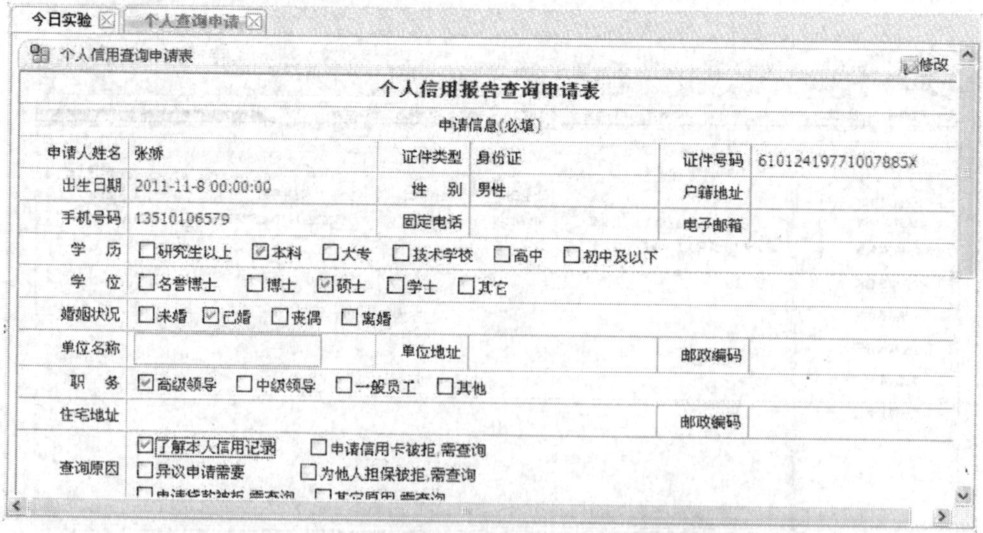

图4-6-3

(3)【修改申请】。单击工具栏【修改申请】按钮，显示如图4-6-4所示。

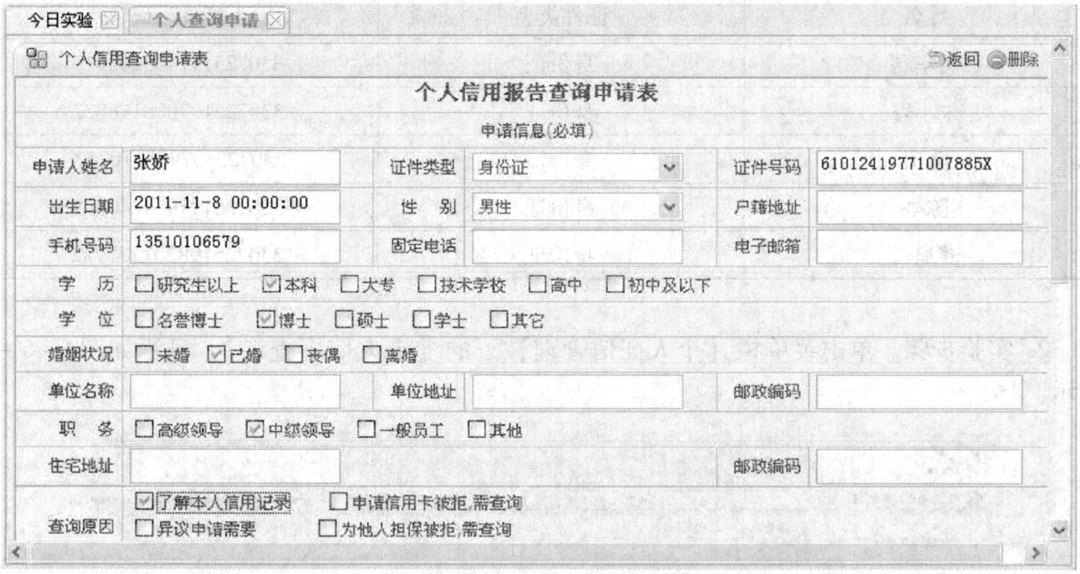

图4-6-4

(4)【删除申请】。单击工具栏【删除申请】按钮，显示如图4-6-5所示。

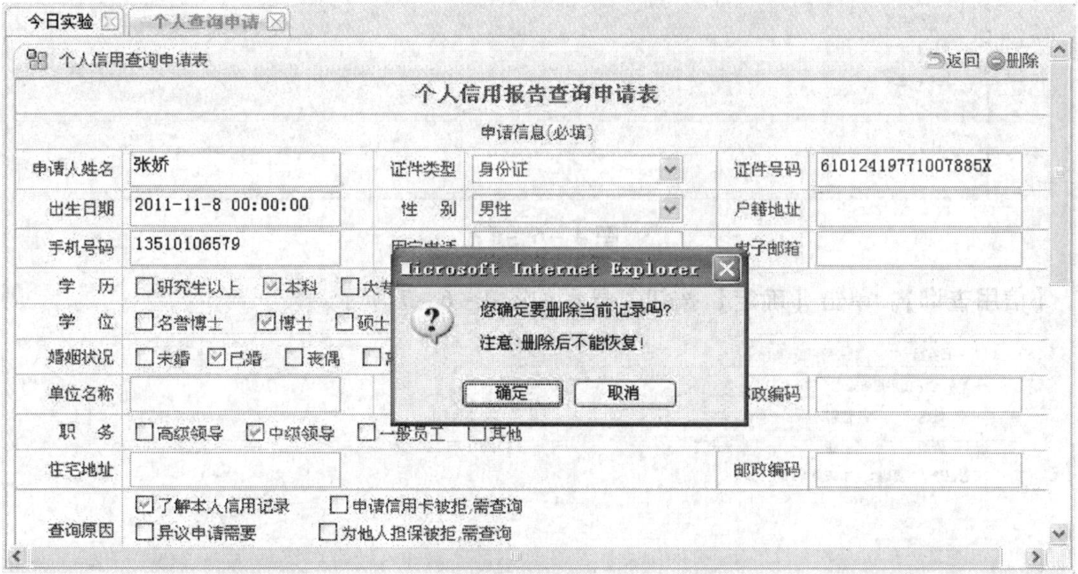

图4-6-5

单击【确定】按钮，删除个人查询申请。

(二) 个人异议信用报告查询申请表

1. 实验数据。个人信用报告查询如表4-6-2所示。

表 4-6-2

姓名	证件类型	证件号码
吴华君	身份证	330725197408263917
朱小香	身份证	330725197008176822
陈庆	身份证	33072519790517021X
陈亭	身份证	330725197904240247
龚旭云	身份证	330725198201271922

2. 实验步骤。单击菜单栏【个人征信管理】下的【个人信用查询】，显示如图4-6-6所示。

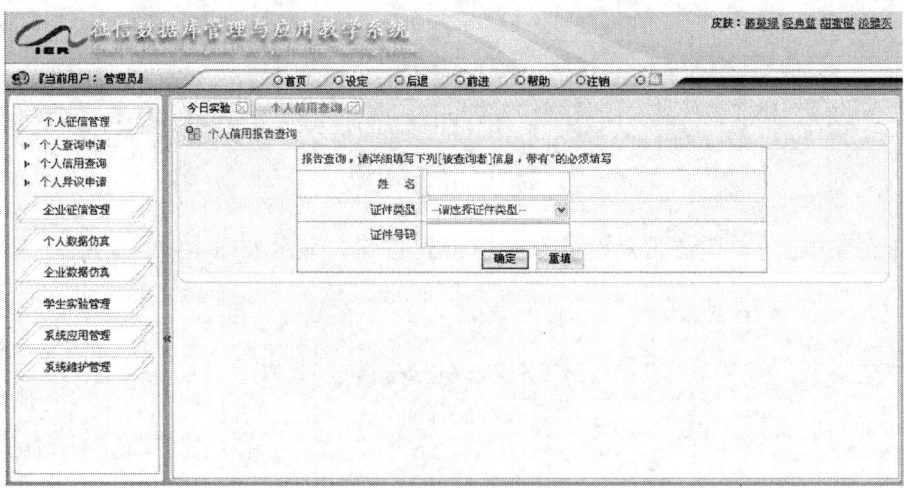

图 4-6-6

【信用查询】。单击【确定】按钮，显示如图4-6-7所示。

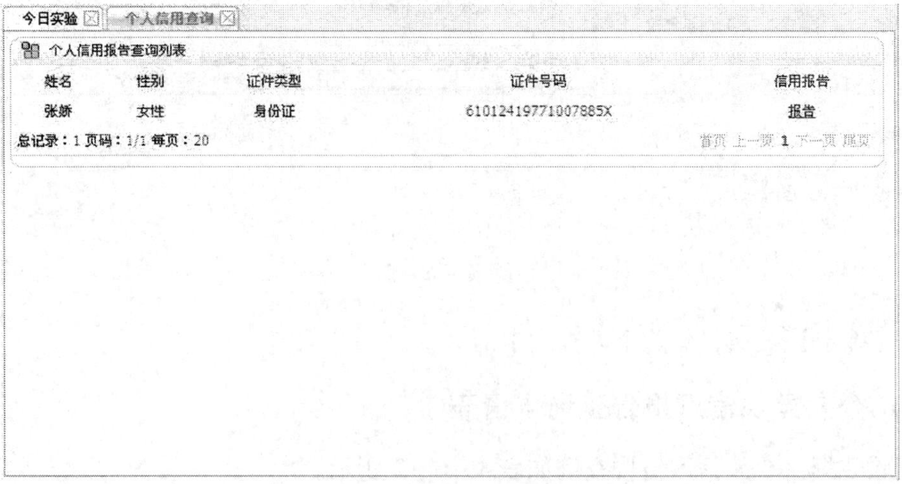

图 4-6-7

单击数据项【信用报告】链接，显示如图 4-6-8 所示。

图 4-6-8

3. 解读报告。

（1）解读规则。

【规则一】

- 信息获取时间是系统获取该信息的时间，反映个人信用报告信息的可参考性。

【规则二】

- 个人身份信息选择数据报送机构上报的信息中信息获取时间最新的一条进行显示。

【规则三】

- 居住信息最多显示最新获取到的 5 条不同的信息，不同的信息是指居住地址字段不同，按照信息获取时间由新到旧排序。

【规则四】

- 职业信息最多显示最新获取到的 5 条不同的信息，不同的信息是指工作单位名称不同，按照信息获取时间由新到旧排序。

【规则五】

- 信用卡明细信息显示首先按照卡类型排序，其次按照币种排序，最后按照开户日期（升序）排序。

【规则六】

- 在查询者为商业银行时，为了保护商业银行的商业秘密，在信用报告信用交易明细信息中将和查询者所属的法人机构名称不同的记录中的部分信息以"*"显示，包括业务号、贷款/发卡法人机构名称。

【规则七】

- 个人信用报告中的币种是指账户开立时所使用的币种。

【规则八】

- 无论账户以何币种开立，信用报告中金额类数据均是各上报单位按照离报文记录产生当日最近的国家外汇管理局公布的人民币基准汇价折算成人民币所得的数据。所有数值型数据都为各上报单位上报时取整所得，金额精确到元。

【规则九】
- 银行信贷信用信息汇总、信用卡汇总信息、准贷记卡汇总信息、贷记卡汇总信息和贷款汇总信息是系统根据各数据报送机构上报的数据按照一定的规则汇总形成的，为他人贷款担保汇总信息的数据是由系统根据明细信息累加形成的。

【规则十】
- 贷款明细信息显示首先按照贷款种类排序，其次按照币种排序，最后按照开户日期（升序）排序。

【规则十一】
- 为他人贷款担保明细信息是根据被征信人为被担保人担保的那笔贷款的数据生成，信息显示按照为他人贷款合同担保金额（降序）排序。

【规则十二】
- 特殊交易信息显示按照发生日期（降序）排序。

【规则十三】
- 特别记录信息显示按照信息获取时间（降序）排序。

【规则十四】
- 核销后还款内容在特别记录段展现。

【规则十五】
- 本人声明信息显示按照信息获取时间（降序）排序。

【规则十六】
- 查询记录显示按照查询日期（降序）排序。

【规则十七】
- 在查询者为商业银行时，为了保护商业银行的秘密，在查询记录中将和查询者所属的法人机构名称不同的查询记录中的查询者以"＊"显示。

（2）风险识别。

【风险识别一】征信报告显示有即将到期的大笔未结清贷款。
- 防范客户借新还旧风险。

【风险识别二】客户还款历史上显示还款方式为一次性还本付息，在最后结清前一个月，还款状况为1或2。
- 判断出客户不适合一次性还本付息，且还款意愿不强烈。因一般这种情况存在催收后才还清本金。

【风险识别三】查询历史记录。
- 发现近期比较频繁或距离申请日比较接近反映出，客户在其他银行贷款未成功或存在同时申请多笔贷款的可能。应重点关注询问客户经营情况。判断出客户贷款的真实意图。如上一次查询记录为我行，应联系上一个受理机构询问贷款未成功原因。防范客户来我行多个机构申请贷款。

【风险识别四】离婚日距离征信查询日较近。
- 防范客户通过假离婚，以信用记录较好的一个人来申请贷款。建议获取其离异配偶授权查询配偶征信情况，或询问客户离婚原因来调查真实情况。

【风险识别五】关注累计逾期次数和最长逾期记录。

• 对于征信报告上显示累计逾期次数较多,但近期记录正常的客户。关注其历史逾期原因,合理判断客户还款意愿。

【风险识别六】信用卡较多客户,且使用比较频繁。

• 说明客户信用卡套现频繁,证实客户资金确实存在紧缺,关注产生此情况的原因。

【风险识别七】有多个金融机构贷款历史的客户。

• 一般有比较丰富的融资经验,了解银行的贷款流程,应防范客户资料虚假风险和隐瞒不利于其贷款的情况。

【风险识别八】通过征信报告显示客户贷款结清日与下一笔贷款日比较接近。

• 反映出客户与原有贷款行关系比较密切。应密切关注客户不从原有贷款行贷款的原因。

【风险识别九】防范"曾用名"风险。

• 个别客户在 N 银行贷款逾期或有不良贷款记录。其到派出所变更姓名,再以"新姓名"到其他银行骗取贷款。建议查询曾用名。

(3) 贷款种类的识别。征信报告中反映出客户的某些特殊贷款。

【识别一】

• 征信报告反映出客户在同一家银行机构,有多笔支取记录,长达 1 页半,而且贷款金额到千位。所贷款金额处于持续增加状态。后经查阅客户贷款合同,了解到招商银行有一种住房按揭循环贷款,所偿还本金,可申请继续支取。

【识别二】

• 客户贷款有多笔记录,并且结清日与下笔贷款日比较接近,还款方式多为一次性还本付息。说明客户在该银行属于优质客户或与该贷款行有比较密切的关系,对该客户来说属于可循环的非额度贷款。此类情况常见于农村信用社、农行。

【识别三】

• 贷款记录显示有"贷款剩余金额",但月均还款额为 0,此类贷款一般为无息贷款。

【识别四】

担保 + 抵押的住房按揭贷款。

• 贷款记录上显示为住房按揭贷款。该客户担保记录上显示有担保金额,该金额与住房按揭贷款剩余金额或按揭贷款金额相一致。此为银行于前 2 年推出的针对经营商户以经营主体作为担保,同时加上住房抵押的按揭贷款。

(4) 家庭信息的识别。

【婚姻关系】

• 客户征信报告显示的婚姻关系与客户提交材料不一致,要关注。特别是对于年龄已到法定年龄的单身客户。

• 案例。

【案例一】

• 某客户宣称单身,但年龄较大,40 岁。征信报告反映该客户的婚姻关系为已婚。通过询问客户及保证人,发现该客户属于离异,离婚判决书显示其有大量民间贷款需归还。

【案例二】
• 某逾期客户宣称单身,但实际上已婚。该客户通过关系,从民政部门开出了单身证明。后逾期后发现该客户已婚。当时信贷员调查时,该逾期客户征信报告上显示为已婚,其辩称信用卡办理人员给其登记错。

(5) 经营信息的识别。

【经营主体名称】
• 征信报告显示客户的"单位名称",可作为客户经营信息的交叉验证依据。如征信报告显示客户有其他单位名称,甚至多个单位名称时,一般情况为:

【情况一】
• 客户拥有或参股其他经营主体。

【情况二】
• 防范客户以他人经营主体骗取贷款。

【情况三】
• 要判断出客户经营主体特别是公司名称是否发生过变化。是否是逃避债务而更改单位名称。

【情况四】
• 客户以前在其他单位任职,后自己出来经营。如客户以前所在单位与现在单位经营内容相符,证实客户职业处于持续发展状态。

【经营场地】

【情况一】
• 征信报告显示的经营地址与客户营业执照的信息是否一致。

【情况二】
• 经营场地登记的地址是否有多条记录。如有多条记录,可推测出客户的经营场地变化较多,对于此类经营场地不稳定的客户需谨慎对待。

【经营历史的判断】
• 通过登记信息的年限,侧面验证客户的经营年限。结合征信报告显示的单位名称,综合分析出客户口述的经营历史真实性。

个人银行征信数据仿真
（设计、实验性实验）

一、实验目的

1. 理解商业银行个人信用数据报告流程与方式。
2. 理解人民征信中心采集个人信用内容。

二、实验内容

利用征信数据库管理与应用系统仿真人民征信中心采集个人信用信息内容见图4-7-1。

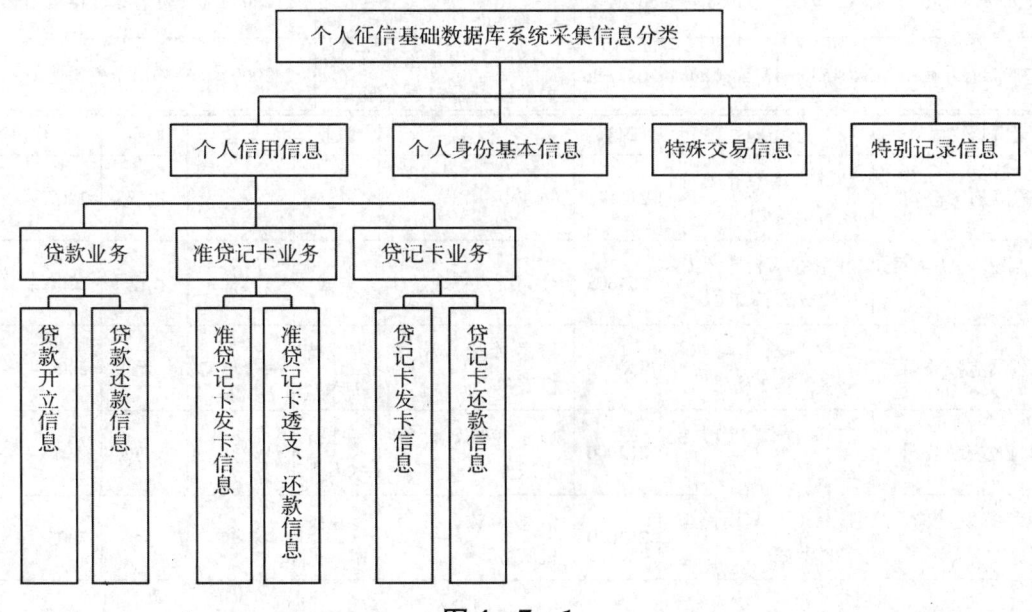

图4-7-1

三、实验步骤

(一)个人信用报告查询申请表

1. 实验数据。个人基本信息表如表 4-7-1 所示。

表 4-7-1　　　　　　　　　　　　　　　　　　　　　　　　　　　　　单元:元

姓名	证件类型	证件号码	性别	出生日期	学历	学位	家庭电话
蒋祝仙	身份证	330825198109262345	女性	1981-9-26	研究生	硕士	025-65197967
楼晓靖	身份证	330725197904181910	女性	1979-4-18	高等专科学校	其他	0535-54045500
楼芸	身份证	330725198207162321	女性	1982-7-16	大学本科	学士	027-54030973
潘建林	身份证	330723196508075374	男性	1965-8-7	中等专业学校	未知	0511-65715671
王春	身份证	330725198203160425	女性	1982-3-16	大学本科	学士	0555-64182304

手机	公司电话	邮箱	家庭住址	邮编	户籍地址
13560732897	025-64182304	Irene@163.com	江苏省南京市江宁区弘景大道3601号	211171	江苏省南京市江宁区弘景大道
13790635566	0535-65715671	lxj@126.com	山东省烟台市莱山区滨海中路191号	264005	山东省烟台市莱山区滨海中路
13582132895	027-54941326	louyun@zxls.com	湖北省武汉理工大学升升公寓 K-46	430070	武汉理工大学
13588921895	0511-54030973	pjl888@baidu.com	江苏省镇江市黄山新村11幢306	212000	江苏省镇江市黄山新村
13587894895	0555-54045500	WangChun@163.com	安徽马鞍山市安徽工业大学校本部91号信箱	243000	马鞍山市安徽工业大学

公司名称	公司地址	邮编	行业	职业	职位	职称	工作日期
豫龙模板有限公司	江苏省南京市江宁区新华路22号	211171	制造业	未知	高级领导	高级	2007-9-26
力威管道设备有限公司	山东省烟台市莱山区海景A座2501	264005	公共设施管理业	未知	其他	无	2000-4-18
亚荣仪器有限公司	武汉市长江路906号福松楼2楼	430070	信息传输、计算机服务	专业技术人员	一般员工	无	2004-7-16
鼎力科技有限公司	江苏省镇江市沿江路	212000	信息传输、计算机服务	专业技术人员	未知	未知	1985-8-7
德信科技发展有限公司	马鞍山市南湾路丰宁科贸城	243000	信息传输、计算机服务	专业技术人员	未知	无	2005-3-16

续表

年薪	账号	开户行	居住邮编	居住住址	居住状况
80 000	6207623231455998776	南京市中国人民银行雨花区32支行	211171	江苏省南京市江宁区弘景大道3601号	集体宿舍
120 000	6248778947366423982	烟台市中国工商银行新台路支行	264005	山东省烟台市莱山区滨海中路191号	按揭
70 000	6203876599976523556	武汉市中国邮政银行汉口支行	430070	湖北省武汉理工大学升升公寓 K-46	自置
110 000	6220826555480883232	镇江市中国农业银行黄新支行	212000	江苏省镇江市黄山新村11幢306	自置
84 000	6209895319776595497	马鞍山市中国邮政银行华北路支行	243000	安徽马鞍山市安徽工业大学校本部91号信箱	按揭

婚姻状况	配偶姓名	配偶证件	配偶证件号码	配偶公司	配偶电话
未说明的婚姻状况					
未说明的婚姻状况					
初婚	刘力	身份证	362123197503214015	亚荣仪器有限公司	13552132459
初婚	梁丽英	身份证	441900196510270472	鼎力科技有限公司	13759821878
初婚	李锦华	身份证	342826197909234030	德信科技发展有限公司	13537894142

贷款开立信息如表4-7-2所示。

表4-7-2

姓名	证件类型	证件号码	银行编码	贷款编码	贷款类型	金额（元）
蒋祝仙	身份证	330825198109262345	305	6225887558535930	个人住房贷款	780 000
楼晓靖	身份证	330725197904181910	104	6225887558535931	个人住房贷款	420 000
楼芸	身份证	330725198207162321	102	6225887558535932	个人住房贷款	270 000
潘建林	身份证	330723196508075374	105	6225887558535933	个人住房贷款	1 100 000
王春	身份证	330725198203160425	103	6225887558535934	个人住房贷款	800 000

币别	开户日期	到期日期	还款频率	还款月数	担保方式	担保关系	担保人
人民币	2010-8-8	2020-8-8	月	12	抵押	房产	朱月珍
人民币	2010-8-8	2025-8-8	月	12	抵押	房产	周斌
人民币	2010-8-8	2030-8-8	月	12	抵押	房产	陈麒年
人民币	2010-8-8	2035-8-8	月	12	抵押	房产	方华锋
人民币	2010-8-8	2040-8-8	月	12	抵押	房产	方亿菲

担保人证件类型	担保人证件号码	担保金额元	开户行
身份证	430302198101105043	780 000	南京市中国人民银行雨花区32支行
身份证	330725198106196610	420 000	烟台市中国工商银行新台路支行
身份证	430521197901124272	270 000	武汉市中国邮政银行汉口支行
身份证	330725198112270231	1 100 000	镇江市中国农业银行黄新支行
身份证	330725198010070220	800 000	马鞍山市中国邮政银行华北路支行

贷款还款信息如表4-7-3所示。

表4-7-3   单位：元

银行编码	贷款编码	最高贷款余额	贷款额	应还日期	实还日期	应还金额	实还金额	最高逾期数	逾期数	逾期额	违约数	逾期31~60天未还本金	逾期61~90天未还本金	逾期91~180天未还本金	逾期180天以上未还本金	五级分类状态	账户状态	24个月账户还款状态
305	6225887558535930	780 000	780 000	2010-8-8	2010-9-8	9 974.25	9 974.25	0	0	0	0	0	0	0	0	正常	正常	正常
305	6225887558535930	770 025.75	780 000	2010-10-8	2010-10-7	9 939.88	9 939.88	0	0	0	0	0	0	0	0	正常	正常	正常
305	6225887558535930	760 085.87	780 000	2010-11-8	2010-11-8	9 905.51	9 905.51	0	0	0	0	0	0	0	0	正常	正常	正常
104	6225887558535931	420 000	420 000	2010-8-8	2010-9-8	4 320.75	4 320.75	0	0	0	0	0	0	0	0	正常	正常	正常
104	6225887558535931	415 679.25	420 000	2010-10-8	2010-10-7	4 308.41	4 308.41	0	0	0	0	0	0	0	0	正常	正常	正常
104	6225887558535931	411 370.84	420 000	2010-11-8	2010-11-8	4 296.08	4 296.08	0	0	0	0	0	0	0	0	正常	正常	正常
102	6225887558535932	270 000	270 000	2010-8-8	2010-9-8	2 440.13	2 440.13	0	0	0	0	0	0	0	0	正常	正常	正常
102	6225887558535932	267 559.87	270 000	2010-10-8	2010-10-7	2 434.18	2 434.18	0	0	0	0	0	0	0	0	正常	正常	正常
102	6225887558535932	265 125.69	270 000	2010-11-8	2010-11-8	2 428.23	2 428.23	0	0	0	0	0	0	0	0	正常	正常	正常
105	6225887558535933	1 100 000	1 100 000	2010-8-8	2010-9-8	9 116.25	9 116.25	0	0	0	0	0	0	0	0	正常	正常	正常
105	6225887558535933	1 090 883.75	1 100 000	2010-10-8	2010-10-7	9 096.86	9 096.86	0	0	0	0	0	0	0	0	正常	正常	正常
105	6225887558535933	1 081 786.89	1 100 000	2010-11-8	2010-11-8	9 077.47	9 077.47	0	0	0	0	0	0	0	0	正常	正常	正常
103	6225887558535934	800 000	800 000	2010-8-8	2010-9-8	6 230	6 230	0	0	0	0	0	0	0	0	正常	正常	正常

准贷卡记发卡信息如表4-7-4所示。

表 4-7-4

姓名	证件类型	证件号码	银行编码	卡贷记卡账号	开立日期	币别	金额（元）
蒋祝仙	身份证	330825198109262345	306	5218991312741830	2006-6-6	人民币	110 000
楼晓靖	身份证	330725197904181910	105	5218991312741831	2006-6-6	人民币	120 000
楼芸	身份证	330725198207162321	103	5218991312741832	2006-6-6	人民币	130 000
潘建林	身份证	330723196508075374	104	5218991312741833	2006-6-6	人民币	140 000
王春	身份证	330725198203160425	106	5218991312741834	2006-6-6	人民币	150 000

担保方式	担保关系	担保人	担保人证件类型	担保人证件号码	担保金额（元）	开户行
自然人保证	自然人保证	冯向荣	身份证	430302198101105043	110 000	南京市中国民生银行广南支行
自然人保证	自然人保证	李方	身份证	330725198106196610	120 000	南京市中国人民银行雨花区32支行
自然人保证	自然人保证	李时辉	身份证	430521197901124272	130 000	烟台市中国工商银行新台路支行
自然人保证	自然人保证	楼京京	身份证	330725198112270231	140 000	武汉市中国邮政银行汉口支行
自然人保证	自然人保证	吕君	身份证	330725198010070220	150 000	镇江市中国农业银行黄新支行

准贷记发卡透支、还款信息如表 4-7-5 所示。

表 4-7-5　　　　　　　　　　　　　　　　　　　　　　　　　　单位：元

银行编码	贷款编码	应还日期	实还日期	应还金额	最高透支额
306	5218991312741830	2006-7-6	2006-7-5	6 209	6 209
306	5218991312741830	2006-8-6	2006-8-2	13 364	13 364
306	5218991312741830	2006-9-6	2006-9-5	19 419	19 419
105	5218991312741831	2006-7-6	2006-7-5	22 003	22 003
105	5218991312741831	2006-8-6	2006-8-2	5648	22 003
105	5218991312741831	2006-9-6	2006-9-5	24 809	24 809
103	5218991312741832	2006-7-6	2006-7-5	4 262	4 262
103	5218991312741832	2006-8-6	2006-8-2	19 638	19 638
103	5218991312741832	2006-9-6	2006-9-5	1 189	19 638
104	5218991312741833	2006-7-6	2006-7-5	27 576	27 576
104	5218991312741833	2006-8-6	2006-8-2	15 045	27 576
104	5218991312741833	2006-9-6	2006-9-5	23 767	27 576
106	5218991312741834	2006-7-6	2006-7-5	9 257	9 257
106	5218991312741834	2006-8-6	2006-8-2	945	9 257
106	5218991312741834	2006-9-6	2006-9-5	26 191	26 191

续表

累计透支额	累计还款额	账户状态	24个月账户还款状态	逾期超180天未还额
6 209	6 209	正常	正常	0
19 573	19 573	正常	正常	0
38 992	38 992	正常	正常	0
22 003	22 003	正常	正常	0
27 651	27 651	正常	正常	0
52 460	0	正常	透支1~30天	0
4 262	4 262	正常	正常	0
23 900	23 900	正常	正常	0
25 089	25 089	正常	正常	0
27 576	27 576	正常	正常	0
42 621	42 621	正常	正常	0
66 388	66 388	正常	正常	0
9 257	9 257	正常	正常	0
10 202	10 202	正常	正常	0
36 393	36 393	正常	正常	0

贷记卡发卡信息如表4-7-6所示。

表4-7-6　　　　　　　　　　　　　　　　　　　　　　　　　　　　　单位：元

姓名	证件类型	证件号码	银行编码	贷记卡账号	开立日期	币别	金额
蒋祝仙	身份证	330825198109262345	304	6226097580521530	2010-5-23	人民币	60 000
楼晓靖	身份证	330725197904181910	103	6226097580521531	2010-5-23	人民币	40 000
楼芸	身份证	330725198207162321	101	6226097580521532	2010-5-23	人民币	80 000
潘建林	身份证	330723196508075374	104	6226097580521533	2010-5-23	人民币	100 000
王春	身份证	330725198203160425	102	6226097580521534	2010-5-23	人民币	50 000

担保方式	担保关系	担保人	担保人证件类型	担保人证件号码	担保金额	开户行
信用/免担保	信用/免担保	蒋祝仙	身份证	330825198109262345	60 000	南京市中国人民银行雨花区32支行
信用/免担保	信用/免担保	楼晓靖	身份证	330725197904181910	40 000	烟台市中国工商银行新台路支行
信用/免担保	信用/免担保	楼芸	身份证	330725198207162321	80 000	武汉市中国邮政银行汉口支行
信用/免担保	信用/免担保	潘建林	身份证	330723196508075374	100 000	镇江市中国农业银行黄新支行
信用/免担保	信用/免担保	王春	身份证	330725198203160425	50 000	马鞍山市中国邮政银行华北路支行

贷记卡还款信息如表4-7-7所示。

表4-7-7　　　　　　　　　　　　　　　　　　　　　　　　　　　　　　　　　　　单位：元

银行编码	贷款编码	已使用额度	最高使用额度	结算日期	实还日期	应还金额	实还金额	违约次数	账户状态	24个月账户还款状态
304	6226097580521530	1 698	1 698	2010-10-13	2010-11-3	1 698	1 700	0	正常	正常
304	6226097580521530	1 800	1 800	2010-11-13	2010-12-1	1 800	1 800	0	正常	正常
304	6226097580521530	600.5	1 800	2010-12-13	2011-1-10	600.5	600	0	正常	正常
304	6226097580521530	1 620	1 800	2011-1-13	2011-2-7	1 620	1 600	0	正常	正常
303	6226097580521531	6 045	6 045	2010-10-13	2010-11-6	6 045	6 045	0	正常	正常
303	6226097580521531	3 100	6 045	2010-11-13	2010-12-6	3 100	3 100	0	正常	正常
303	6226097580521531	4 800	6 045	2010-12-13	2011-1-10					
303	6226097580521531	3 093.3	6 045	2011-1-13	2011-2-7					
301	6226097580521532	2 500	2 500	2010-10-13	2010-11-8					
301	6226097580521532	2 700	2 700	2010-11-13	2010-11-8					
301	6226097580521532	1 900	2 700	2010-12-13	2011-1-1					
301	6226097580521532	0	2 700	2011-1-13	2011-2-7					
304	6226097580521533	5 000	5 000	2010-10-13	2010-11-1					
304	6226097580521533	0	5 000	2010-11-13	2010-12-5					
304	6226097580521533	0	5 000	2010-12-13	2011-1-3					
304	6226097580521533	0	5 000	2011-1-13	2011-2-8					
302	6226097580521534	932	932	2010-10-13	2010-11-8					
302	6226097580521534	5 000	5 000	2010-11-13	2010-11-8					
302	6226097580521534	4 100	5 000	2010-12-13	2010-11-8					
302	6226097580521534	3 200	5 000	2011-1-13	2010-11-8					

续表

应还金额	实还金额	违约次数	账户状态	24个月账户还款状态
4 800	4 800	0	正常	正常
3 093.3	3 000	0	正常	正常
2 500	2 500	0	正常	正常
2 700	0	1	正常	逾期1~30天
1 900	4 700	1	正常	正常
0	0	1	正常	正常
5 000	5 000	0	正常	正常
0	0	0	正常	正常
0	0	0	正常	正常
0	0	0	正常	正常
932	1 000	0	正常	正常
5 000	0	1	正常	逾期1~30天
4 100	0	2	正常	逾期61~90天
3 200	0	3	冻结	逾期91~120天

2. 实验步骤。

A. 个人基本信息。单击菜单栏【个人数据仿真】下的【个人基本信息】，显示如图4-7-2所示。

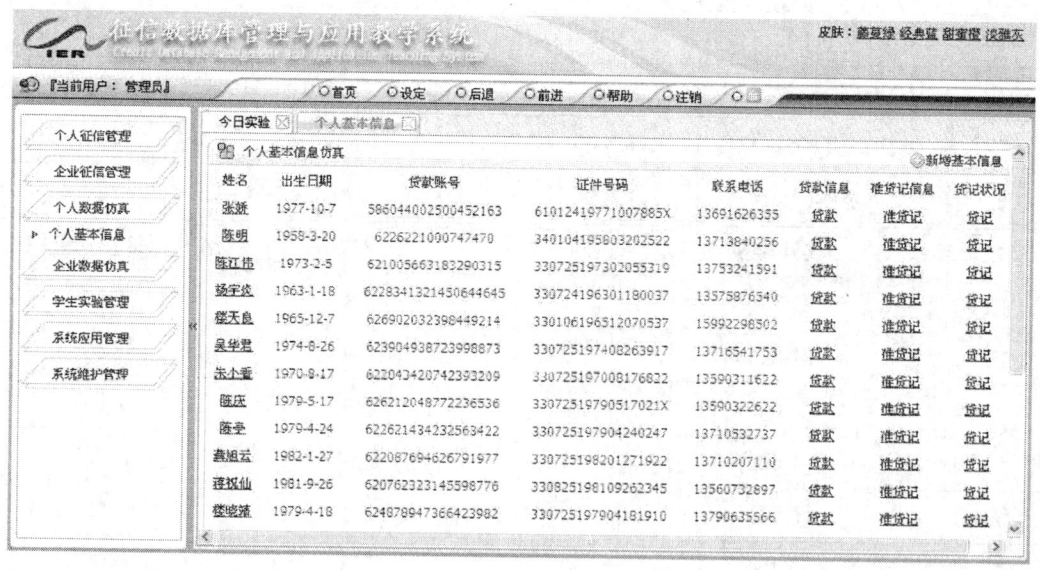

图4-7-2

（1）【新增基本信息】。单击工具栏【新增基本信息】按钮，显示如图4-7-3所示。

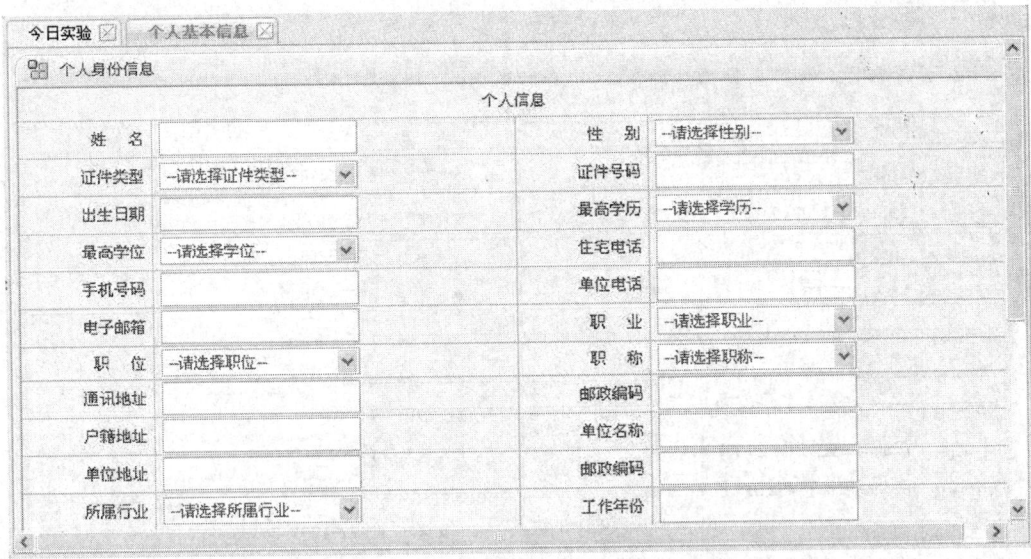

图4-7-3

- 【姓名】信用自然人；
- 【证件类型】各类法定有效的证件；
- 【证件号码】相对应的证件号码；
- 【通信地址】通信联系地址；
- 【户籍地址】户口所在地址；
- 【居住地址】居住生活地址；
- 【开户银行】工资账户开立银行。

（2）【查看基本信息】。单击数据项【姓名】链接，显示如图4-7-4所示。

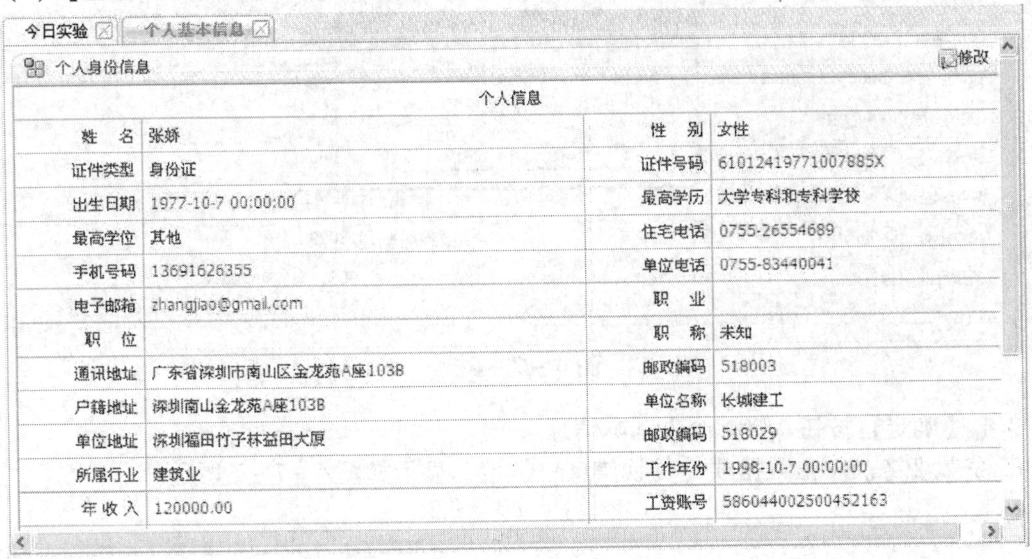

图4-7-4

（3）【修改基本信息】。单击工具栏【修改】按钮，显示如图4-7-5所示。

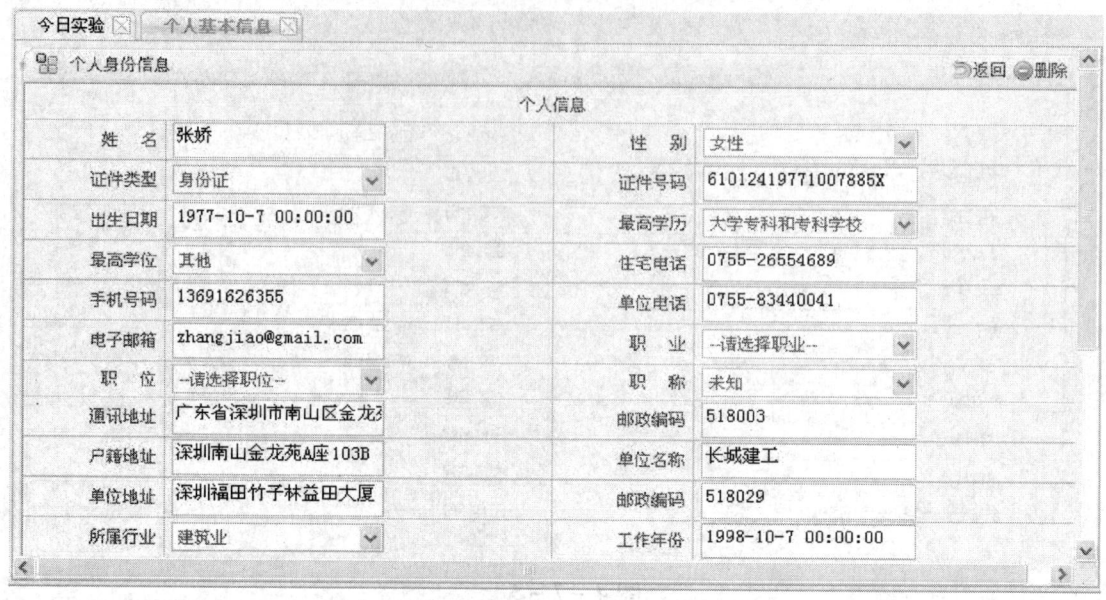

图4-7-5

（4）【删除基本信息】。单击工具栏【删除】按钮，显示如图4-7-6所示。

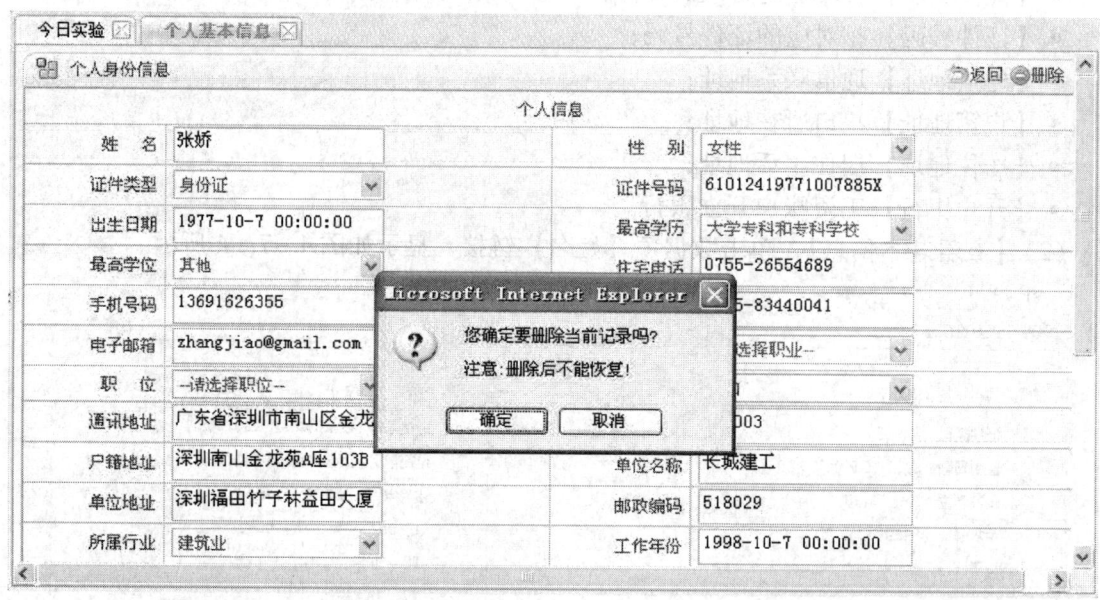

图4-7-6

单击【确定】按钮，删除个人基本信息。
B. 贷款业务。单击数据项【贷款信息】链接，显示如图4-7-7所示。

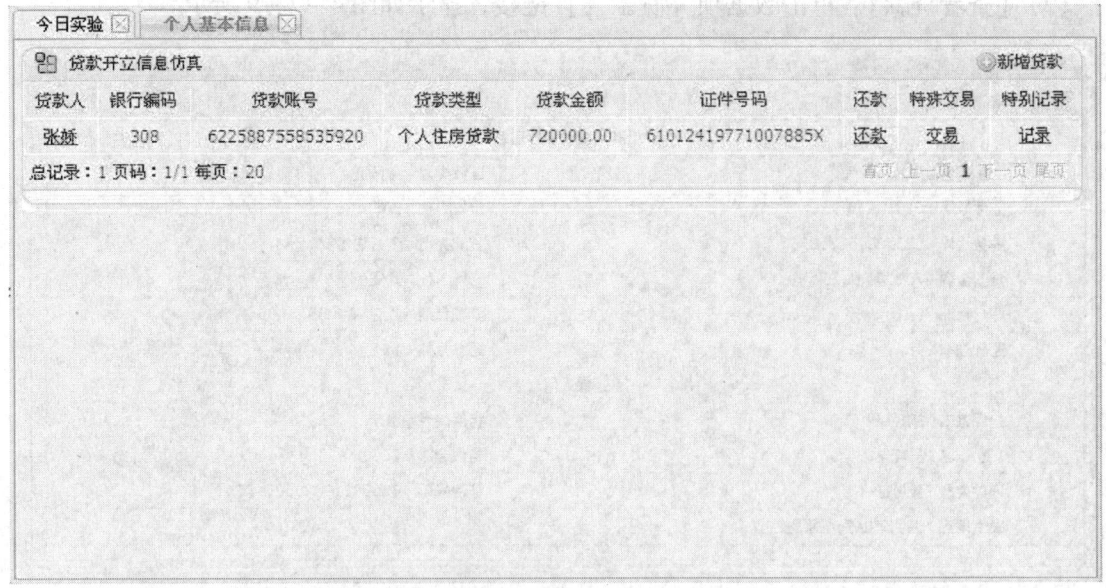

图 4-7-7

（1）【新增贷款】。单击工具栏【新增贷款】按钮，显示如图 4-7-8 所示。

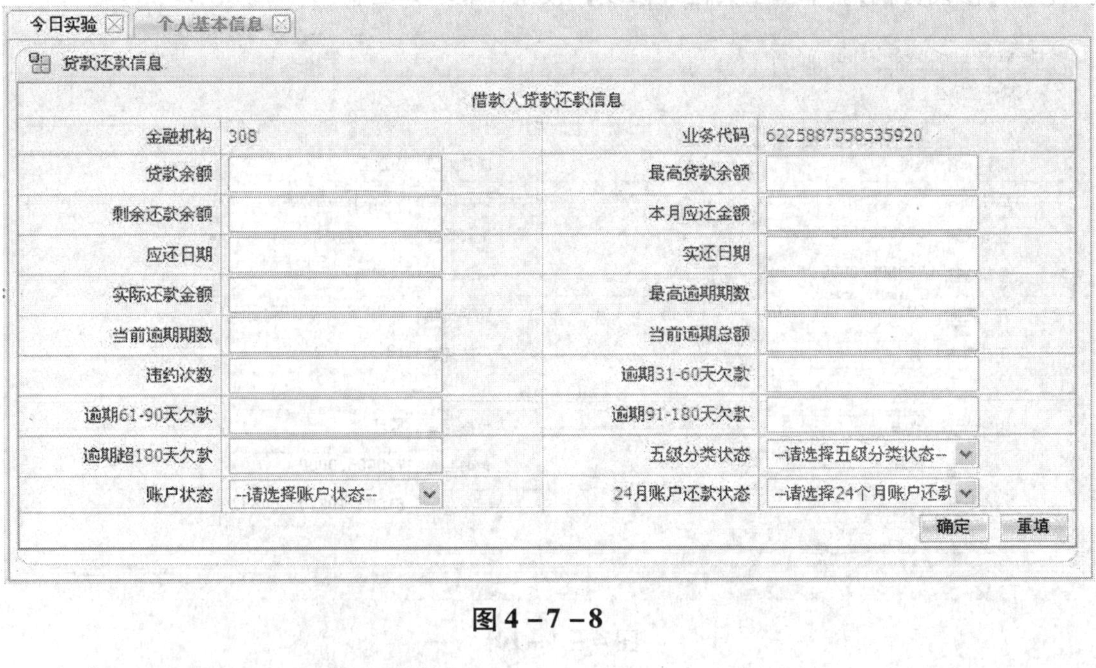

图 4-7-8

- 【违约次数】违反约定的次数
- 【逾期 31~60 天欠款】超过规定还款时间 31~60 天，还剩余的欠款总数
- 【五类分类状态】信用等级
- 【账户状态】账户状态信息
- 【24 个月账户还款状态】24 个月后账户的还款信息

（2）【查看贷款】。单击数据项【贷款人】链接，显示如图4-7-9所示。

图4-7-9

（3）【修改贷款】。单击工具栏【修改】按钮，显示如图4-7-10所示。

图4-7-10

（4）【删除贷款】。单击工具栏【删除】按钮，显示如图4-7-11所示。

图 4-7-11

单击【确定】按钮，删除个人贷款信息。

C. 准贷记卡业务。单击数据项【准贷记】链接，显示如图 4-7-12 所示。

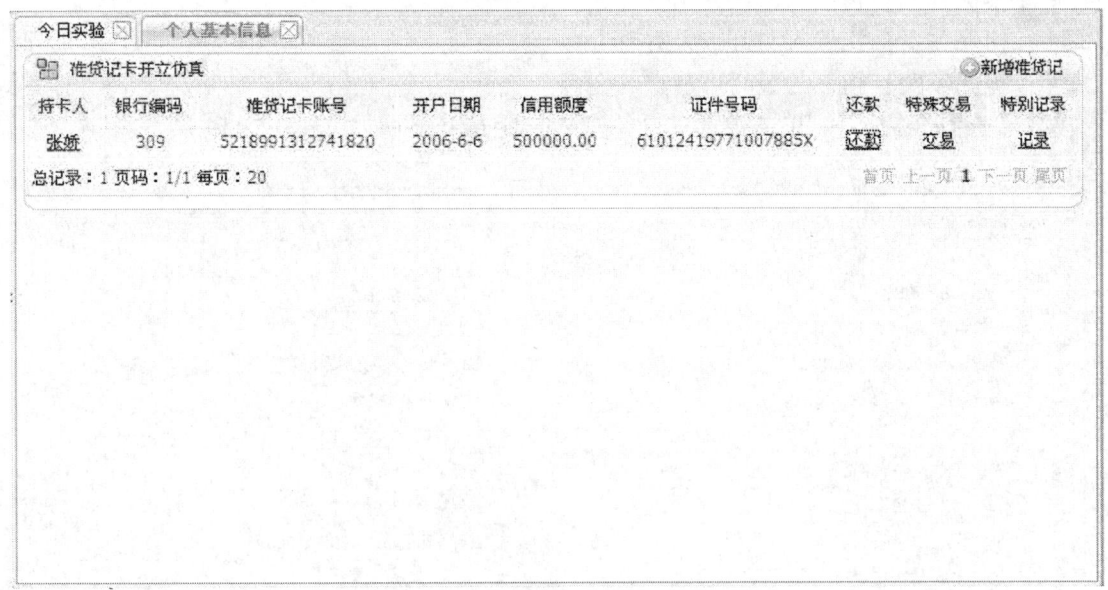

图 4-7-12

（1）【新增准贷记】。单击工具栏【新增准贷记】按钮，显示如图 4-7-13 所示。

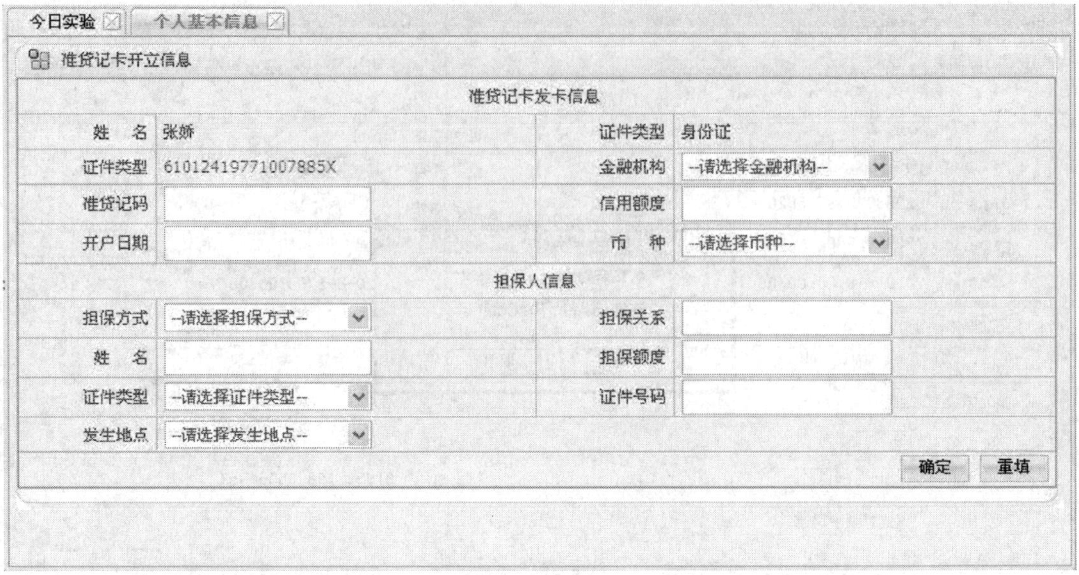

图4-7-13

- 【准贷记码】准贷记卡卡号
- 【信用额度】可透支的最高金额
- 【担保方式】提供担保人的担保方式
- 【担保关系】担保人与开卡人关系
- 【担保额度】担保的最高可透支的金额

(2)【查看准贷记】。单击数据项【持卡人】链接，显示如图4-7-14所示。

图4-7-14

(3)【修改准贷记】。单击工具栏【修改】按钮，显示如图4-7-15所示。

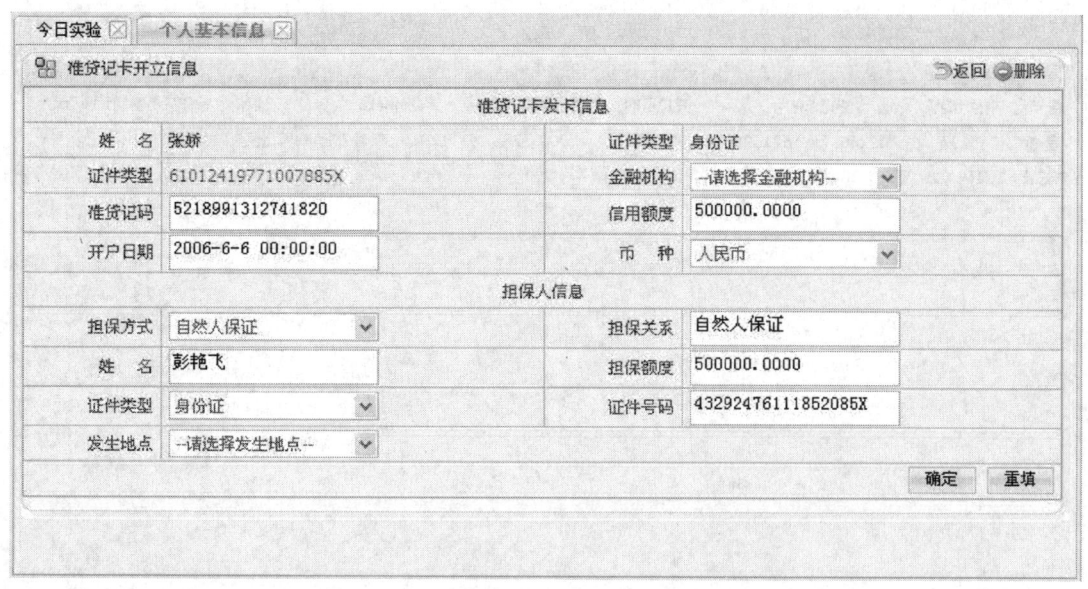

图 4-7-15

（4）【删除准贷记】。单击工具栏【删除】按钮，显示如图 4-7-16 所示。

图 4-7-16

单击【确定】按钮，删除个人准贷记信息。
D. 贷记卡业务。单击数据项【贷记】链接，显示如图 4-7-17 所示。

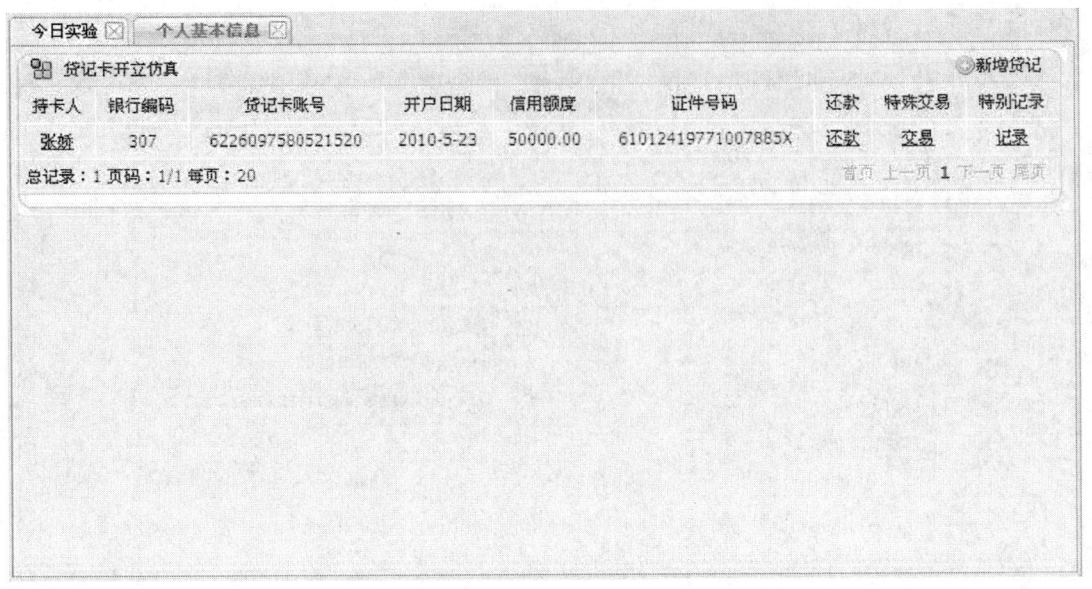

图 4-7-17

(1)【新增贷记】。单击工具栏【新增贷记】按钮，显示如图 4-7-18 所示。

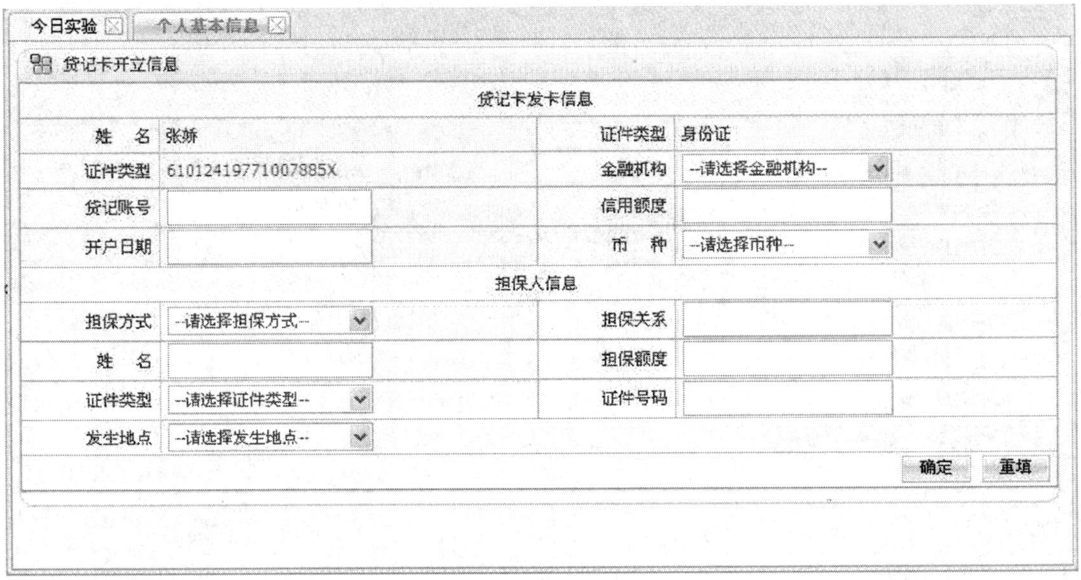

图 4-7-18

- 【贷记账号】贷记卡卡号
- 【信用额度】可透支的最高金额
- 【担保方式】提供担保人的担保方式
- 【担保关系】担保人与开卡人关系
- 【担保额度】担保的最高可透支的金额

(2)【查看贷记】。单击数据项【持卡人】链接，显示如图 4-7-19 所示。

图 4－7－19

（3）【修改贷记】。单击工具栏【修改】按钮，显示如图 4－7－20 所示。

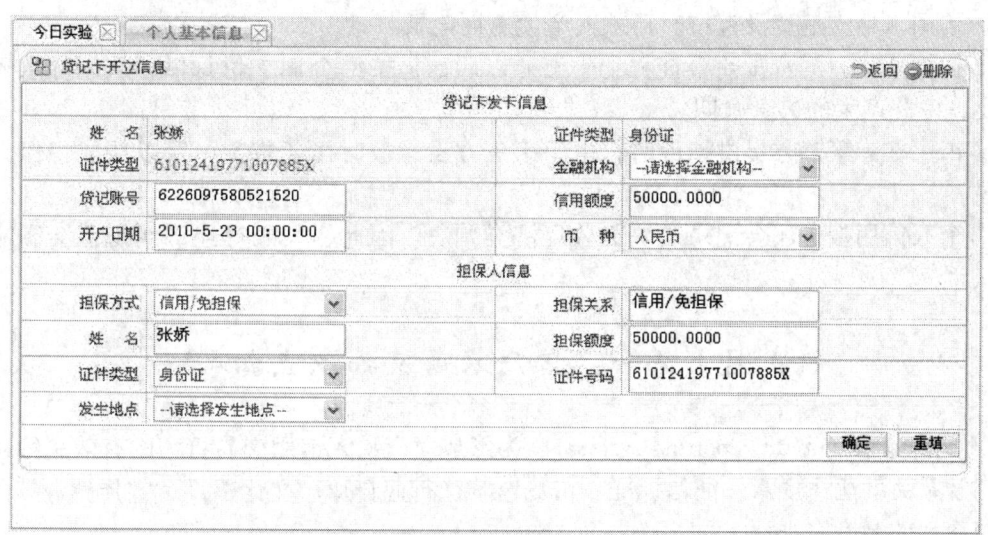

图 4－7－20

（4）【删除贷记】。单击工具栏【删除】按钮，显示如图 4－7－21 所示。
单击【确定】按钮，删除个人贷记信息。
以上更具体步骤的操作请详细参照系统的帮助使用手册。

（二）污点方面

个人信用报告对于市民个人来说很重要，那么哪些行为可能会导致个人信用污点呢？从日常审批个人信贷的情况来看，发现市民的个人信用报告中，出现个人信用污点主要集中在以下几个方面：

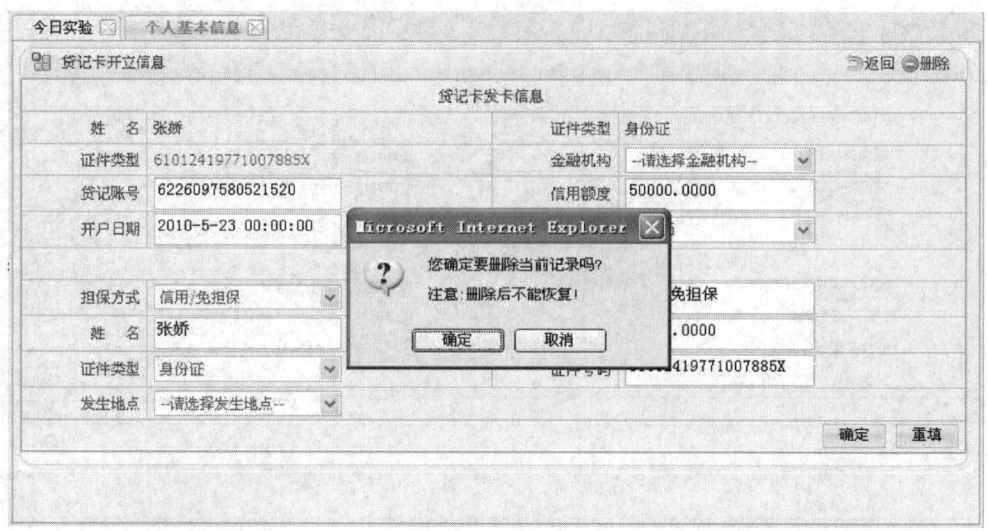

图 4-7-21

1. 按揭贷款没有按期还款而产生逾期记录。
2. 信用卡透支消费没有按时还款而产生逾期记录。
3. 按揭贷款、消费贷款等贷款利率上调以后，仍按原金额支付月供，从而导致还款金额不足，由此产生的欠息逾期。
4. 市民在为第三方提供担保时，由于第三方没有按时偿还贷款，所以造成担保人有逾期记录。
5. 个人信用报告还会记录法院部分经济类判决。因此，欠账等经济纠纷也会影响信用记录。

课间小结六：常用术语及知识点拓展

1. 征信体系（credit reporting system）。为形成对交易人信用交易行为的有效制约，由征信活动及有关的法律规章、征信标准、市场监管、行业自律、文化建设、宣传教育等共同构成的一系列的制度安排。
2. 征信市场（credit reporting market）。生产和交换征信产品与服务的场所，主要包括征信产品与服务、交易主体及市场监管三个层次。
3. 征信制度（credit reporting institution）。用于规范征信行为及征信关系的制度安排。
4. 征信标准（credit reporting standardization）。为了保证征信行业有一个有效、规范的运作秩序，解决资源共享的实际问题而制订的共同的和重复使用的指导性文件或规则。
5. 征信管理部门（credit reporting supervisory bureau）。根据国务院授权的对征信市场参与主体及其行为进行监督管理的机构。
6. 信用体系（credit system）。对企业与个人在经济活动中必须普遍守信所作的制度安排以及与之相应的一系列保障措施，主要包括建立企业与个人信用数据库，发展信用中介机构，建立健全企业内部信用管理制度，并加强行业信用管理；实施信用管理立法与执法，使用信用规范和信用奖惩机制；加强政府对信用交易、信用管理行业的监督和管理，建立信用管理民间机构，进行信用管理的教育和研究发展等，最终目标是形成良好的社会信用环境。

7. 信用管理（credit management）。对信用交易中的风险进行管理，即对信用风险进行识别、分析和评估，通过制定信用管理政策，指导和协调有关部门的业务活动，以保障资金安全和及时回收的管理，有效地控制风险和用最经济合理的方法综合处理风险，使风险降到最低。

8. 信用文化（credit culture）。在经济交往活动中用以支配和调节人与人、人与社会、社会各经济单元之间信用关系和信用行为的一种基本理念和规范。

9. 信用制度（credit institution）。一种把各种与信用有关的社会资源和制度规则有机整合，共同促进信用经济的完善和发展，制约和惩罚失信行为，从而保障社会秩序和市场经济正常运行和有序发展的社会机制。

10. 行业信用记录（industry credit record）。主要是行业主管部门建立的企业和个人在某个特定领域内从事经济活动是否遵守法律法规及违法处罚情况的记录。

11. 守信激励机制（trustworthy incentives mechanism）。对信用状况良好、信用级别高的守信主体的守信行为通过给予更多信用交易机会等激励措施进行褒扬的制度。

12. 失信惩戒机制（dishonesty disciplinary mechanism）。运用经济手段和道德谴责手段，通过信息的互通与公开，惩罚市场经济活动中的信用缺失者，将有严重经济失信行为的企业和个人从市场的主流中剔除出去，并通过信用信息广泛传播形成的社会性惩戒制度。

13. 金融业统一征信平台（unified information platform for financial sector）。由中国人民银行牵头，银监会、证监会、保监会、外汇局配合，教育部、工业和信息化部、公安部、民政部、司法部、财政部、人力资源社会保障部、国土资源部、环境保护部、住房和城乡建设部、海关总署、税务总局、工商总局、质检总局、高法等部门共同建设的，依托已建成的全国统一的企业和个人信用信息基础数据库及其网络，由征信专网平台、政府间信息共享平台和互联网平台三个服务平台构成，全面记录企业和个人在银行、证券、保险、外汇以及其他领域信用信息的信息交流平台，主要通过提供不同版本的信用报告为金融机构及监管部门、政府部门和社会提供信用服务。

14. 社会信用体系建设部际联席会议制度（joint meeting of the inter-ministerial credit system）。按照国务院的工作部署，由中国人民银行牵头建立社会信用体系建设部际联席会议制度。联席会议由发展改革委、工业和信息化部、公安部、人力资源社会保障部、环境保护部、住房和城乡建设部、商务部、中国人民银行、海关总署、税务总局、工商总局、质检总局、法制办、银监会、证监会、保监会、外汇局、高法共18个部门和单位组成，主要职责是在国务院领导下，统筹协调社会信用体系建设工作，研究拟订重大政策措施；协调解决社会信用体系建设工作中的重大问题；指导、督促、检查有关政策措施的落实；加强与地方人民政府的沟通协调。

15. 征信业信用建设（construction of industry credit）。主要有三个部分：一是推动各行业主管部门依托电子政务工程，在建立、完善和利用本部门执法信息系统的基础上，完善行业信用信息资源，收集、整理在履行职责过程中形成的信用记录。二是根据各行业主管部门履行行政管理职能的需求，通过推进部门、行业间信用信息的交换与应用，依法向社会提供行业信用信息服务。三是建立健全行业信用信息收集、使用、披露以及信息主体正当权益保护的法规制度。

实验八

企业征信报告范例及解读
（设计性实验）

一、实验目的

1. 了解查询企业信用报告所需资料和查询条件。
2. 掌握如何填写《企业信用报告查询申请表》及申请流程。
3. 掌握如何填写《企业异议信用报告申请表》及申请流程。
4. 掌握如何阅读《企业信用报告》及报告包含要素。

二、实验内容

利用征信数据库管理与应用系统《企业征信管理》模块进行《企业信用报告查询申请表》的填写、《企业基本信息信用报告》的查询和理解报告要素以及《企业异议信用报告申请表》的填写。

三、实验步骤

（一）企业信用报告查询申请表

1. 实验数据。个人查询申请数据表如表4-8-1所示。

表4-8-1

企业名称	企业地址	邮编	法人代表	法人证件号码	法人手机号码
中国石油化工集团公司	中国北京市朝阳区朝阳门北大街22号	100728	周吉平	430725196408263918	15816854537
宁波理工监测科技股份有限公司	宁波保税区留学生创业园2期4号楼2楼	070151	周方洁	350725196008176522	15954607182

续表

企业名称	企业地址	邮编	法人代表	法人证件号码	法人手机号码
北京福星晓程电子科技股份有限公司	北京市海淀区西三环北路87号国际财经中心D座503	347000	程毅	33072519590517021X	13321002524
厦门蒙发利科技（集团）股份有限公司	厦门市思明区前埔路168号（五楼）	751000	邹剑寒	4403301196904240146	13660136592
新疆广汇实业股份有限公司	乌鲁木齐经济技术开发区上海路16号	752001	姜振华	2201071952012719 33	13725853427

法人固定电话	经办人	经办人证件	经办人证件号码	代理人手机	代理人固话	代理人邮箱
010-65197967	李华林	身份证	44162119820306138X	13691626356		yfh@lzmc.edu.cn
0574-65197967	张鹏翔	身份证	4413211969123 09293	15810085515		tzz@xiaocheng.com
010-56660083	崔杨	身份证	440981197910176172	13820322677		stock@easepal.com.cn
0592-53018762	李五令	身份证	441900197106261092	13713680800		ghgf@guanghui.com
0991-43215535	赵强	身份证	432924197709215014	13713766888		yfh@lzmc.edu.cn

查询原因	查询机构	机构电话	机构受理人	机构地址
了解本企业信用记录	中国人民银行营业管理部	010-68559206	吴正	北京市西城区月坛北街26号恒华国际商务中心A座907B室
了解本企业信用记录	中国人民银行宁波市中心支行	0574-87722456	汤淼	宁波市江东北路138号金融大厦5楼504室
异议申请需要	中国人民银行营业管理部	010-68559206	壮晓怡	北京市西城区月坛北街26号恒华国际商务中心A座907B室
异议申请需要	中国人民银行厦门市中心支行	0592-5899682	娄智超	福建省厦门市湖滨南路220号
异议申请需要	中国人民银行乌鲁木齐中心支行	0991-2848104	林心慧	乌鲁木齐市人民路395号

2. 实验步骤。单击菜单栏【企业征信管理】下的【企业查询申请】，显示如图4-8-1所示。

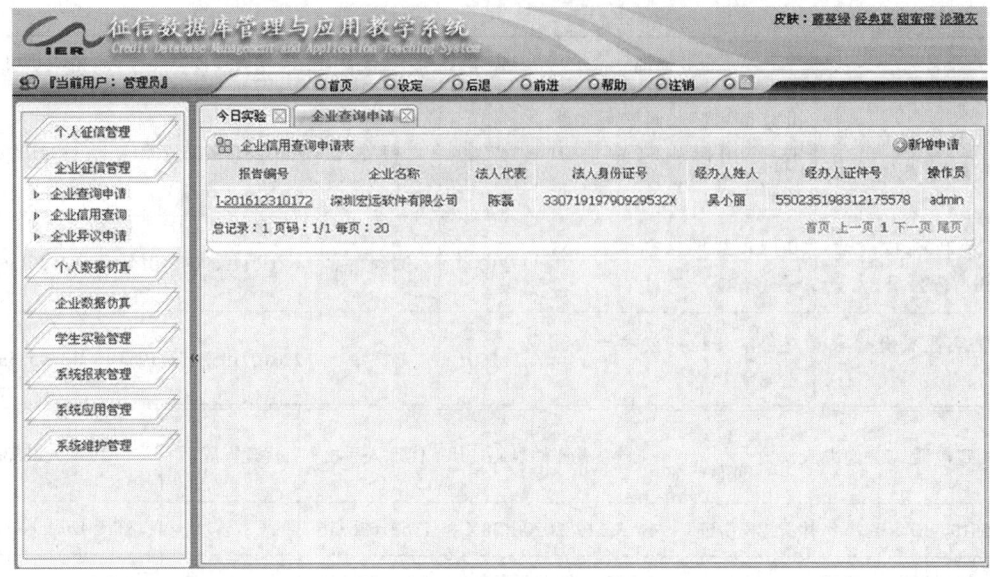

图4-8-1

（1）【新增申请】。单击工具栏【新增申请】按钮，显示如图4-8-2所示。

图4-8-2

- 【企业名称】信用报告被查询的企业
- 【法人代表名称】企业法人代表
- 【经办人证件类型】各类法定有效证件
- 【查询原因】查询的原因
- 【信用编码】由系统生成
- 【查询机构】征信查询中心

(2)【查看申请】。单击数据项【报告编号】链接,显示如图4-8-3所示。

图4-8-3

(3)【修改申请】。单击工具栏【修改】按钮,显示如图4-8-4所示。

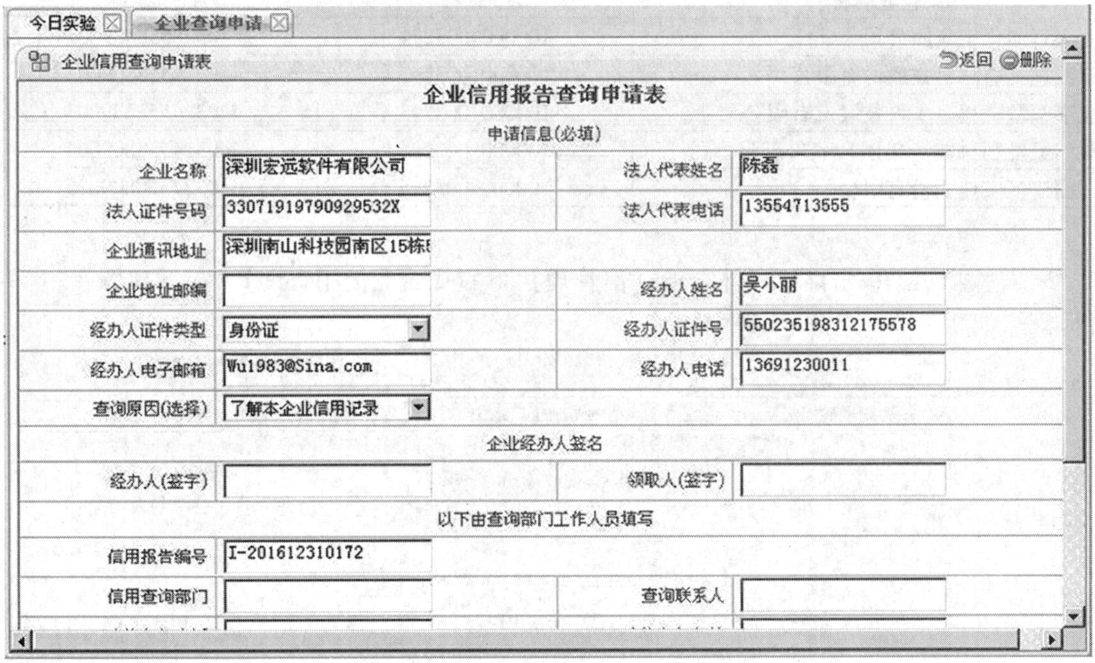

图4-8-4

(4)【删除申请】。单击工具栏【删除申请】按钮,显示如图4-8-5所示。

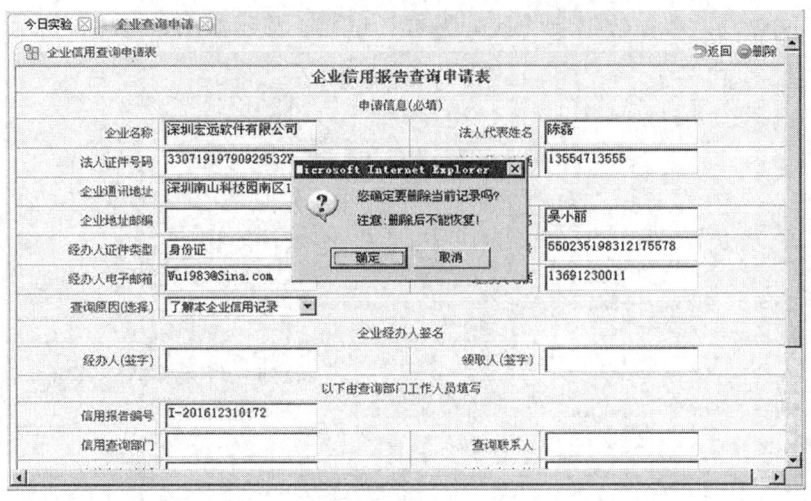

图 4-8-5

单击【确定】按钮,删除企业查询申请。

(二) 企业信用报告查询

1. 实验数据。企业信用报告查询如表 4-8-2 所示。

表 4-8-2

企业名称	注册编码	贷款编码
中国石油化工集团公司	1000001003291	440324558809001
宁波理工监测科技股份有限公司	1000001003292	440324558809002
北京福星晓程电子科技股份有限公司	1000001003293	440324558809003
厦门蒙发利科技（集团）股份有限公司	1000001003294	440324558809004
新疆广汇实业股份有限公司	1000001003295	440324558809005

2. 实验步骤。单击菜单栏【企业征信管理】下的【企业信用查询】,显示如图 4-8-6 所示。

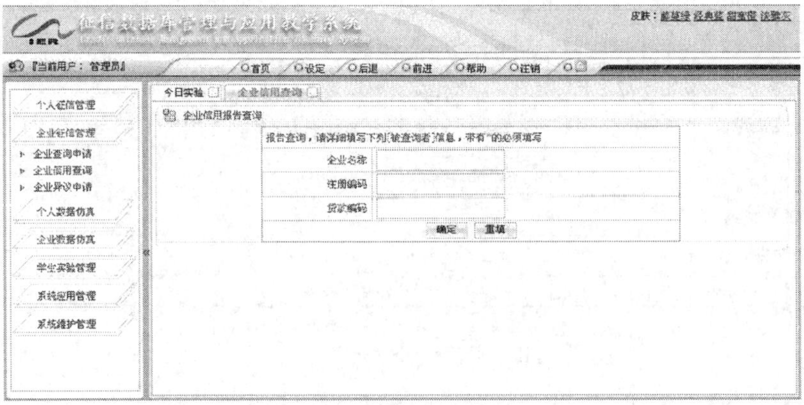

图 4-8-6

【信用查询】。单击【确定】按钮，显示如图4-8-7所示。

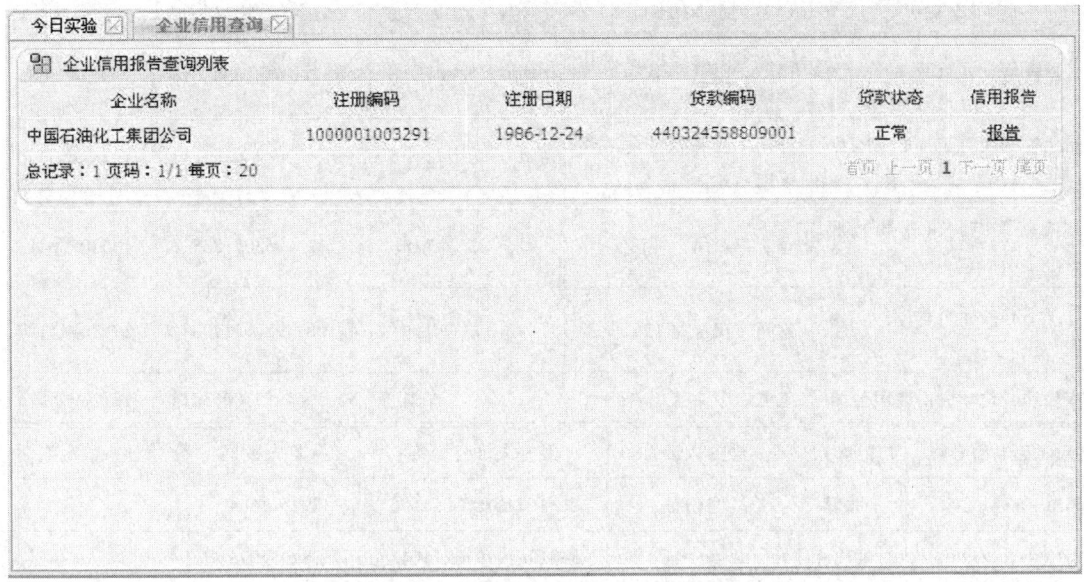

图4-8-7

单击数据项【信用报告】链接，显示如图4-8-8所示。

图4-8-8

（三）企业异议信用报告查询申请表

1. 实验数据。企业异议申请数据如表4-8-3所示。

表 4-8-3

企业名称	企业地址	邮编	法人代表	法人证件号码	法人手机号码
罗莱家纺股份有限公司	江苏省南通经济技术开发区星湖大道1699号	252100	薛伟斌	110000195510063014	13313455655
苏州金螳螂建筑装饰股份有限公司	苏州工业园区民营工业区内		杨震	320583196509125113	18366609999
安徽鸿路钢结构（集团）股份有限公司	合肥市双凤工业区		商晓波	371323196307186527	13530366811
江苏维尔利环保科技股份有限公司	常州市汉江路156号		李月中	421087198702140831	13686435120
河南佰利联化学股份有限公司	焦作市中站区焦克路		许刚	520504198510063014	13128998573

法人固定电话号码	经办人	经办人证件	经办人证件号码	代理人手机	代理人固定电话
0513-83440040	张鹏	身份证	321102197803051556	13925216040	
0512-65197968	吴作栋	身份证	33010419791021544X	13826569788	
0551-44306003	冷岚	身份证	440981197910176172	13544245172	
0519-86919123	曾峰鑫	身份证	53232519760616532X	13802213858	
0391-83925044	池钟华	身份证	610126198709215378	13927403730	

代理人邮箱	查询原因	查询机构	机构电话	机构受理人	机构地址
zqb@luolai.com.cn	了解本企业信用记录	中国人民银行南通市中心支行	0513-85500171	郑峰	南通市西寺路1号7楼
tzglb@goldmantis.com	异议申请需要	中国人民银行苏州市中心支行	0512-68250611	宁夏	苏州市新区狮山路59号1005室
hdm99125@hotmail.com	申请贷款被拒，需查询	中国人民银行合肥中心支行	0551-83691201	壮晓怡	合肥市梅山路2号银保大厦中国人民银行合肥中心支行1401室
zongtao@jswelle.com	提供担保被拒，需查询	中国人民银行常州市中心支行	0519-86919082	娄智超	常州市后马路5号二楼营业大厅
bll002601@163.com	其他原因，需查询	中国人民银行焦作市中心支行	0391-83919301	林心慧	焦作市解放东路138号

2. 实验步骤。单击菜单栏【企业征信管理】下的【企业异议申请】，显示如图4-8-9所示。

（1）【新增异议申请】。单击工具栏【新增异议申请】按钮，显示如图4-8-10所示。
- 【企业名称】提出异议申请的企业
- 【经办人证件类型】各类法定有效的证件
- 【证件号码】相应的证件号码
- 【异议信用编码】信用报告编码

（2）【查看异议申请】。单击数据项【异议报告编号】链接，显示如图4-8-11所示。

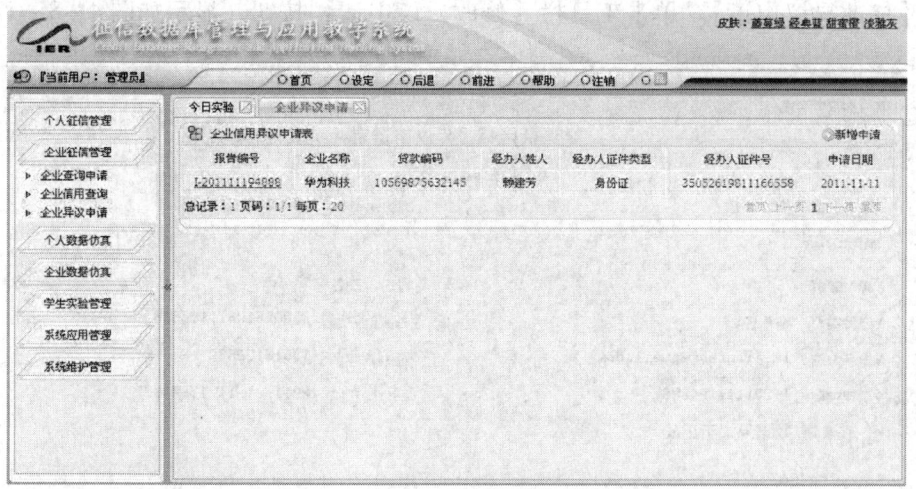

图 4-8-9

图 4-8-10

图 4-8-11

(3)【修改异议申请】。单击工具栏【修改异议申请】按钮，显示如图4-8-12所示。

图4-8-12

(4)【删除异议申请】。单击工具栏【删除】按钮，显示如图4-8-13所示。

图4-8-13

单击【确定】按钮，删除个人异议申请。

（四）企业信用报告解读

1. 财务状况分析。
- 【短期偿债能力分析】短期偿债能力是指客户以流动资产支付流动负债的能力。
(1) 流动比率（流动比率=流动资产/流动负债×100%）（如表4-8-4所示）。

表4-8-4

A公司	上年度	本年度
流动比率	128%	198%

● 流动比率表明借款人每元流动负债有多少流动资产作为偿还的保证。该比率越高，借款人的短期偿债能力越强，债权人的权益越有保证，但是过高的话会影响公司资产的使用效率和盈利能力。按照稳健的原则，一般认为流动比率在2左右比较适宜。

（2）速动比率（速动比率=速动资产/流动负债×100%）（如表4-8-5所示）。

表4-8-5

A公司	上年度	本年度
速冻比率	76%	97%

● 速动资产是指易于立即变现、具有即时支付能力的流动资产（速动资产=流动资产-存货-预付账款-待摊费用）。速动比率更能可靠的评价借款人资产流动性及其偿还短期债务的能力。根据经验，一般认为速动比率为1较为合适。

（3）现金比率（现金比率=现金类资产/流动负债×100%）（如表4-8-6所示）。

表4-8-6

A公司	上年度	本年度
现金比率	21%	27%

● 现金类资产是速动资产扣除应收账款后的余额，它最能反映客户直接偿付流动负债的能力。现金比率越高，表明客户直接支付能力越强。

● 【长期偿债能力分析】长期偿债能力的强弱是反映客户财务状况稳定与安全程度的重要标志，表明客户对债务的承受能力和偿还债务的保障能力。

（1）资产负债率（负债比率）（资产负债率=负债总额/资产总额×100%）（如表4-8-7所示）。

表4-8-7

A公司	上年度	本年度
资产负债率	69%	46%

● 对于银行来讲，借款人负债比率越低越好，越低说明客户的债务负担越轻，债权的保障程度就越高，风险就越小。

（2）负债与所有者权益比率（负债与所有者权益比率=负债总额/所有者权益×100%）（如表4-8-8所示）。

表4-8-8

A公司	上年度	本年度
负债与所有者权益比率	226.60%	83.88%

- 该比率用来表示所有者权益对债权人权益的保障程度。该比率越低，表明客户的长期偿债能力越强，债权人权益保障程度越高。

（3）负债与有形资产比率（负债与有形资产比率=负债总额/有形净资产×100%）（如表4-8-9所示）。

表4-8-9

A公司	上年度	本年度
负债与有形资产比率	233%	85%

- 负债与有形净资产比率表示有形净资产对债权人权益的保障程度，该比率更能合理地衡量借款人清算时对债权人权益的保障程度。比率越低，说明借款人长期偿债能力越强。
- 【营运能力分析】营运能力是指通过借款人资产周转速度有关指标反映出来的资产利用效率，它表明客户管理人员经营、管理和运用资产的能力。资产利用效率高，各项资产周转速度就越快，投资变现的速度就越快，这样借款人的短期偿债能力就强。资产利用效率高，各项资产周转速度就快，就能取得更多的收入和利润，那么其长期偿债能力也强。

（1）总资产周转率（次数）（总资产周转率=销售收入净额/资产平均总额×100%）；总资产周转天数=360/总资产周转率（如表4-8-10所示）。

表4-8-10

总资产周转率（次数）	2.0138
总资产周转天数（天）	179

- 总资产周转率可以用来分析客户全部资产的使用效率。该比率越高，说明客户利用其全部资产进行经营的效率越好，客户盈利能力越强。

（2）固定资产周转率（固定资产周转率=销售收入净额/固定资产平均净值×100%）（如表4-8-11所示）。

表4-8-11

固定资产周转率（次数）	20.6911
固定资产周转次数（次数）	17

- 固定资产周转率高，表明客户固定资产利用较充分，也表明客户固定资产投资得当，固定资产结构合理，能够发挥效率。

（3）流动资产周转率（流动资产周转率=销售收入净额/流动资产平均净额×100%）

（如表4－8－12所示）。

表4－8－12

流动资产周转率（次数）	2.2497
流动资产周转天数（天）	160

- 流动资产周转率越快，周转次数越多，周转天数越少，表明企业以相同的流动资产占用实现的销售收入越多，说明企业流动资产的运用效率越好，进而使得企业偿债能力和盈利能力均得以增强。
- 【盈利能力分析】

（1）业务增长率＝本年主营业务收入增长额÷上年主营业务收入总额×100%（如表4－8－13所示）。

表4－8－13

A公司	比率
预计明年销售收入增长率	10%

- 该指标若大于0，表示企业本年的主营业务收入有所增长，指标值越高，表明增长速度越快，企业市场前景越好；若该指标小于0，则说明存在产品或服务不适销对路、质次价高等方面问题，市场份额萎缩。

（2）行业分析。

【竞争力】

- 行业竞争力指行业在给定的成本结构条件下销售其产品的潜力、国际声望、目标细分市场的效率。

【贸易环境】

- 贸易环境指交易范围内所有的制度因素，包括对行业有影响或潜在影响的各种贸易协定。

【管理体制】

- 法律、税收、拨款程序、贸易金融、贸易补助等制度。

【行业重组】

- 需求模式、竞争者质量和数量，以及管理等市场条件的变化对行业前景的影响。

【技术变化】

- 由于技术的变化导致行业的波动性，导致成本的改变、产品和服务范围的改变。

【财务运营】

- 基于当前水平、趋势和标准比率的支撑能力，如股本报酬率、流动比率、承保率、债务/权益、债务/现金流、行业利润。

【影响行业需求的因素】

- 人口规模（年龄结构、性别分布、相关市场的财务组成和分布）、耐用品的年代、基础设施、生命周期的改变、客户态度。

【宏观经济环境的动荡性】

行业对于经济周期、财政政策、利率变动、汇率波动以及其他宏观经济变量的敏感性。

企业资信评估指标体系如图4-8-14所示。

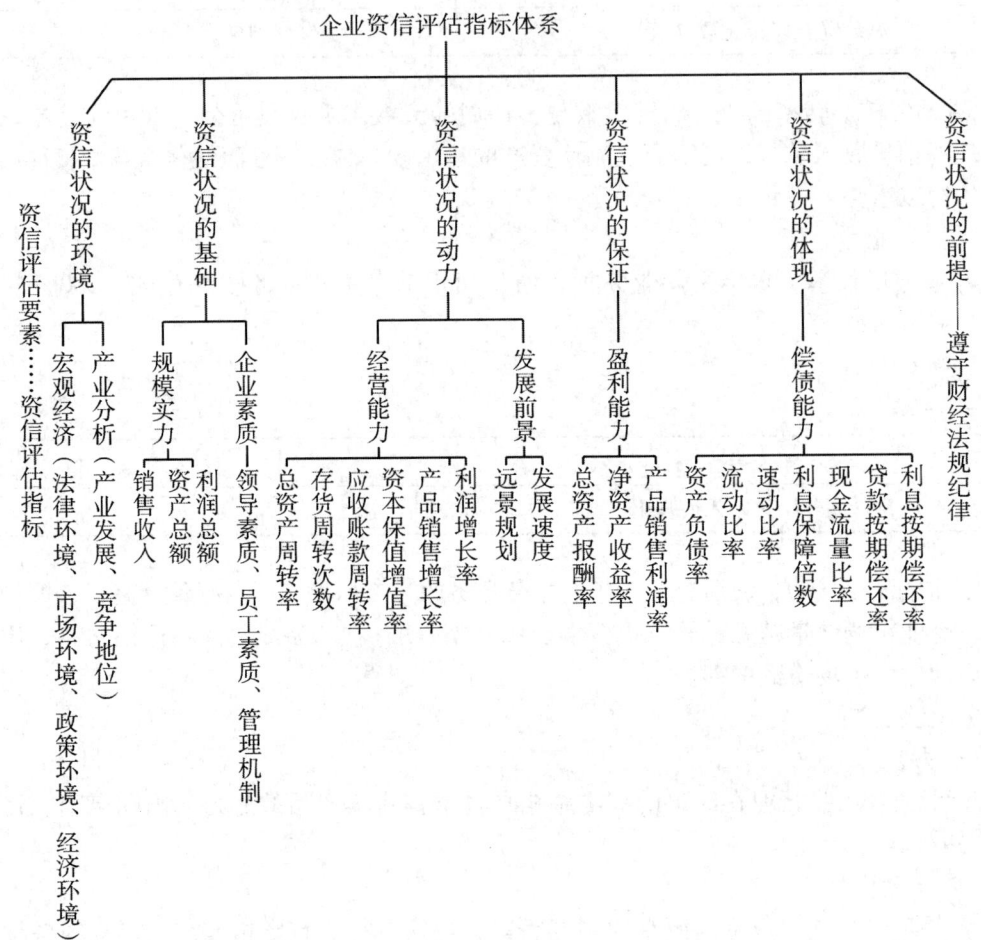

图4-8-14 企业资信评估指标体系

实验九

企业征信报告及撰写
（设计性实验）

一、实验目的

《企业基本信用信息报告》在现实工作中的实际运用。

1. 掌握运用《企业基本信用信息报告》数据，深入分析企业运营状况，掌握企业总体负债情况，发现企业的潜在风险。

2. 掌握运用《企业基本信用信息报告》数据，全面分析企业经营能力，深入分析企业还款能力，合理确定授信金额。

3. 掌握运用《企业基本信用信息报告》数据，了解企业在异地、他行的借款以及还款记录，客观判断客户的还款能力或还款意愿，规避潜在风险。

4. 掌握运用《企业基本信用信息报告》数据，了解借款人为他人担保情况，全面审查潜在负债风险，合理作出贷款或赊销决策。

二、实验内容

利用征信数据库管理与应用系统解读个人信用报告和撰写信用报告，具体内容参见实验步骤。

三、实验步骤

（一）企业信用报告查询申请表

1. 实验数据。企业异议申请数据如表4-9-1所示。

表 4-9-1

企业名称	企业地址	邮编	法人代表	法人证件号码	法人手机号码
罗莱家纺股份有限公司	江苏省南通经济技术开发区星湖大道1699号	252100	薛伟斌	110000195510063014	13313455655
苏州金螳螂建筑装饰股份有限公司	苏州工业园区民营工业区内		杨震	320583196509125113	18366609999
安徽鸿路钢结构（集团）股份有限公司	合肥市双凤工业区		商晓波	371323196307186527	13530366811
江苏维尔利环保科技股份有限公司	常州市汉江路156号		李月中	421087198702140831	13686435120
河南佰利联化学股份有限公司	焦作市中站区焦克路		许刚	520504198510063014	13128998573

法人固定电话	经办人	经办人证件	经办人证件号码	代理人手机号码	代理人固定电话	代理人邮箱
0513-83440040	张鹏	身份证	321102197803051556	13925216040	0755-21850000	zqb@luolai.com.cn
0512-65197968	吴作栋	身份证	33010419791021544X	13826569788		tzglb@goldmantis.com
0551-44306003	冷岚	身份证	440981197910176172	13544245172		hdm99125@hotmail.com
0519-86919123	曾峰鑫	身份证	53232519760616532X	13802213858		zongtao@jswelle.com
0391-3925044	池钟华	身份证	610126198709215378	13927403730		bll002601@163.com

查询原因	查询机构	机构电话号码	机构受理人	机构地址
了解本企业信用记录	中国人民银行南通市中心支行	0513-85500171	郑峰	南通市西寺路1号7楼
异议申请需要	中国人民银行苏州市中心支行	0512-68250611	宁夏	苏州市新区狮山路59号1005室
申请贷款被拒，需查询	中国人民银行合肥中心支行	0551-3691201	壮晓怡	合肥市梅山路2号银保大厦中国人民银行合肥中心支行1401室
提供担保被拒，需查询	中国人民银行常州市中心支行	0519-86919082	娄智超	常州市后马路5号二楼营业大厅
其他原因，需查询	中国人民银行焦作市中心支行	0391-3919301	林心慧	焦作市解放东路138号

2. 实验步骤。单击菜单栏【企业征信管理】下的【企业查询申请】，显示如图4-9-1所示。

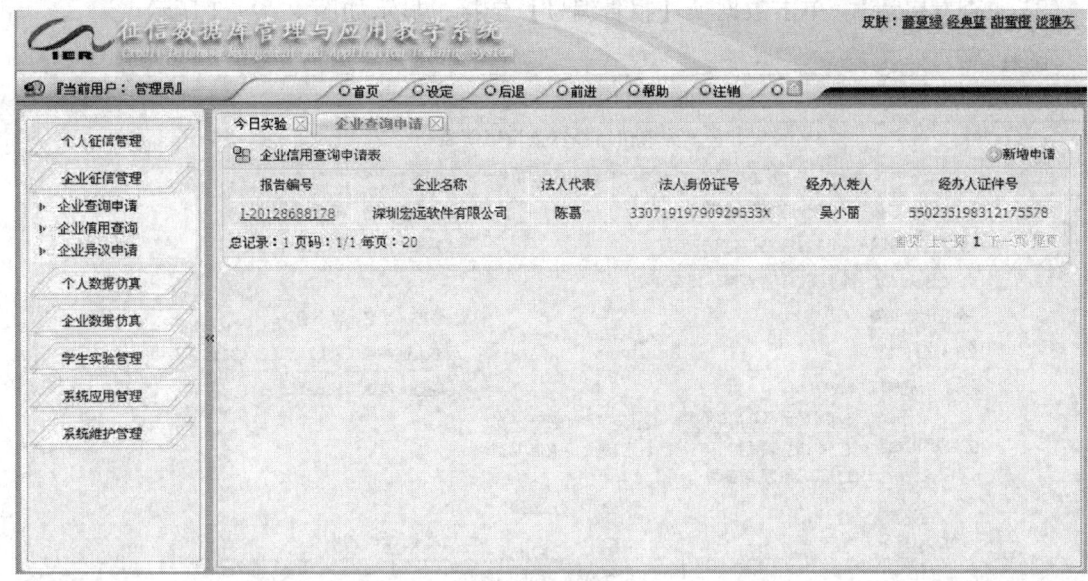

图 4-9-1

（1）【新增申请】。单击工具栏【新增申请】按钮，显示如图 4-9-2 所示。

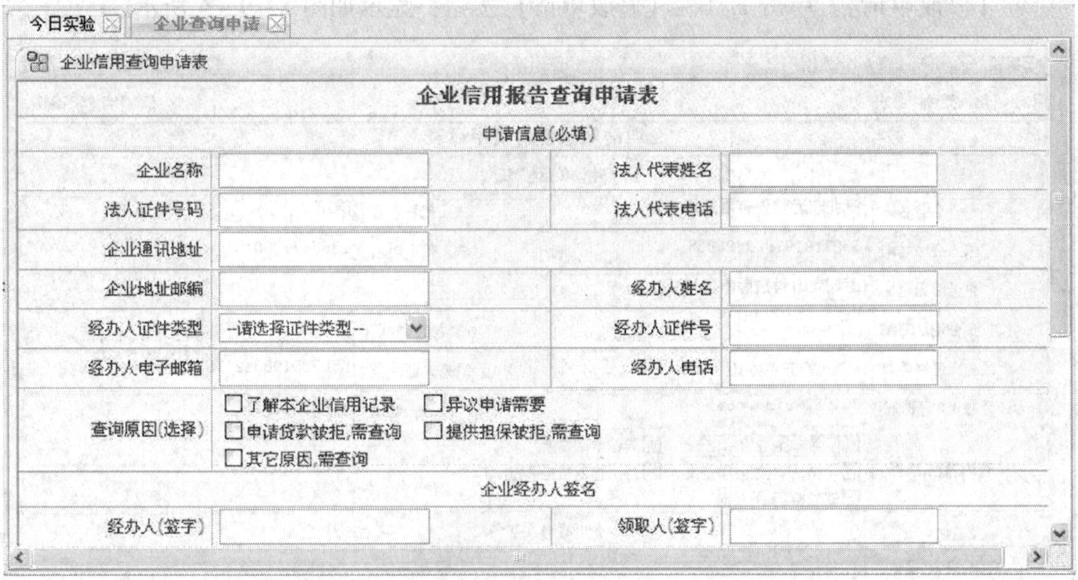

图 4-9-2

- 【企业名称】信用报告被查询的企业
- 【法人代表名称】企业法人代表
- 【经办人证件类型】各类法定有效证件
- 【查询原因】查询的原因
- 【信用编码】由系统生成
- 【查询机构】征信查询中心

(2)【查看申请】。单击数据项【报告编号】链接,显示如图4-9-3所示。

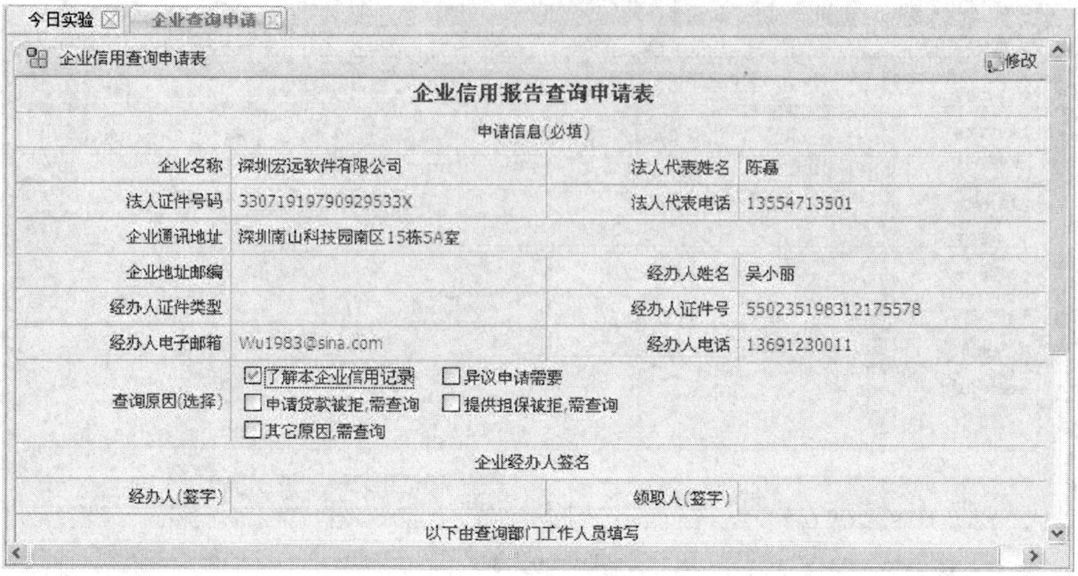

图4-9-3

(3)【修改申请】。单击工具栏【修改申请】按钮,显示如图4-9-4所示。

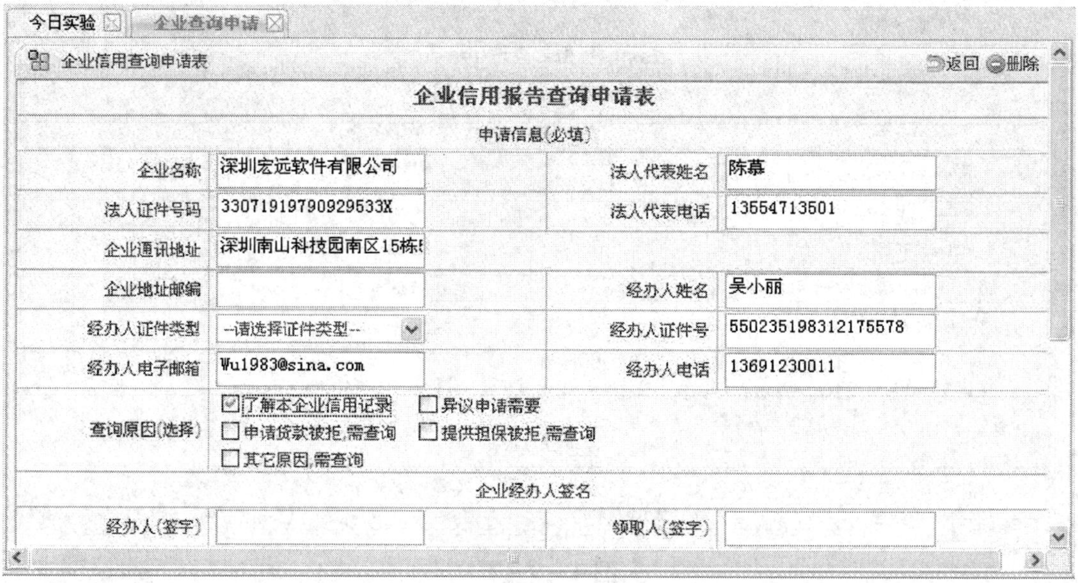

图4-9-4

(4)【删除申请】。单击工具栏【删除申请】按钮,显示如图4-9-5所示。

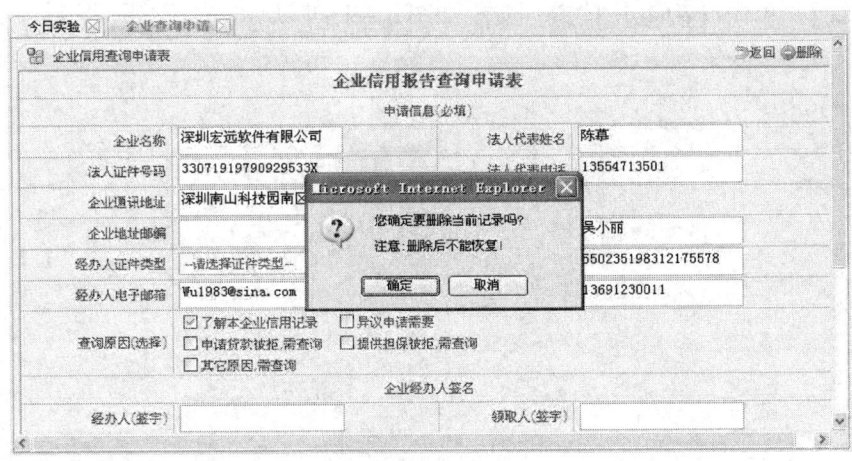

图 4-9-5

单击【确定】按钮,删除企业查询申请。

(二)企业信用报告查询

1. 实验数据。企业信用报告查询如表 4-9-2 所示。

表 4-9-2

企业名称	注册编码	贷款编码
罗莱家纺股份有限公司	1000001003296	440324558809006
苏州金螳螂建筑装饰股份有限公司	1000001003297	440324558809007
安徽鸿路钢结构(集团)股份有限公司	1000001003298	440324558809008
江苏维尔利环保科技股份有限公司	1000001003299	440324558809009
河南佰利联化学股份有限公司	1000001003310	440324558809010

2. 实验步骤。单击菜单栏【企业征信管理】下的【企业信用查询】,显示如图 4-9-6 所示。

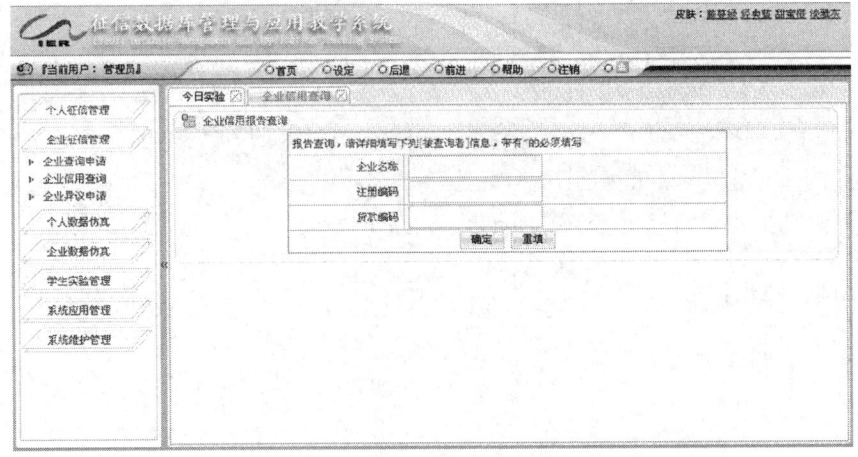

图 4-9-6

【信用查询】。单击【确定】按钮，显示如图4-9-7所示。

图4-9-7

单击数据项【信用报告】链接，显示如图4-9-8所示。

图4-9-8

企业信用报告撰写。

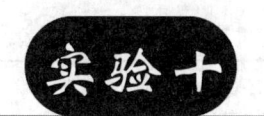

个人征信报告应用仿真
（实验性、设计性实验）

一、实验目的

1. 理解商业银行企业信用数据报流程与方式。
2. 理解人民征信中心采集企业信用内容。

二、实验内容

利用征信数据库管理与应用系统仿真人民征信中心采集个人信用信息内容。

三、实验步骤

1. 实验数据。企业基本信息如表4-10-1所示。

表4-10-1

企业名称	英文名	注册编码	机构编码	国税编码
恒逸石化股份有限公司	Hengyi Petrochemical Co., Ltd	1000001003211	71092609-11	110105710926011
江西洪都航空工业股份有限公司	Jiangxi Hongdu Aviation Industry Co., Ltd	1000001003212	71092609-12	110105710926012
烟台杰瑞石油服务集团股份有限公司	Yantai Jereh Oilfield Services Group Co., Ltd	1000001003213	71092609-13	110105710926013
北京光线传媒股份有限公司	Beijing Enlight Media Co., Ltd	1000001003214	71092609-14	110105710926014
浙江大华技术股份有限公司	Zhejiang Dahua Technology Co., Ltd	1000001003215	71092609-15	110105710926015

续表

地税编码	贷款编码	贷款状态	注册日期	到期日期	行业
256741109055011	440324558809011	正常	1990－5－8	2050－12－24	建材
256741109055012	440324558809012	正常	1999－12－16	2050－12－24	军工
256741109055013	440324558809013	正常	1999－12－10	2050－12－24	机械制造
256741109055014	440324558809014	正常	2000－4－24	2050－12－24	教育传媒
256741109055015	440324558809015	正常	2001－3－12	2050－12－24	计算机
简介					进出口权
实业投资；生产和销售化学纤维、化工原料及产品（除化学危险品及易制毒化学品）；销售煤炭、有色金属、建筑材料和机电产品及配件；仓储运输、货运代理					是
航空飞行器、摩托车及发动机的制造、销售；国内贸易、国际贸易、试验、设计、生产、加工、维修、安装、装卸、运输服务、工程设计、施工、装饰；园林绿化施工					是
油田专用设备、油田固井和压裂专用车的生产、组装、销售、维修（不含国家专项规定需要审批的设备）；油田设备、矿山设备、工业专用设备的维修、技术服务和配件销售；为石油勘探和钻采提供工程技术服务					是
许可经营项目：广播电视节目的制作、发行；经营演出及经纪业务；一般经营项目：设计、制作、代理、发布国内及外商来华广告；信息咨询（除中介外）；承办展览展示；组织文化艺术交流活动；技术开发、技术服务					是
计算机软件的开发、服务、销售，电子产品及通信产品的设计、开发、生产、安装及销售，网络产品的开发、系统集成与销售，电子产品工程的设计、安装、经营进出口业务					是
注册地	邮编	电话	邮箱	网址	传真
浙江省杭州市萧山区市心北路260号南岸明珠3栋	0571－83871991	0571－83871991	hysh@ hengyi. com	www. hengyishihua. com	0571－83871992
南昌市新溪桥	0791－88468162	0791－88468162	hdaajx@ public. nc. jx. cn	www. hongdu－aviation. com	0791－88467843
烟台市莱山区澳柯玛大街7号	0535－6723532	0535－6723532	zqb@ jereh. com	www. jereh. com	0535－86723171
北京市东城区方家胡同19号340室	010－64516451	010－64516451	ir@ ewang. com	www. ewang. com	010－64516488
浙江省杭州市滨江区滨安路1187号	0571－28939522	0571－28939522	zqsw@ dahuatech. com	www. dahuatech. com	0571－28933211

高管信息如表4-10-2所示。

表 4-10-2

注册编码	贷款编码	职位	名称	性别	年龄	教育
1000001003211	440324558809011	总裁	王尚忠	男		专科
1000001003211	440324558809011	副总裁	王作功	男		博士
1000001003211	440324558809011	副总裁	王跃宗	男		硕士
1000001003212	440324558809012	总经理	陈文浩	男		本科
1000001003212	440324558809012	副总经理	夏细华	男		本科
1000001003212	440324558809013	副总经理	吴智勇	男		本科
1000001003213	440324558809013	总经理	王继丽	女	22	本科
1000001003213	440324558809013	财务总监	吕燕玲	男		本科
1000001003213	440324558809013	副总经理	刘东	男		本科
1000001003214	440324558809014	总经理	王长田	男		本科
1000001003214	440324558809014	副总经理	李晓萍	女	26	硕士
1000001003214	440324558809014	副总经理	李德来	男		硕士
1000001003215	440324558809015	总经理	傅利泉	男		硕士
1000001003215	440324558809015	副总经理	魏美钟	男		硕士
1000001003215	440324558809016	副总经理	吴坚	男		硕士

资本构成如表 4-10-3 所示。

表 4-10-3

出资方	贷款编码	注册编码	证件号码	证件类别	币别	出资额（元）
恒逸石化股份有限公司	440324558809011	1000001003211			人民币	41 049.00
天津鼎晖股权投资一期基金	440324558809011	1000001003211			人民币	2 701.20
河南汇诚投资有限公司	440324558809011	1000001003211	330981196907175611	身份证	人民币	2 018.41
杭州惠丰化纤有限公司	440324558809011	1000001003211			人民币	761.88
四川恒运实业有限责任公司	440324558809011	1000001003211			人民币	290.96
江西洪都航空工业股份有限公司	440324558809012	1000001003212			人民币	31 288.30
中国航空科技工业股份有限公司	440324558809012	1000001003212			人民币	3 142.89
华宝信托有限责任公司	440324558809012	1000001003212			人民币	2 651.26
西藏自治区投资有限公司	440324558809012	1000001003212			人民币	1 766.62
上海证券有限责任公司	440324558809012	1000001003212			人民币	1 712.18
烟台杰瑞石油服务集团股份有限公司	440324558809013	1000001003213			人民币	6 064.80

续表

出资方	贷款编码	注册编码	证件号码	证件类别	币别	出资额
孙伟杰	440324558809013	1000001003213			人民币	4 149.60
王坤晓	440324558809013	1000001003213			人民币	3 245.05
刘贞峰	440324558809013	1000001003213			人民币	718.2
吴秀武	440324558809013	1000001003213			人民币	334.9
北京光线传媒股份有限公司	440324558809014	1000001003214			人民币	185.16
丰和价值证券投资基金	440324558809014	1000001003214			人民币	124.53
全国社保基金一零六组合	440324558809014	1000001003214			人民币	119.4
全国社保基金六零二组合	440324558809014	1000001003214			人民币	59.99
中国工商银行	440324558809014	1000001003214			人民币	44.02
浙江大华技术股份有限公司	440324558809015	1000001003215			人民币	12 314.00
傅利泉	440324558809015	1000001003215			人民币	2 052.66
朱江明	440324558809015	1000001003215			人民币	1 160.14
陈爱玲	440324558809015	1000001003215			人民币	777
吴军	440324558809015	1000001003215			人民币	590.4

贷款信息如表 4-10-4 所示。

表 4-10-4　　　　　　　　　　　　　　　　　　　　　　　　　　　单位：元

贷款编码	类型	合同号	币别	总额	余额	贷款类型
1000001003211	银行保函	6229300184093231	人民币	1 093 025.00	580 315.00	0
1000001003211	授信	6229300184093232	人民币	724 022.00	46 799.00	0
1000001003211	贷款	6229300184093233	人民币	5 271 232.00	138 960.00	0
1000001003212	承兑汇票	6229300184093234	人民币	564 315.00	33 013.00	0
1000001003212	票据贴现	6229300184093235	人民币	4 434 673.00	672 241.00	0
1000001003212	保理	6229300184093236	人民币	5 920 353.00	298 842.00	0
1000001003213	贸易融资	6229300184093237	人民币	152 742.00	46 762.00	0
1000001003213	信用证	6229300184093238	人民币	4 245 163.00	99 765.00	0
1000001003213	银行保函	6229300184093239	人民币	4 087 479.00	231 751.00	0
1000001003214	授信	6229300184093230	人民币	192 848.00	570 226.00	0
1000001003214	贷款	6229300184093231	人民币	7 822 619.00	362 647.00	0
1000001003214	承兑汇票	6229300184093232	人民币	938 524.00	261 768.00	0
1000001003215	票据贴现	6229300184093233	人民币	9 870 533.00	137 470.00	0
1000001003215	保理	6229300184093234	人民币	553 742.00	707 863.00	0
1000001003215	贸易融资	6229300184093235	人民币	8 844 315.00	824 026.00	0

资本状况如表 4-10-5 所示。

表 4-10-5　　　　　　　　　　　　　　　　　　　　　　　　　　　　　　　　　　单位：元

贷款编码	日期	货币资金	短期投资	应收票据	应收账款	预收账款
1000001003211	2006-12-31	16 800.00	0	0	31 250.00	9 270.00
1000001003211	2007-07-18	21 060.00	0	0	33 690.00	11 200.00
1000001003211	2006-12-31	2 180 127.48	0	8 002 000.00	736 000.00	0
1000001003212	2007-07-18	17 829 550.89	0	1 043 000.00	927 000.00	0
1000001003212	2006-12-31	23 598.47	0	1 425.00	19 590.58	5 315.97
1000001003212	2007-07-18	13 000.00	0	706.00	44 596.00	10 749.00
1000001003213	2006-12-31	26 994.00	0	1563	78 722.00	9 417.00
1000001003213	2007-07-18	2 426 478.68	0	704 624.98	2 409 659.41	1 459 962.62
1000001003213	2006-12-31	2 400 093.24	0	0	4 539 447.36	853 899.46
1000001003214	2007-07-18	881	0	1 110.00	37 962.00	5 381.00
存货	流动资产	长期投资	固定资产原值	累计折旧	在建工程	无形资产
85 120.00	3 510.00	0	0	0	0	41 320.00
72 100.00	7 550.00	0	0	0	0	52 690.00
12 470 000.00	0	510 000.00	24 370 000.00	7 290 000.00	0	5 879 000.00
28 493 000.00	0	510 000.00	46 285 000.00	13 401 000.00	0	16 890 000.00
80 075.34	130 438.49	0	2 184.95	637.11	0	735.4
68 043.00	137 808.00	0	2 673.00	1 011.00	0	420
87 231.00	208 358.00	0	4 498.00	1 597.00	0	676
12 222 881.02	0	0	37 565 098.54	19 991 434.65	0	231 236.96
30 785 900.24	34 099.56	0	42 118 054.54	21 924 480.33	0	132 135.32
10 163.00	55 697.00	0	69 559.00	9 238.00	4 608.00	3 758.00

2. 实验步骤。

A. 企业基本信息。单击菜单栏【企业数据仿真】下的【企业基本信息】，显示如图 4-10-1 所示。

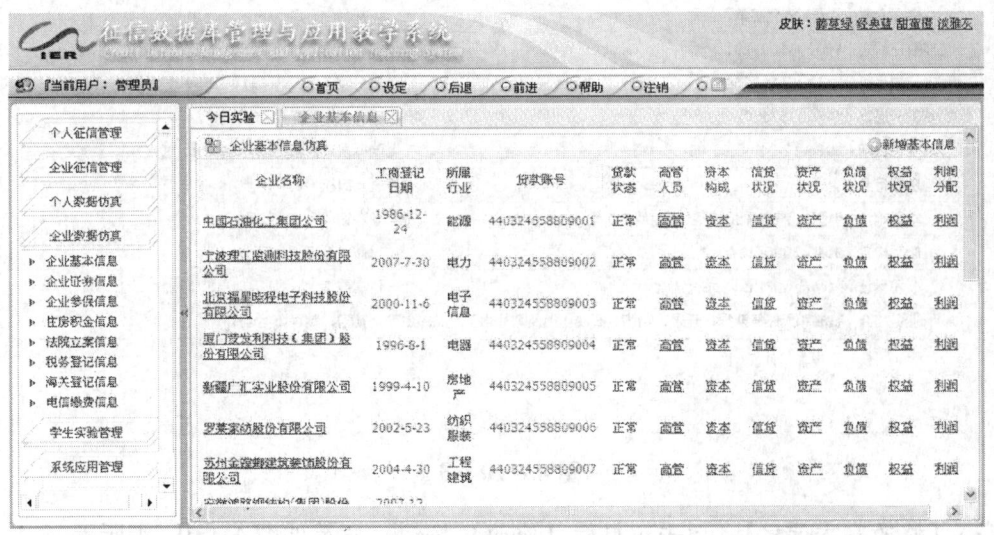

图 4-10-1

（1）【新增基本信息】。单击工具栏【新增基本信息】按钮，显示如图 4－10－2 所示。

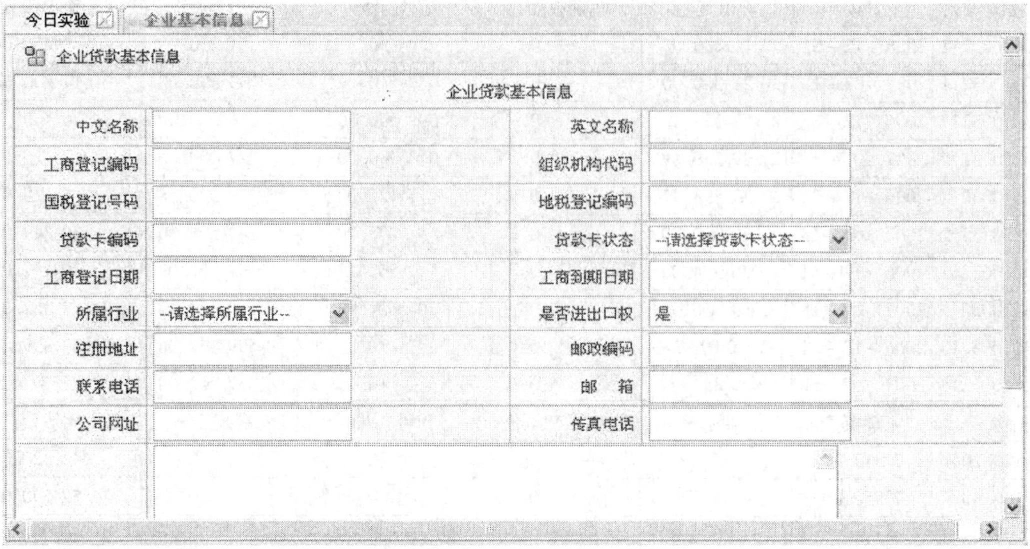

图 4－10－2

- 【工商登记编码】工商局注册公司登记编码
- 【国税登记号码】国税编号
- 【地税登记号码】地税编号
- 【贷款卡编码】银行贷款编码
- 【贷款卡状态】贷款卡状态信息

（2）【查看基本信息】。单击数据项【企业名称】链接，显示如图 4－10－3 所示。

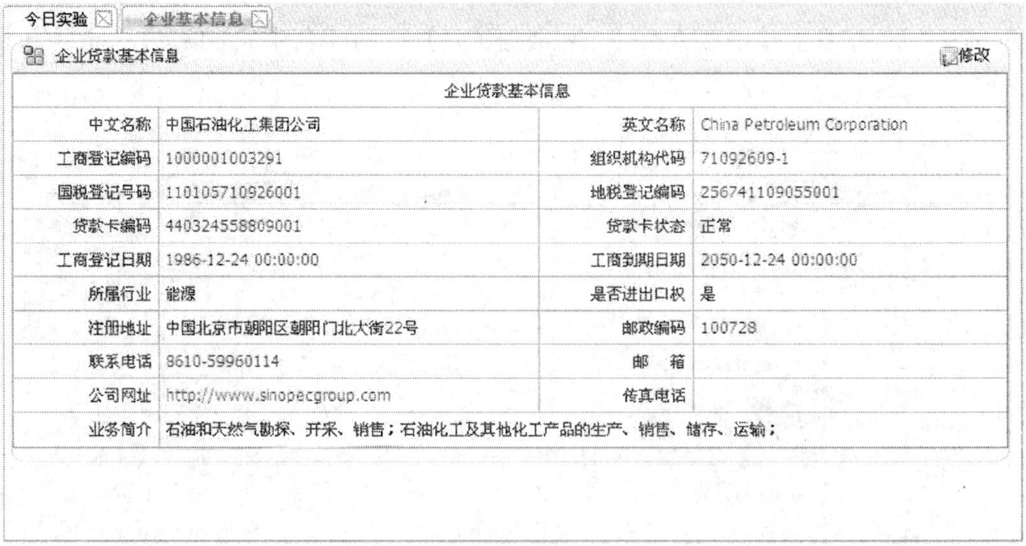

企业贷款基本信息			
中文名称	中国石油化工集团公司	英文名称	China Petroleum Corporation
工商登记编码	1000001003291	组织机构代码	71092609-1
国税登记号码	110105710926001	地税登记编码	256741109055001
贷款卡编码	440324558809001	贷款卡状态	正常
工商登记日期	1986-12-24 00:00:00	工商到期日期	2050-12-24 00:00:00
所属行业	能源	是否进出口权	是
注册地址	中国北京市朝阳区朝阳门北大街22号	邮政编码	100728
联系电话	8610-59960114	邮　箱	
公司网址	http://www.sinopecgroup.com	传真电话	
业务简介	石油和天然气勘探、开采、销售；石油化工及其他化工产品的生产、销售、储存、运输；		

图 4－10－3

（3）【修改基本信息】。单击工具栏【修改】按钮，显示如图 4－10－4 所示。

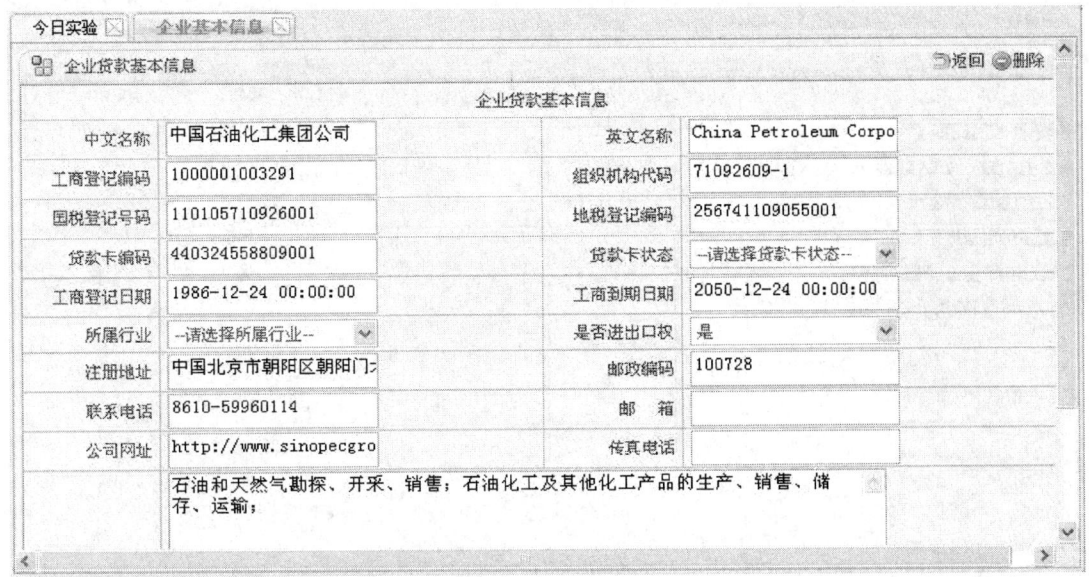

图 4 – 10 – 4

（4）【删除基本信息】。单击工具栏【删除】按钮，显示如图 4 – 10 – 5 所示。

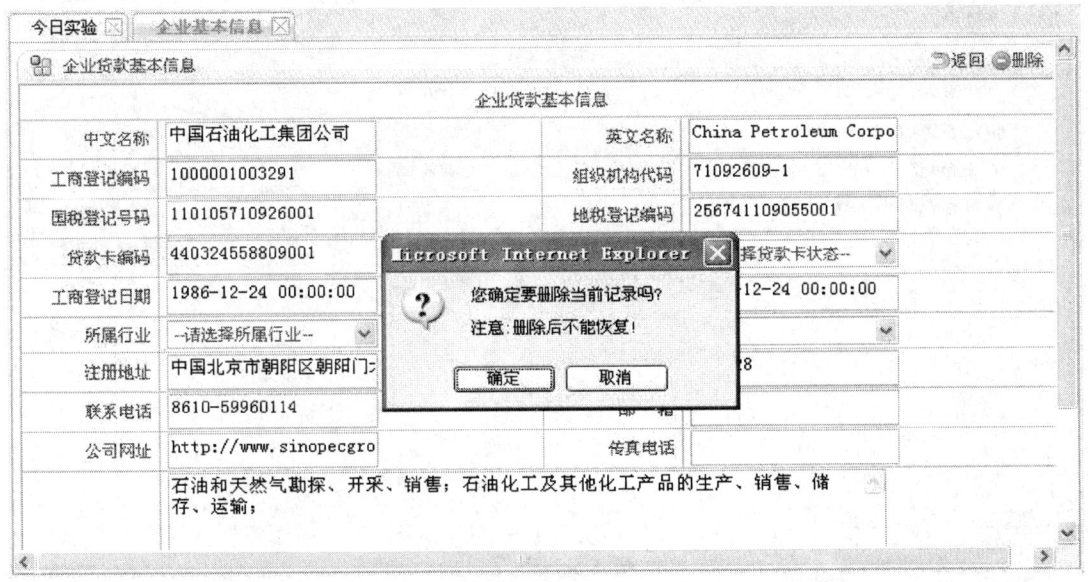

图 4 – 10 – 5

单击【确定】按钮，删除企业基本信息。

B. 资本构成。单击数据项【资本】链接，显示如图 4 – 10 – 6 所示。

（1）【新增资本构成】。单击工具栏【新增资本构成】按钮，显示如图 4 – 10 – 7 所示。

139

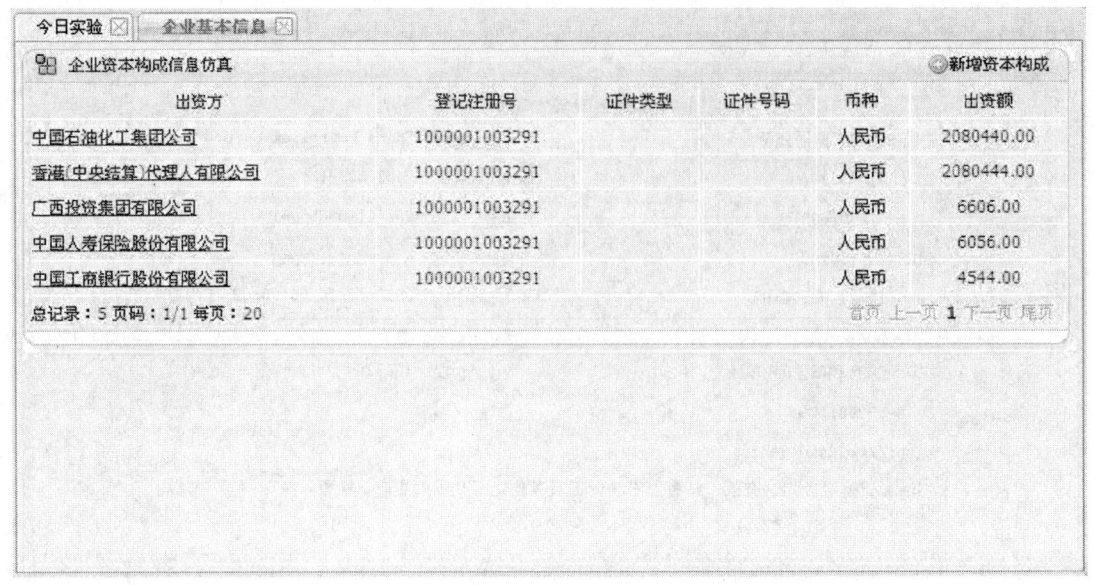

图 4-10-6

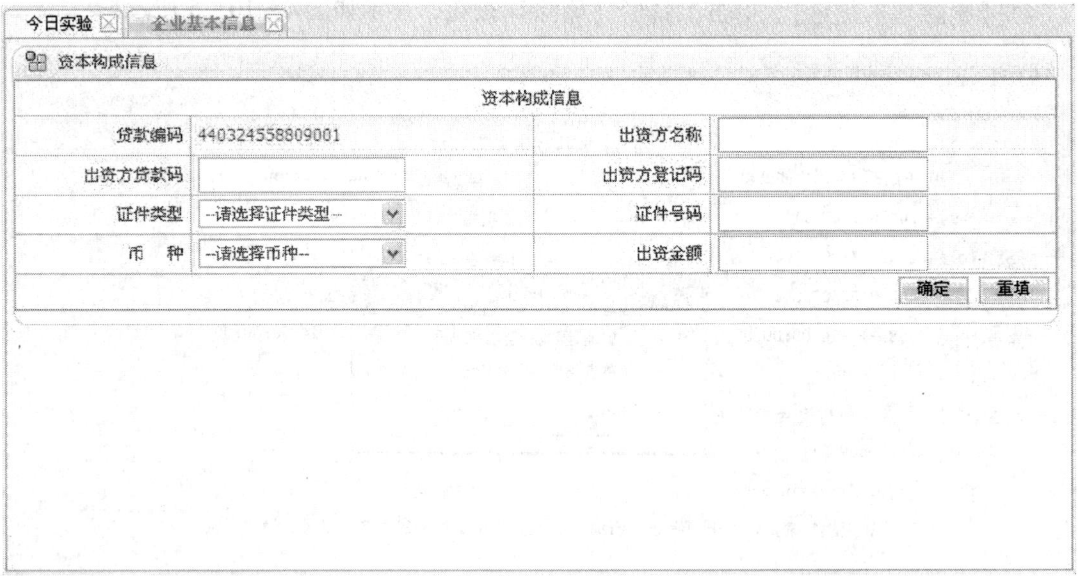

图 4-10-7

- 【出资方贷款码】出资方贷款编码 由十五位数字组成 例：440324558809002 必填
- 【出资方登记码】出资方登记码 由十三位数组成 例 1000001003232
- 【出资方名称】 出资方名称 必填

(2)【查看资本构成】。单击数据项【出资方】链接，显示如图 4-10-8 所示。

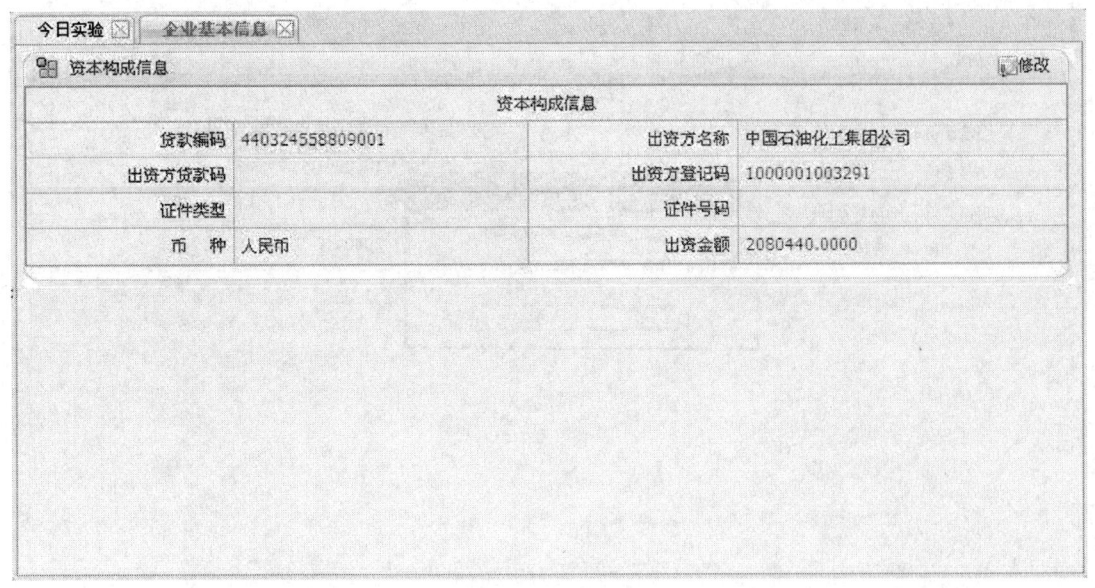

图 4-10-8

(3)【修改资本构成】。单击工具栏【修改】按钮,显示如图 4-10-9 所示。

图 4-10-9

(4)【删除资本构成】。单击工具栏【删除】按钮,显示如图 4-10-10 所示。

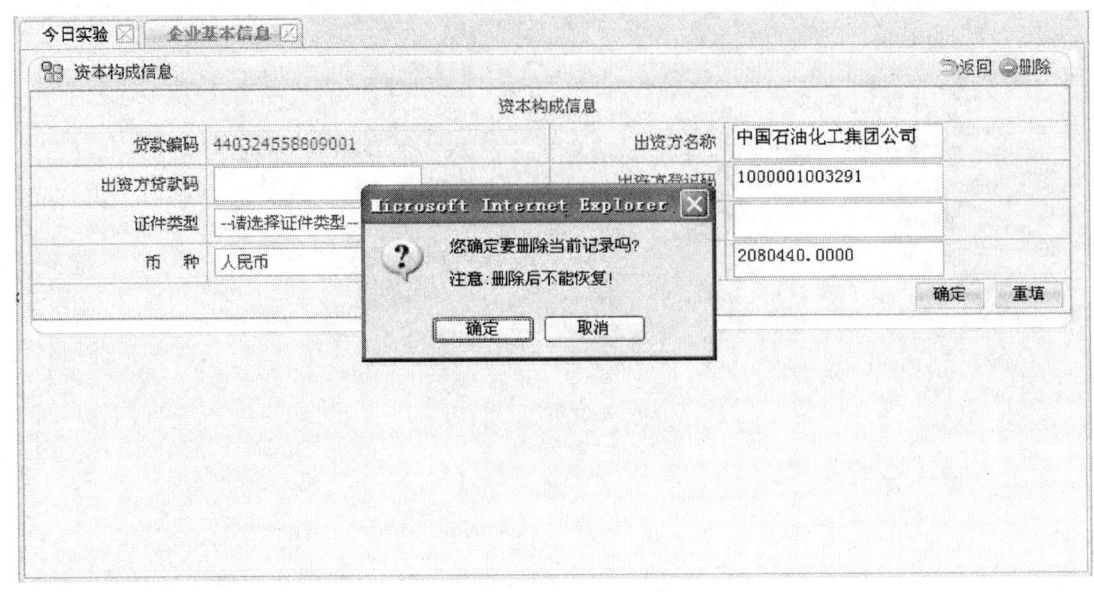

图 4-10-10

单击【确定】按钮，删除企业资本构成信息。

C. 信贷状况。单击数据项【信贷】链接，显示如图 4-10-11 所示。

图 4-10-11

（1）【新增信贷信息】。单击工具栏【新增信贷信息】按钮，显示如图 4-10-12 所示。

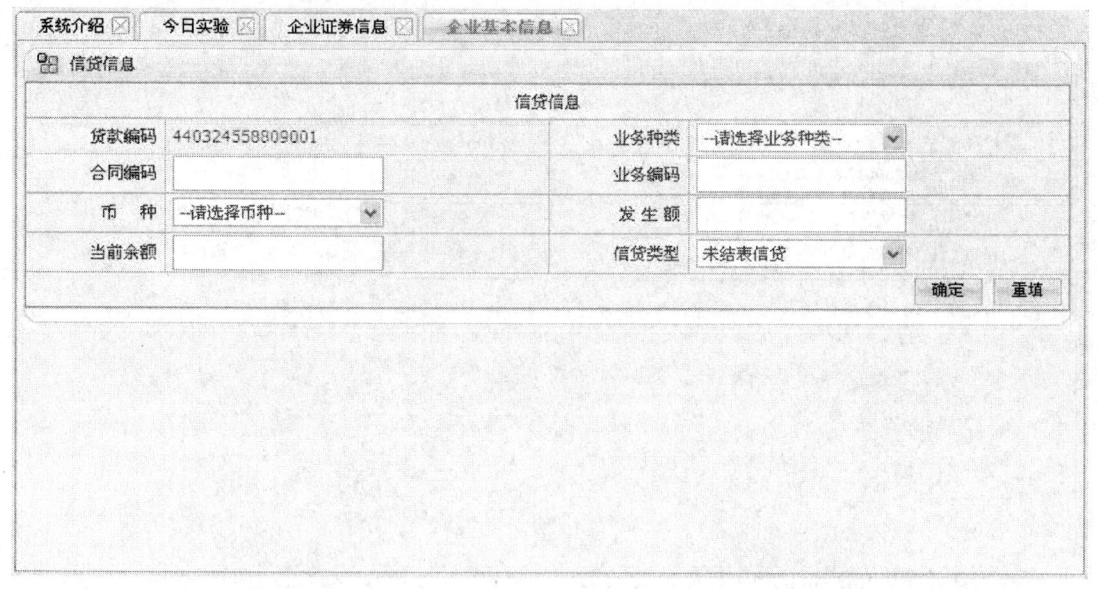

图 4-10-12

- 【合同编码】由 16 位数字组成　例：6229300184093201　必填
- 【业务编码】业务流水号　例：5
- 【发生额】金额总数
- 【信贷类型】信贷的类型信息

(2)【查看信贷信息】。单击数据项【业务种类】链接，显示如图 4-10-13 所示。

图 4-10-13

(3)【修改信贷信息】。单击工具栏【修改】按钮，显示如图 4-10-14 所示。

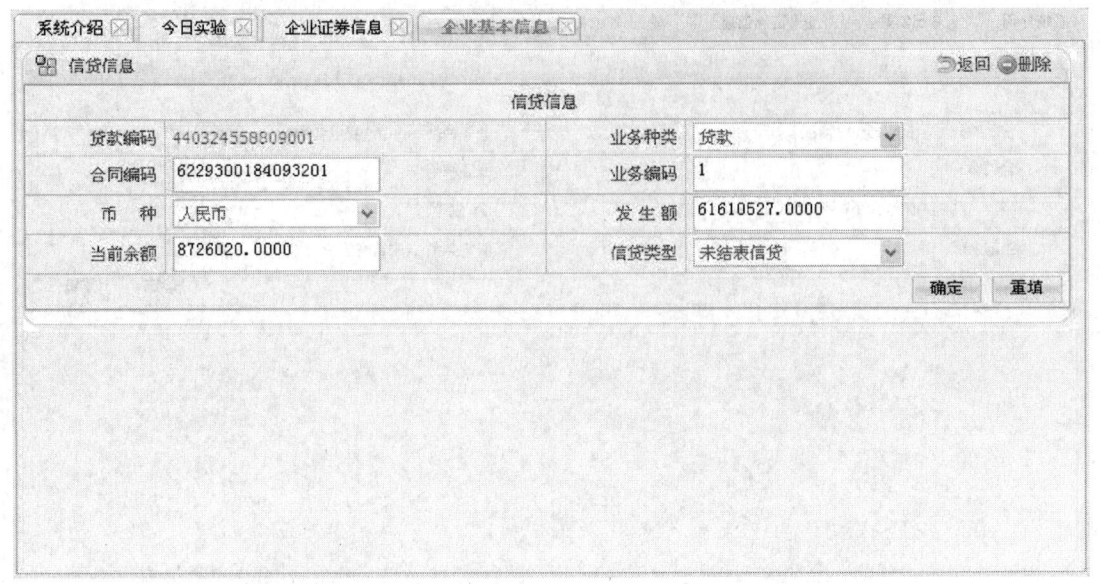

图 4-10-14

（4）【删除信贷信息】。单击工具栏【删除】按钮，显示如图 4-10-15 所示。

图 4-10-15

单击【确定】按钮，删除企业信贷状况信息。
D. 负债状况。单击数据项【负债】链接，显示如图 4-10-16 所示。

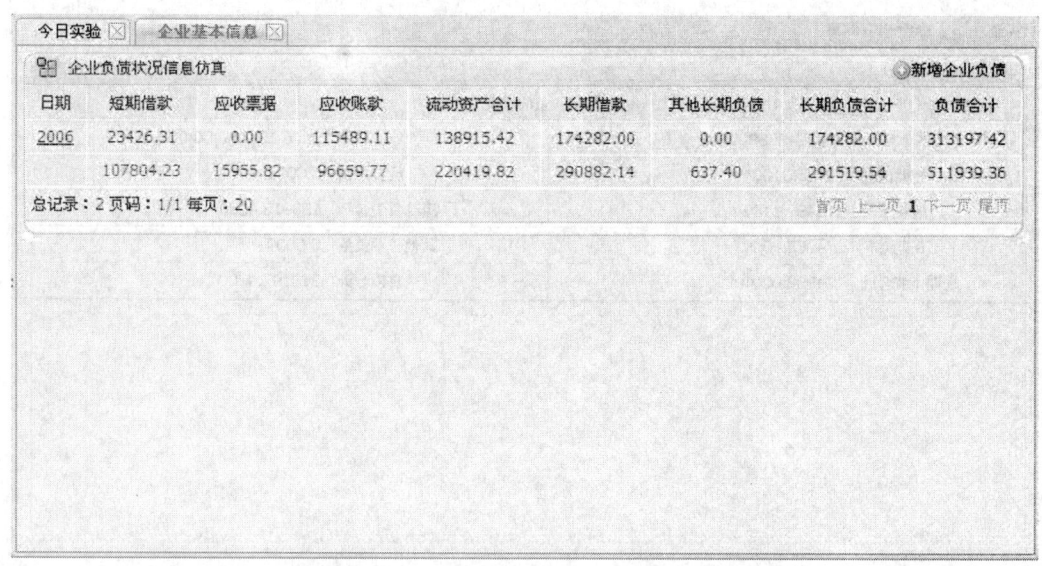

图 4-10-16

(1)【新增企业负债】。单击工具栏【新增企业负债】按钮，显示如图 4-10-17 所示。

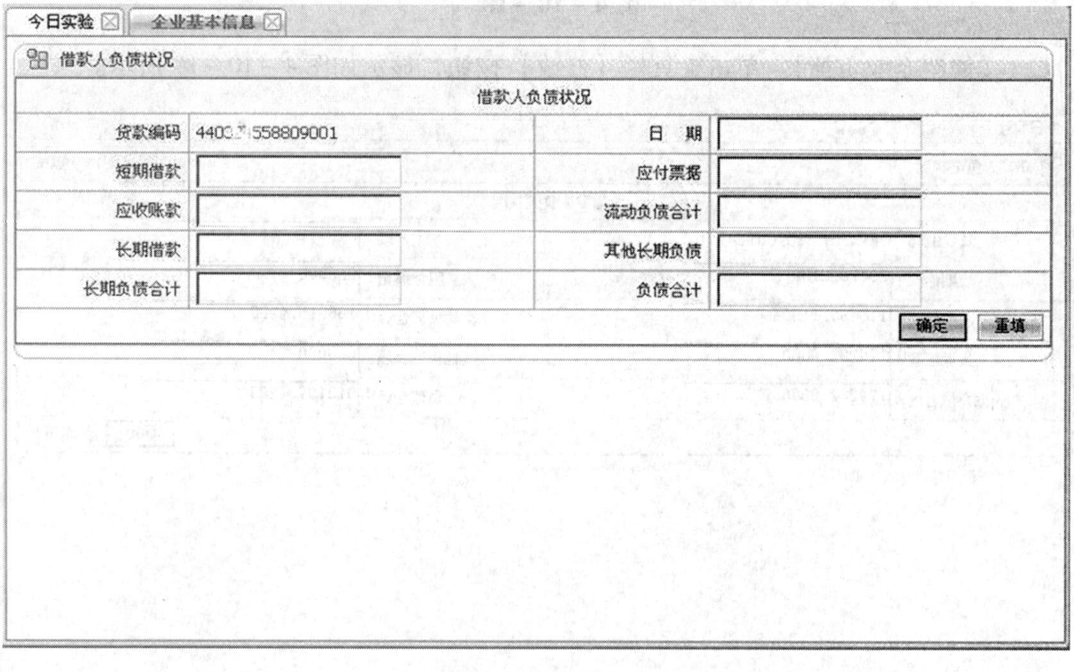

图 4-10-17

- 【短期借款】短期贷款信息 例：100000
- 【应付票据】应付票据 例：10000
- 【长期借款】长期贷款信息 例：20000000
- 【日期】日期 必填

(2)【查看企业负债】。单击数据项【日期】链接，显示如图 4-10-18 所示。

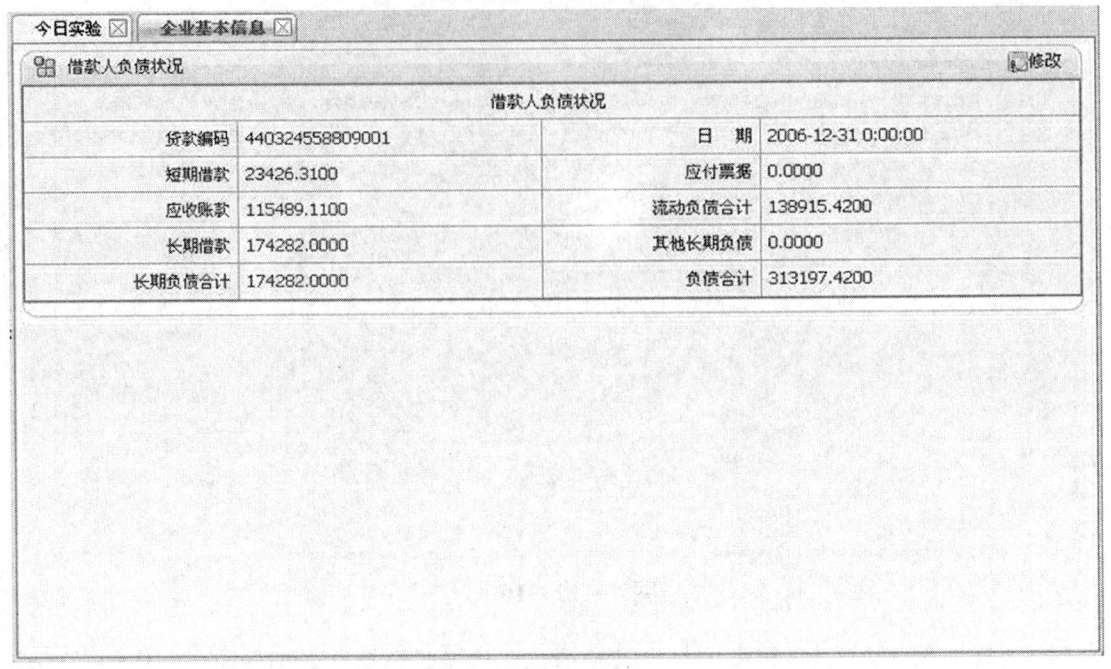

图 4-10-18

（3）【修改企业负债】。单击工具栏【修改】按钮，显示如图 4-10-19 所示。

图 4-10-19

（4）【删除企业负债】。单击工具栏【删除】按钮，显示如图 4-10-20 所示。

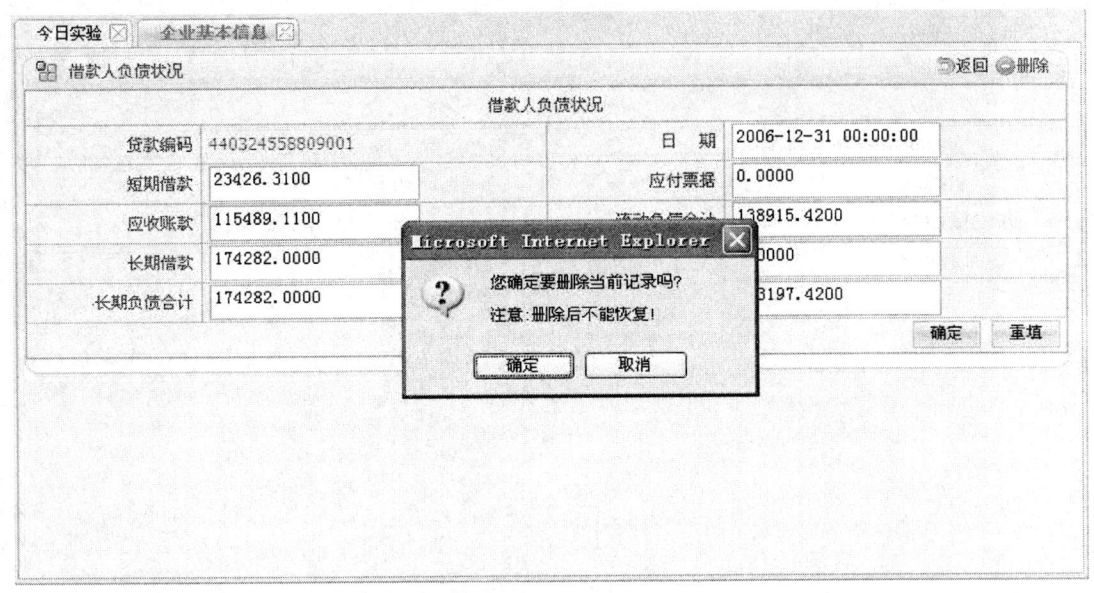

图 4-10-20

单击【确定】按钮，删除企业负债信息。

E. 权益状况。单击数据项【权益】链接，显示如图 4-10-21 所示。

图 4-10-21

（1）【新增权益状况】。单击工具栏【新增权益状况】按钮，显示如图 4-10-22 所示。

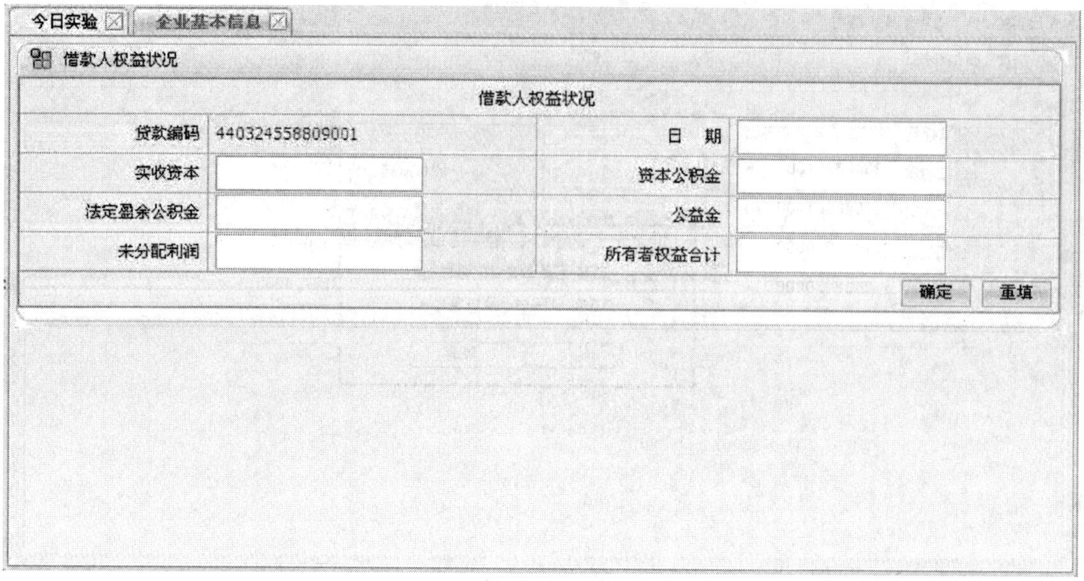

图 4-10-22

- 【实收资本】实际投入企业的资金　例：23500
- 【资本公积金】由资本，及资产本身及其他原因而产生的收益　例：100000
- 【法定盈余公积金】法定盈余公积金是国家统一规定必须提取的公积金　例：23440
- 【公益金】企业计提的专门用于职工福利设施的支出　例：10000
- 【日期】时间　必填

（2）【查看权益状况】。单击数据项【日期】链接，显示如图 4-10-23 所示。

图 4-10-23

（3）【修改权益状况】。单击工具栏【修改】按钮，显示如图 4-10-24 所示。

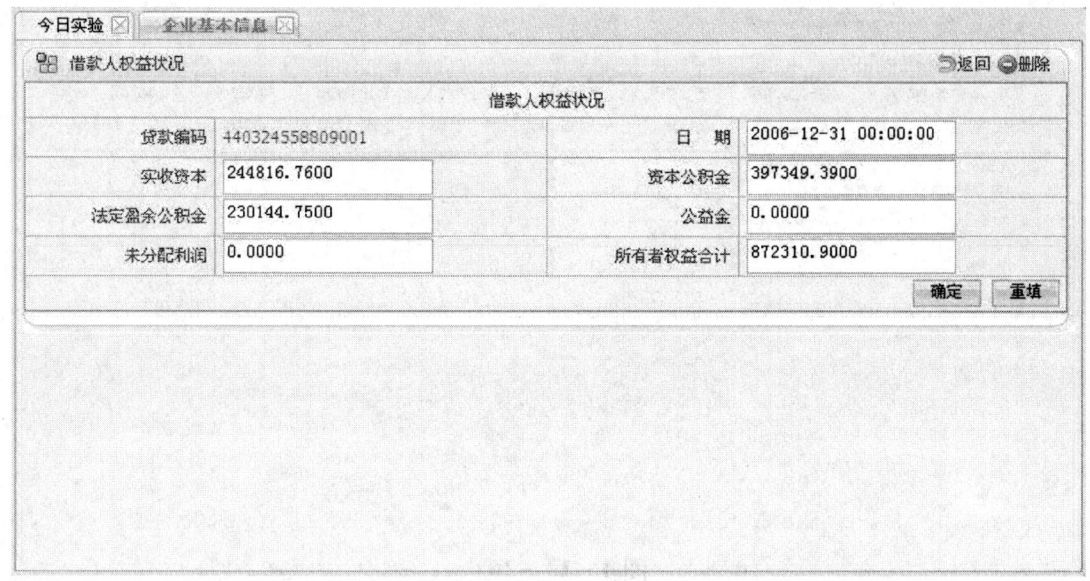

图 4 – 10 – 24

（4）【删除权益状况】。单击工具栏【删除】按钮，显示如图 4 – 10 – 25 所示。

图 4 – 10 – 25

单击【确定】按钮，删除企业权益状况信息。

F. 利润及利润分配。单击数据项【利润】链接，显示如图 4 – 10 – 26 所示。

日期	主营业务收入	主营业务利润	营业费用	营业利润	营业外收入	营业外支出	利润总额	净利润
2006	986499.17	42432.05	138625.25	-136251.43	4106.18	6573.64	-138718.89	-138718.89
	1186235.43	155932.70	25084.57	46739.68	5038.82	4095.29	47683.21	46087.65

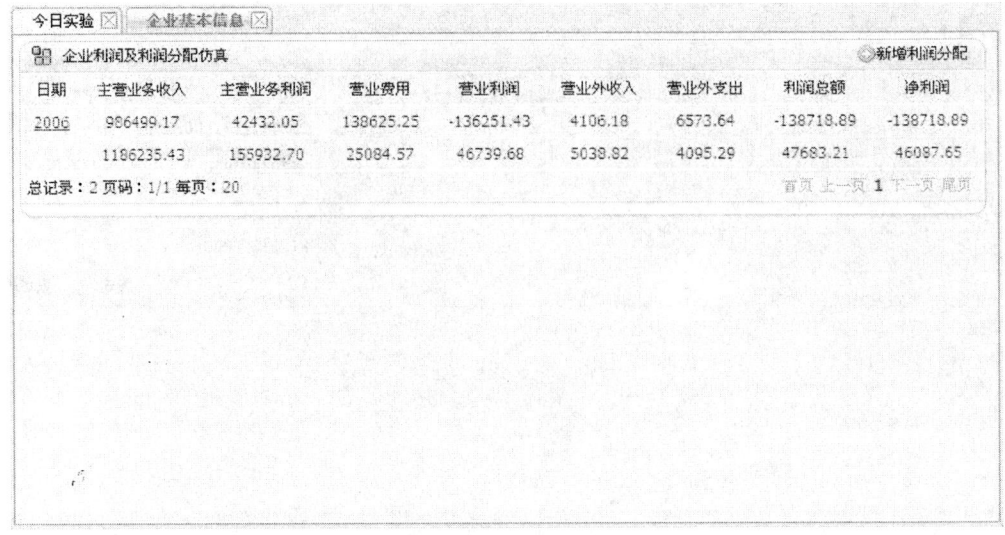

图 4－10－26

（1）【新增利润分配】。单击工具栏【新增利润分配】按钮，显示如图 4－10－27 所示。

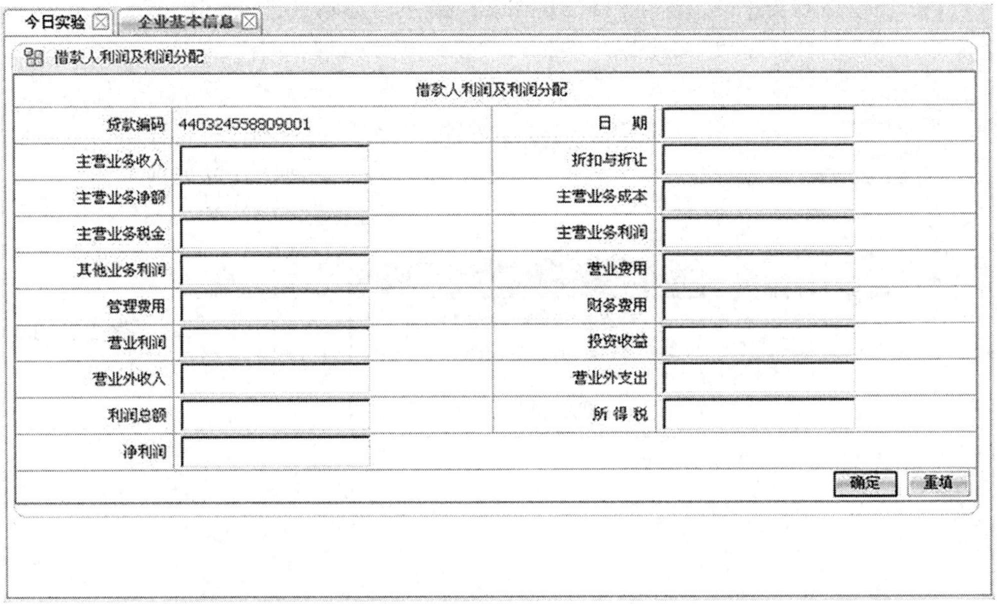

图 4－10－27

- 【折扣与折让】折扣信息 例：0.000
- 【投资收益】投资所得收益 例：200000
- 【所得税】国家法定的税收金额 例：10000
- 【净利润】除去投资，所剩的金额 例：20000
- 【日期】时间 必填

（2）【查看利润分配】。单击数据项【日期】链接，显示如图 4－10－28 所示。

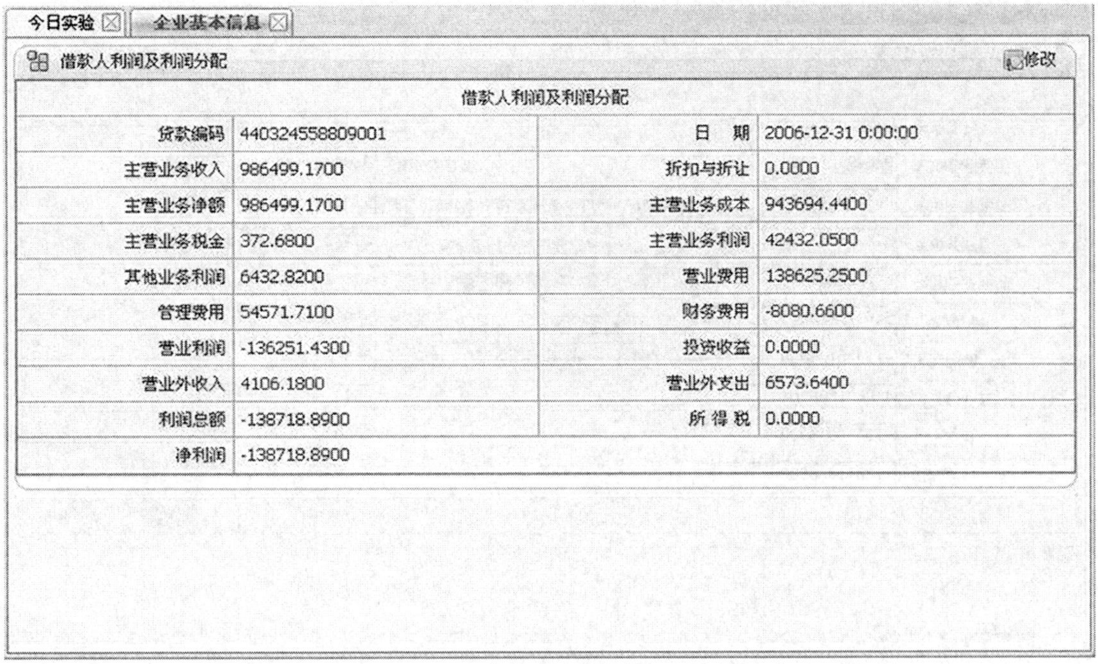

借款人利润及利润分配			
贷款编码	440324558809001	日　期	2006-12-31 0:00:00
主营业务收入	986499.1700	折扣与折让	0.0000
主营业务净额	986499.1700	主营业务成本	943694.4400
主营业务税金	372.6800	主营业务利润	42432.0500
其他业务利润	6432.8200	营业费用	138625.2500
管理费用	54571.7100	财务费用	-8080.6600
营业利润	-136251.4300	投资收益	0.0000
营业外收入	4106.1800	营业外支出	6573.6400
利润总额	-138718.8900	所 得 税	0.0000
净利润	-138718.8900		

图 4－10－28

(3)【修改利润分配】。单击工具栏【修改】按钮，显示如图 4－10－29 所示。

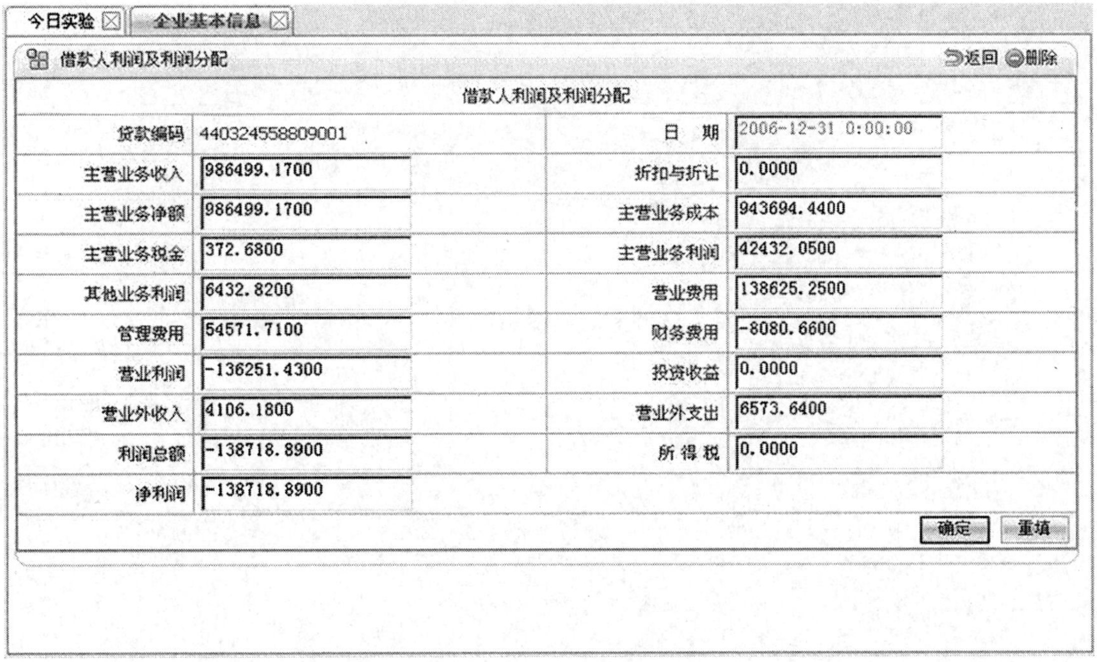

借款人利润及利润分配			
贷款编码	440324558809001	日　期	2006-12-31 0:00:00
主营业务收入	986499.1700	折扣与折让	0.0000
主营业务净额	986499.1700	主营业务成本	943694.4400
主营业务税金	372.6800	主营业务利润	42432.0500
其他业务利润	6432.8200	营业费用	138625.2500
管理费用	54571.7100	财务费用	-8080.6600
营业利润	-136251.4300	投资收益	0.0000
营业外收入	4106.1800	营业外支出	6573.6400
利润总额	-138718.8900	所 得 税	0.0000
净利润	-138718.8900		

图 4－10－29

(4)【删除利润分配】。单击工具栏【删除】按钮，显示如图 4－10－30 所示。

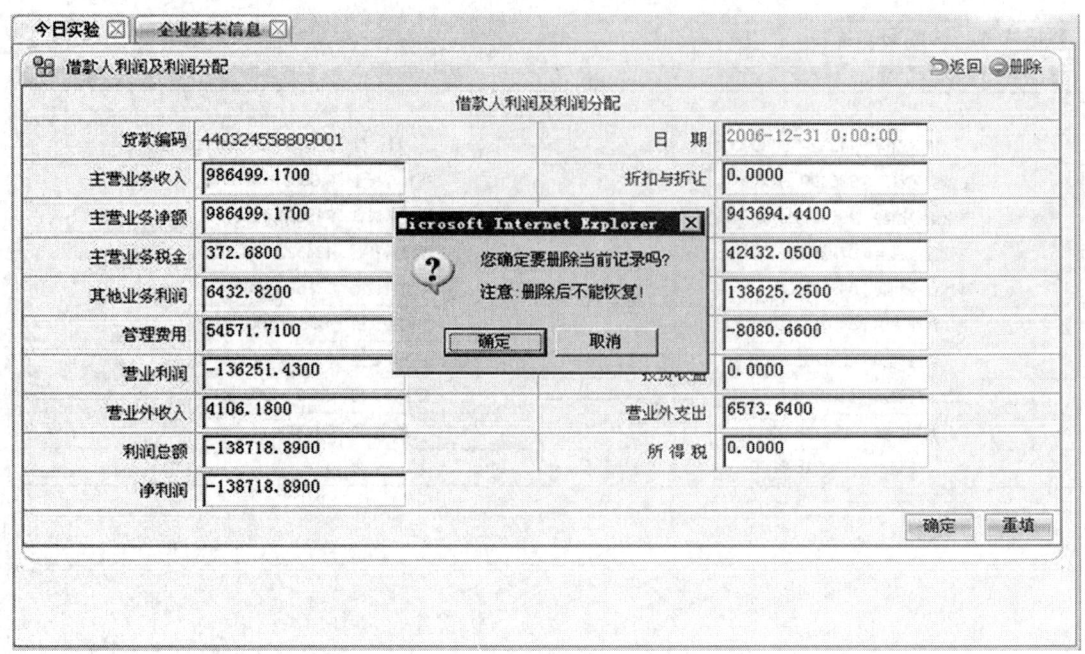

图 4-10-30

单击【确定】按钮,删除企业利润及利润分配信息。

实验十一

企业行政部门征信数据仿真
（设计、实验性实验）

一、实验目的

1. 理解企业行政部门征信数据设计与使用。
2. 理解企业征信中企业行政部门征信内容。

二、实验内容

利用征信数据库管理与应用系统《企业数据仿真》模块进行《法院立案信息》填写、《税务登记信息》填写、《海关登记信息》填写、《住房登记信息》填写、《电信缴费信息》填写。

三、实验步骤

1. 实验数据。企业行政部门征信数据表。

法院立案信息如表 4-11-1 所示。

表 4-11-1

组织机构代码	企业名称	法院登记编码	登记状态	立案情况	结案情况
1000001003291	中国石油化工集团公司	HY—44032558809001	正常	立案	结案
1000001003235	宁波理工监测科技股份有限公司	HY—44032558809002	正常	立案	结案

续表

组织机构代码	企业名称	法院登记编码	登记状态	立案情况	结案情况
1000001003264	北京福星晓程电子科技股份有限公司	HY—44032558809003	正常	立案	结案
1000001003277	厦门蒙发利股份有限公司	HY—44032558809004	正常	立案	结案
1000001003286	苏州金螳螂建筑装饰股份有限公司	HY—44032558809005	正常	立案	结案

税务登记信息如表4-11-2所示。

表4-11-2

组织机构代码	企业名称	纳税人编码	纳税人状态	是否纳税大户	欠税信息	处罚信息
1000001003291	中国石油化工集团公司	HY—44032558809001	正常	是	欠税	处罚
1000001003235	宁波理工监测科技股份有限公司	HY—44032558809002	正常	是	欠税	处罚
1000001003264	北京福星晓程电子科技股份有限公司	HY—44032558809003	正常	是	欠税	处罚
1000001003277	厦门蒙发利股份有限公司	HY—44032558809004	正常	是	欠税	处罚
1000001003286	苏州金螳螂建筑装饰股份有限公司	HY—44032558809005	正常	是	欠税	处罚

海关登记信息如表4-11-3所示。

表4-11-3

组织机构代码	企业名称	海关编码	登记状态	是否重点检查	免检信息	抽检信息
1000001003291	中国石油化工集团公司	HY—44032558809001	正常	是	免检	抽检
1000001003235	宁波理工监测科技股份有限公司	HY—44032558809002	正常	是	免检	抽检
1000001003264	北京福星晓程电子科技股份有限公司	HY—44032558809003	正常	是	免检	抽检
1000001003277	厦门蒙发利股份有限公司	HY—44032558809004	正常	是	免检	抽检
1000001003286	苏州金螳螂建筑装饰股份有限公司	HY—44032558809005	正常	是	免检	抽检

住房登记信息如表4-11-4所示。

表 4-11-4

组织机构代码	企业名称	公积金编码	缴交状态	缴交情况	欠缴情况
1000001003291	中国石油化工集团公司	HY—44032558809001	正常	缴交	欠缴
1000001003235	宁波理工监测科技股份有限公司	HY—44032558809002	正常	缴交	欠缴
1000001003264	北京福星晓程电子科技股份有限公司	HY—44032558809003	正常	缴交	欠缴
1000001003277	厦门蒙发利股份有限公司	HY—44032558809004	正常	缴交	欠缴
1000001003286	苏州金螳螂建筑装饰股份有限公司	HY—44032558809005	正常	缴交	欠缴

电信缴费信息如表 4-11-5 所示。

表 4-11-5

组织机构代码	企业名称	编码	缴费状态	水费信息	电费信息	燃气费信息	有线电视费信息
1000001003291	中国石油化工集团公司	HY—44032558809001	正常	水费	电费	燃气费	有线电视费
1000001003235	宁波理工监测科技股份有限公司	HY—44032558809002	正常	水费	电费	燃气费	有线电视费
1000001003264	北京福星晓程电子科技股份有限公司	HY—44032558809003	正常	水费	电费	燃气费	有线电视费
1000001003277	厦门蒙发利股份有限公司	HY—44032558809004	正常	水费	电费	燃气费	有线电视费
1000001003286	苏州金螳螂建筑装饰股份有限公司	HY—44032558809005	正常	水费	电费	燃气费	有线电视费

2. 实验步骤。住房登记信息。
单击菜单栏【企业数据仿真】下的【住房登记信息】，显示如图 4-11-1 所示。
（1）【新增基本信息】。单击工具栏【新增公积金】按钮，显示如图 4-11-2 所示。
● 【组织机构编码】组织机构编码
● 【企业名称】企业名称
● 【住房公积金单位编码】住房公积金编号
● 【缴交状态】住房公积金缴交状态信息
（2）【查看基本信息】。单击数据项【组织机构代码】链接，显示如图 4-11-3 所示。
（3）【修改基本信息】。单击右上角【修改】链接，显示如图 4-11-4 所示。
（4）【删除基本信息】。单击右上角【删除】链接，显示如图 4-11-5 所示。
其他四项操作方法与上一致，所以不一一列举了。

图 4-11-1

图 4-11-2

图 4-11-3

图 4-11-4

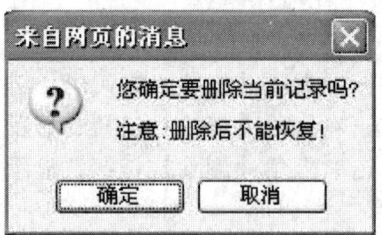

图 4-11-5

实验十二

征信统计分析
（实验性实验）

一、实验目的

1. 了解查看个人征信信用报告统计的方法。
2. 了解查看企业征信信用报告统计的方法。
3. 了解产生个人、企业征信信用统计报告的步骤。
4. 掌握如何阅读《个人征信信用报告统计表》及《个人征信信用报告统计表》。

二、实验内容

利用征信数据库管理与应用系统《系统报表管理》模块进行查询《个人征信统计分析》、《企业征信统计分析》理解报告要素。

三、实验步骤

（一）个人信用统计分析报告

单击菜单栏【个人数据仿真】下的【个人基本信息】，显示如图4-12-1所示。

图 4-12-1

单击【贷款信息】、【准货记信息】、【货记信息】出现如图4-12-2~图4-12-4所示。

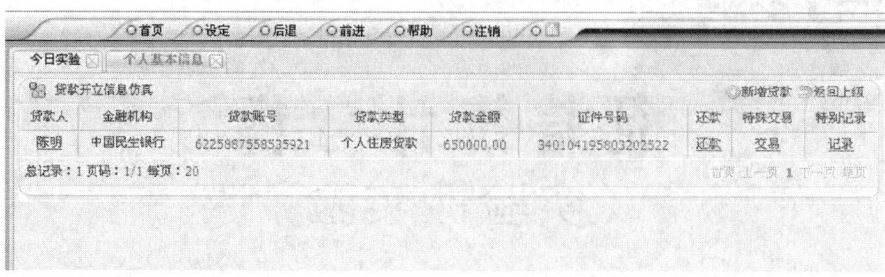

图4-12-2 贷款信息

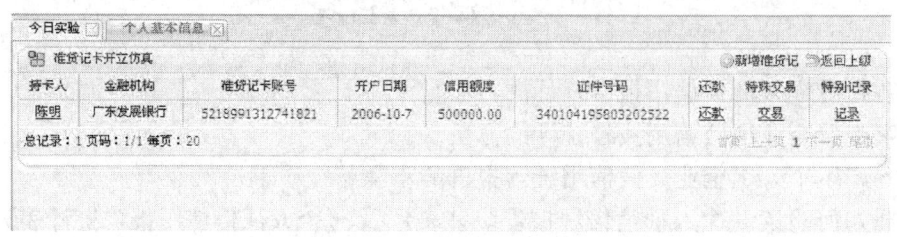

图4-12-3 准货记信息

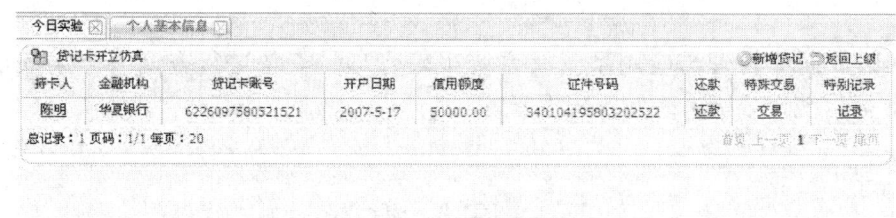

图4-12-4 货记信息

选择还款、特殊交易、特别记录右上角【新增】链接，如图4-12-5所示。

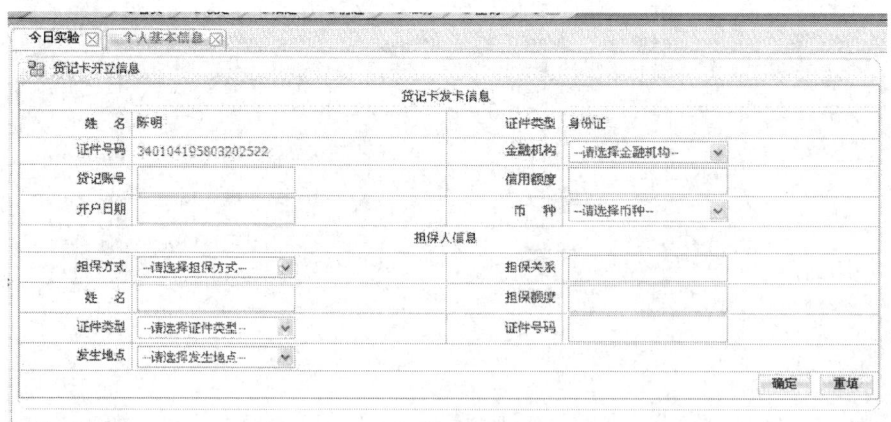

图4-12-5

添加或修改贷款数据后单击【确定】按钮。

单击菜单栏【系统报表管理】下的【个人信贷分析】,显示如图4-12-6所示。

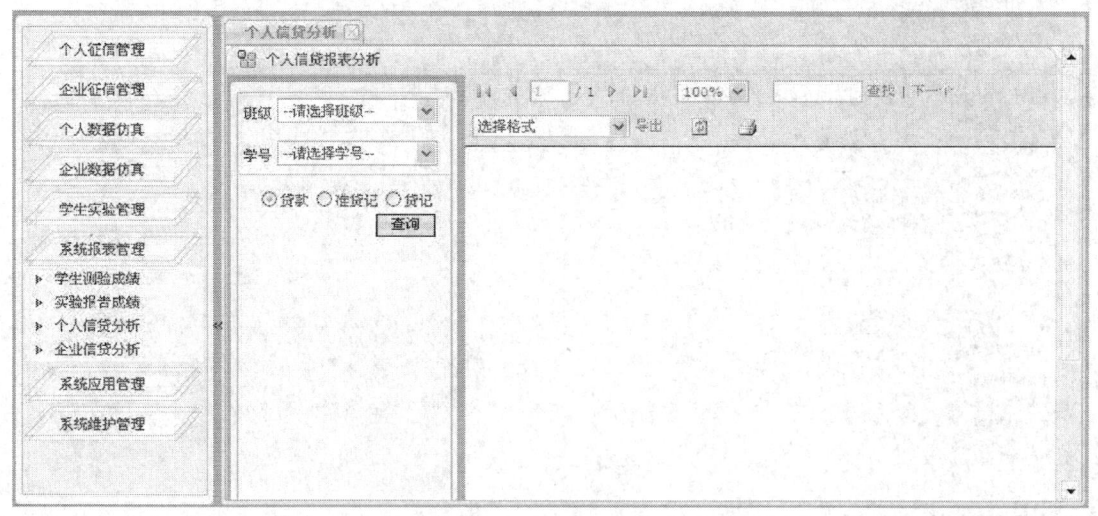

图 4-12-6

选择条件,单击【查询】按钮,显示如图4-12-7所示。

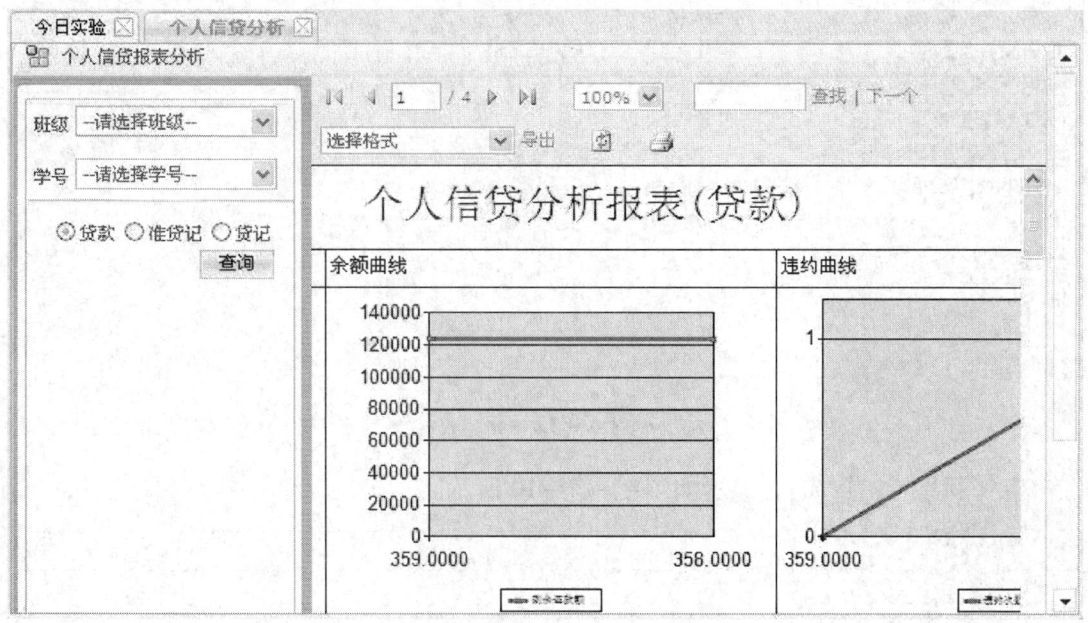

图 4-12-7

即可生成对应分析报表。

(二) 企业信用统计分析

单击菜单栏【企业数据仿真】下的【企业基本信息】,显示如图4-12-8所示。

图 4-12-8

选择资本构成显示，如图 4-12-9 所示。

图 4-12-9

单击【新增资本构成】，显示如图 4-12-10 所示。

图 4-12-10

新增或修改数据单击【确定】按钮。

单击菜单栏【系统报表管理】下的【个人信贷分析】，显示如图 4-12-11 所示。

图 4-12-11

选择条件，单击【查询】按钮，显示如图 4-12-12 所示。

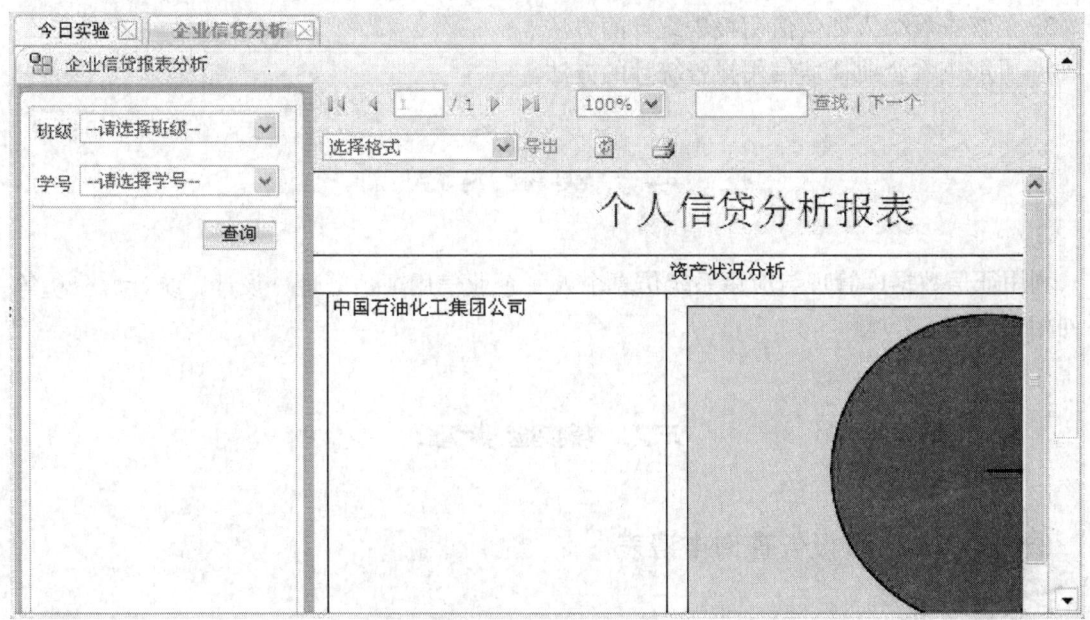

图 4-12-12

即可生成对应分析报表。

实验十三

征信综合实验
（综合性实验）

一、实验目的

1. 了解查询个人信用报告所需资料和查询条件。
2. 了解查询企业信用报告所需资料和查询条件。
3. 了解查看个人征信信用报告统计的方法。
4. 了解查看企业征信信用报告统计的方法。

二、实验内容

利用征信数据库管理与应用系统仿真个人、企业信用征信管理、设计、统计、分析等一系列相关工作。

三、实验步骤

（一）个人信用报告查询申请表

1. 实验数据。
A. 个人查询申请数据如表4-13-1所示。

表4-13-1

姓名	证件类型	证件号码	生日	性别	手机号码	固定电话	邮箱
张娇	身份证	61012419771007885X	1977-10-7	女性	13691626355	0755-26554689	zhangjiao@gmail.com
陈明	身份证	340104195803202522	1958-3-20	男性	13713840256	025-54941326	ChengMing@tom.comTD>

续表

姓名	证件类型	证件号码	生日	性别	手机号码	固定电话	邮箱
陈江伟	身份证	330725197302055319	1973-2-5	男性	13753241591	0519-84447321	PeterChen@vip.sina.comTD>
杨宇炎	身份证	330724196301180037	1963-1-18	男性	13575876540	0531-52082266	AYang@ding.com
楼天良	身份证	330106196512070537	1965-12-7	男性	15992298502	0535-87694320	Henanled@163.com

户籍地址	邮编	代理人姓名	代理人证件类型	代理人证件号码	代理人手机	代理人固话
广东省深圳市南山区金龙苑A座103B	518003	彭广权	身份证	445281197801018 25X	13554713502	
南京市玄武区花园路5号4幢504	210003					
江苏省常州市武进区前黄镇夏坊村委朝北村27号	213177					
山东省济南市济微路106号328信箱	250022					
山东省烟台公寓南区133室	264003	李林林	身份证	441900196607124475	13922298004	

代理人邮箱	查询原因	领取方式	查询机构	机构电话	机构受理人	机构地址
APeng@sina.com	了解本人信用记录	当场领取	中国人民银行深圳市中心支行	0755-25590240	吴慕	广东省深圳市罗湖区深南东路5006号中国人民银行大厦三楼征信管理处
theoldone@sina.com	了解本人信用记录	当场领取	中国人民银行南京分行营业管理部	025-84557322	李进步	南京市延龄巷133号4楼
Chaox@sina.com	异议申请需要	当场领取	中国人民银行常州市中心支行	0519-86919082	潘晓莲	常州市后马路5号二楼营业大厅
Red@sina.com	异议申请需要	当场领取	中国人民银行济南分行营业管理部	0531-86165153	王婷婷	济南市经七路382号
LucyLi@163.com	异议申请需要	当场领取	中国人民银行烟台市中心支行	0535-6601276	张框	烟台市胜利路69号705室

B. 企业基本信息如表4-13-2所示。

表4-13-2

企业名称	英文名	注册编码	机构编码	国税编码
恒逸石化股份有限公司	Hengyi Petrochemical Co., Ltd	1000001003211	71092609-11	110105710926011
江西洪都航空工业股份有限公司	Jiangxi Hongdu Aviation Industry Co., Ltd	1000001003212	71092609-12	110105710926012
烟台杰瑞石油服务集团股份有限公司	Yantai Jereh Oilfield Services Group Co., Ltd	1000001003213	71092609-13	110105710926013
北京光线传媒股份有限公司	Beijing Enlight Media Co., Ltd	1000001003214	71092609-14	110105710926014
浙江大华技术股份有限公司	Zhejiang Dahua Technology Co., Ltd	1000001003215	71092609-15	110105710926015

续表

地税编码	贷款编码	贷款状态	注册日期	到期日期	行业
256741109055011	440324558809011	正常	1990-5-8	2050-12-24	建材
256741109055012	440324558809012	正常	1999-12-16	2050-12-24	军工
256741109055013	440324558809013	正常	1999-12-10	2050-12-24	机械制造
256741109055014	440324558809014	正常	2000-4-24	2050-12-24	教育传媒
256741109055015	440324558809015	正常	2001-3-12	2050-12-24	计算机
简 介					进出口权
实业投资;生产和销售化学纤维、化工原料及产品(除化学危险品及易制毒化学品);销售煤炭、有色金属、建筑材料和机电产品及配件;仓储运输、货运代理					是
航空飞行器、摩托车及发动机的制造、销售;国内贸易、国际贸易、试验、设计、生产、加工、维修、安装、装卸、运输服务、工程设计、施工、装饰;园林绿化施工					是
油田专用设备、油田固井和压裂专用车的生产、组装、销售、维修(不含国家专项规定需要审批的设备);油田设备、矿山设备、工业专用设备的维修、技术服务和配件销售;为石油勘探和钻采提供工程技术服务					是
许可经营项目:广播电视节目的制作、发行;经营演出及经纪业务;一般经营项目:设计、制作、代理、发布国内及外商来华广告;信息咨询(除中介外);承办展览展示;组织文化艺术交流活动;技术开发、技术服务					是
计算机软件的开发、服务、销售,电子产品及通信产品的设计、开发、生产、安装及销售,网络产品的开发、系统集成与销售,电子产品工程的设计、安装、经营进出口业务					是

注册地	邮编	电话	邮箱	网址	传真
浙江省杭州市萧山区市心北路260号南岸明珠3栋	0571-83871991	0571-83871991	hysh@hengyi.com	www.hengyishihua.com	0571-83871992
南昌市新溪桥	0791-88468162	0791-88468162	hdaajx@public.nc.jx.cn	www.hongdu-aviation.com	0791-88467843
烟台市莱山区澳柯玛大街7号	0535-6723532	0535-6723532	zqb@jereh.com	www.jereh.com	0535-6723171
北京市东城区方家胡同19号340室	010-64516451	010-64516451	ir@ewang.com	www.ewang.com	010-64516488
浙江省杭州市滨江区滨安路1187号	0571-28939522	0571-8939522	zqsw@dahuatech.com	www.dahuatech.com	0571-28933211

高管信息如表4-13-3所示。

表4-13-3

注册编码	贷款编码	职位	姓名	性别	年龄	教育
1000001003211	440324558809011	总裁	王尚忠	男		专科
1000001003211	440324558809011	副总裁	王作功	男		博士
1000001003211	440324558809011	副总裁	王跃宗	男		硕士

续表

注册编码	贷款编码	职位	姓名	性别	年龄	教育
1000001003212	440324558809012	总经理	陈文浩	男		本科
1000001003212	440324558809012	副总经理	夏细华	男		本科
1000001003212	440324558809013	副总经理	吴智勇	男		本科
1000001003213	440324558809013	总经理	王继丽	女	22	本科
1000001003213	440324558809013	财务总监	吕燕玲	男		本科
1000001003213	440324558809013	副总经理	刘东	男		本科
1000001003214	440324558809014	总经理	王长田	男		本科
1000001003214	440324558809014	副总经理	李晓萍	女	26	硕士
1000001003214	440324558809014	副总经理	李德来	男		硕士
1000001003215	440324558809015	总经理	傅利泉	男		硕士
1000001003215	440324558809015	副总经理	魏美钟	男		硕士
1000001003215	440324558809016	副总经理	吴坚	男		硕士

资本构成如表4-13-4所示。

表4-13-4

出资方	贷款编码	注册编码	证件号码	证件类别	币别	出资额（元）
恒逸石化股份有限公司	440324558809011	1000001003211			人民币	41 049.00
天津鼎晖股权投资一期基金	440324558809011	1000001003211			人民币	2 701.20
河南汇诚投资有限公司	440324558809011	1000001003211	330981196907175611	身份证	人民币	2 018.41
杭州惠丰化纤有限公司	440324558809011	1000001003211			人民币	761.88
四川恒运实业有限责任公司	440324558809011	1000001003211			人民币	290.96
江西洪都航空工业股份有限公司	440324558809012	1000001003212			人民币	31 288.30
中国航空科技工业股份有限公司	440324558809012	1000001003212			人民币	3 142.89
华宝信托有限责任公司	440324558809012	1000001003212			人民币	2 651.26
西藏自治区投资有限公司	440324558809012	1000001003212			人民币	1 766.62
上海证券有限责任公司	440324558809012	1000001003212			人民币	1 712.18
烟台杰瑞石油服务集团股份有限公司	440324558809013	1000001003213			人民币	6 064.80
孙伟杰	440324558809013	1000001003213			人民币	4 149.60
王坤晓	440324558809013	1000001003213			人民币	3 245.05
刘贞峰	440324558809013	1000001003213			人民币	718.2

续表

出资方	贷款编码	注册编码	证件号码	证件类别	币别	出资额（元）
吴秀武	440324558809013	1000001003213			人民币	334.9
北京光线传媒股份有限公司	440324558809014	1000001003214			人民币	185.16
丰和价值证券投资基金	440324558809014	1000001003214			人民币	124.53
全国社保基金一零六组合	440324558809014	1000001003214			人民币	119.4
全国社保基金六零二组合	440324558809014	1000001003214			人民币	59.99
中国工商银行	440324558809014	1000001003214			人民币	44.02
浙江大华技术股份有限公司	440324558809015	1000001003215			人民币	12 314.00
傅利泉	440324558809015	1000001003215			人民币	2 052.66
朱江明	440324558809015	1000001003215			人民币	1 160.14
陈爱玲	440324558809015	1000001003215			人民币	777
吴军	440324558809015	1000001003215			人民币	590.4

贷款信息如表 4-13-5 所示。

表 4-13-5   单位：元

贷款编码	类型	合同号	币别	总额	余额	贷款类型
1000001003211	银行保函	6229300184093231	人民币	1 093 025.00	580 315.00	0
1000001003211	授信	6229300184093232	人民币	724 022.00	46 799.00	0
1000001003211	贷款	6229300184093233	人民币	5 271 232.00	138 960.00	0
1000001003212	承兑汇票	6229300184093234	人民币	564 315.00	33 013.00	0
1000001003212	票据贴现	6229300184093235	人民币	4 434 673.00	672 241.00	0
1000001003212	保理	6229300184093236	人民币	5 920 353.00	298 842.00	0
1000001003213	贸易融资	6229300184093237	人民币	152 742.00	46 762.00	0
1000001003213	信用证	6229300184093238	人民币	4 245 163.00	99 765.00	0
1000001003213	银行保函	6229300184093239	人民币	4 087 479.00	231 751.00	0
1000001003214	授信	6229300184093230	人民币	192 848.00	570 226.00	0
1000001003214	贷款	6229300184093231	人民币	7 822 619.00	362 647.00	0
1000001003214	承兑汇票	6229300184093232	人民币	938 524.00	261 768.00	0
1000001003215	票据贴现	6229300184093233	人民币	9 870 533.00	137 470.00	0
1000001003215	保理	6229300184093234	人民币	553 742.00	707 863.00	0
1000001003215	贸易融资	6229300184093235	人民币	8 844 315.00	824 026.00	0

资本状况如表 4-13-6 所示。

表 4-13-6   单位：元

贷款编码	日期	货币资金	短期投资	应收票据	应收账款	预收账款
1000001003211	2006-12-31	16 800.00	0	0	31 250.00	9 270.00
1000001003211	2007-07-18	21 060.00	0	0	33 690.00	11 200.00
1000001003211	2006-12-31	2 180 127.48	0	8 002 000.00	736 000.00	0
1000001003212	2007-07-18	17 829 550.89	0	1 043 000.00	927 000.00	0
1000001003212	2006-12-31	23 598.47	0	1 425.00	19 590.58	5 315.97
1000001003212	2007-07-18	13 000.00	0	706.00	44 596.00	10 749.00
1000001003213	2006-12-31	26 994.00	0	1 563	78 722.00	9 417.00
1000001003213	2007-07-18	2 426 478.68	0	704 624.98	2 409 659.41	1 459 962.62
1000001003213	2006-12-31	2 400 093.24	0	0	4 539 447.36	853 899.46
1000001003214	2007-07-18	881	0	1 110.00	37 962.00	5 381.00

存货	流动资产	长期投资	固定资产原值	累计折旧	在建工程	无形资产
85 120.00	3 510.00	0	0	0	0	41 320.00
72 100.00	7 550.00	0	0	0	0	52 690.00
12 470 000.00	0	510 000.00	24 370 000.00	7 290 000.00	0	5 879 000.00
28 493 000.00	0	510 000.00	46 285 000.00	13 401 000.00	0	16 890 000.00
80 075.34	130 438.49	0	2 184.95	637.11	0	735.4
68 043.00	137 808.00	0	2 673.00	1 011.00	0	420
87 231.00	208 358.00	0	4 498.00	1 597.00	0	676
12 222 881.02	0	0	37 565 098.54	19 991 434.65	0	231 236.96
30 785 900.24	34 099.56	0	42 118 054.54	21 924 480.33	0	132 135.32
10 163.00	55 697.00	0	69 559.00	9 238.00	4 608.00	3 758.00

2. 实验步骤。

A. 单击菜单栏【个人征信管理】下的【个人查询申请】，显示如图 4-13-1 所示。

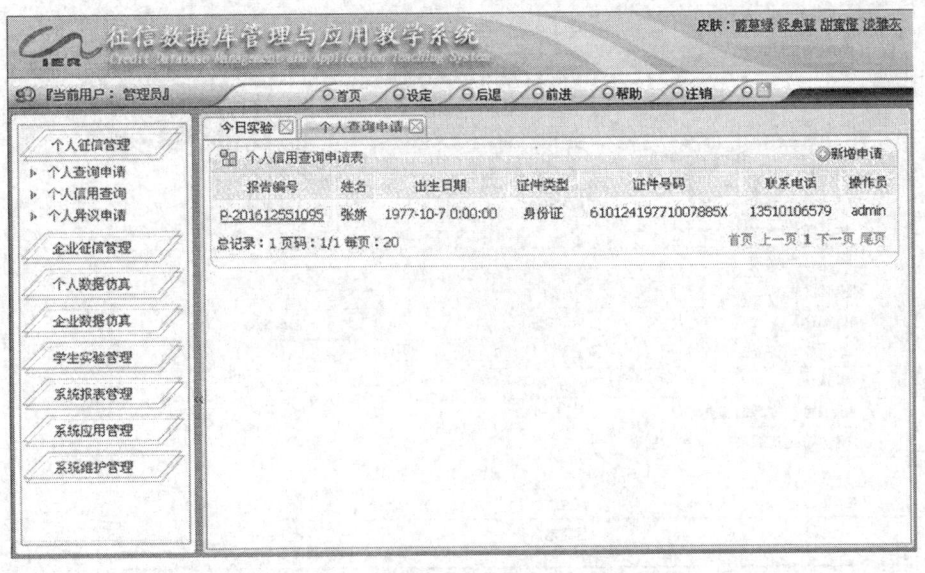

图 4-13-1

(1)【新增申请】。单击工具栏【新增申请】按钮,显示如图4-13-2所示。

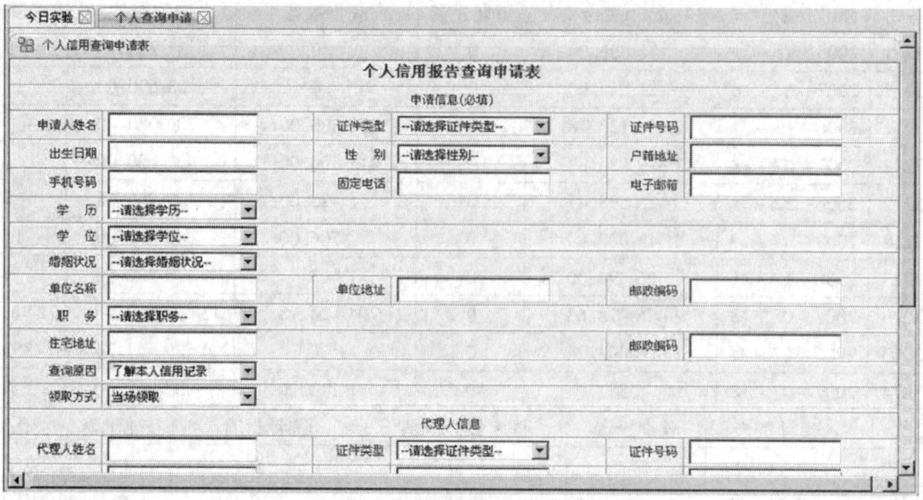

图4-13-2

- 【申请人姓名】被申请者姓名
- 【证件类型】各类法定有效证件
- 【证件号码】相应的证件号码
- 【领取方式】查询报告收取方式
- 【代理人姓名】受委托查询信用报告对象
- 【证件类型】对照上面证件类型
- 【信用编码】由系统生成
- 【查询机构】征信查询中心

(2)【查看申请】。单击数据项【报告编号】链接,显示如图4-13-3所示。

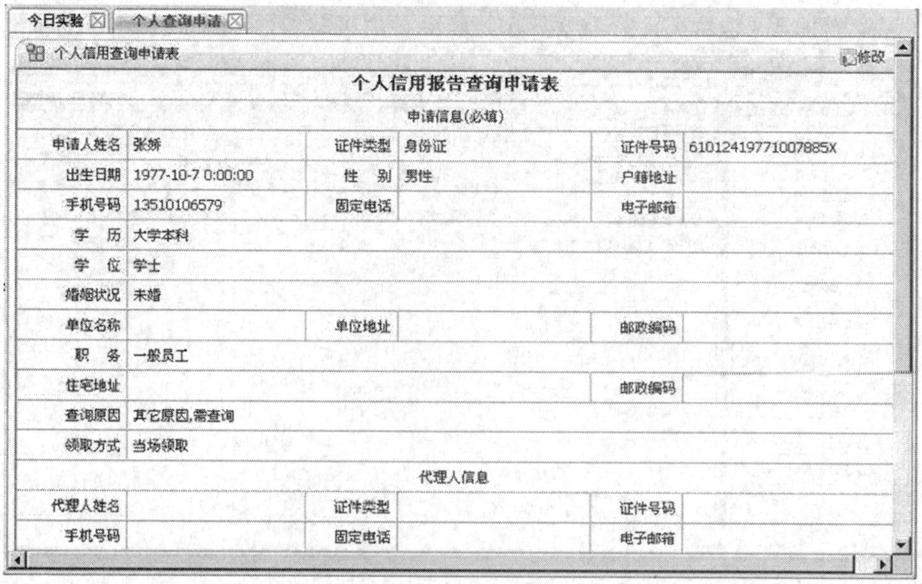

图4-13-3

(3)【修改申请】。单击工具栏【修改】按钮,显示如图4-13-4所示。

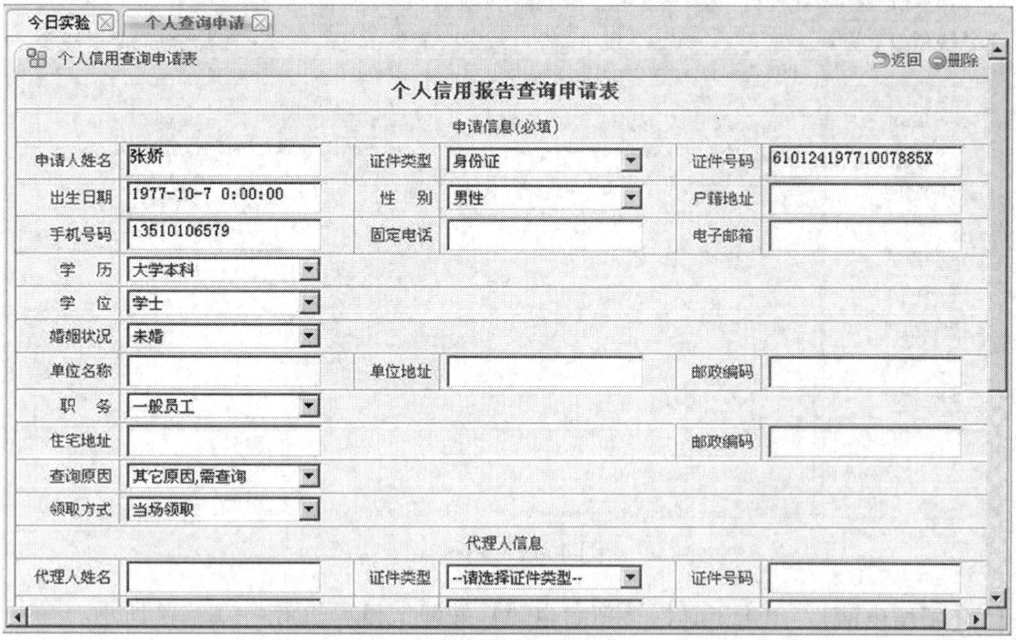

图 4-13-4

(4)【删除申请】。单击工具栏【删除】按钮,显示如图4-13-5所示。

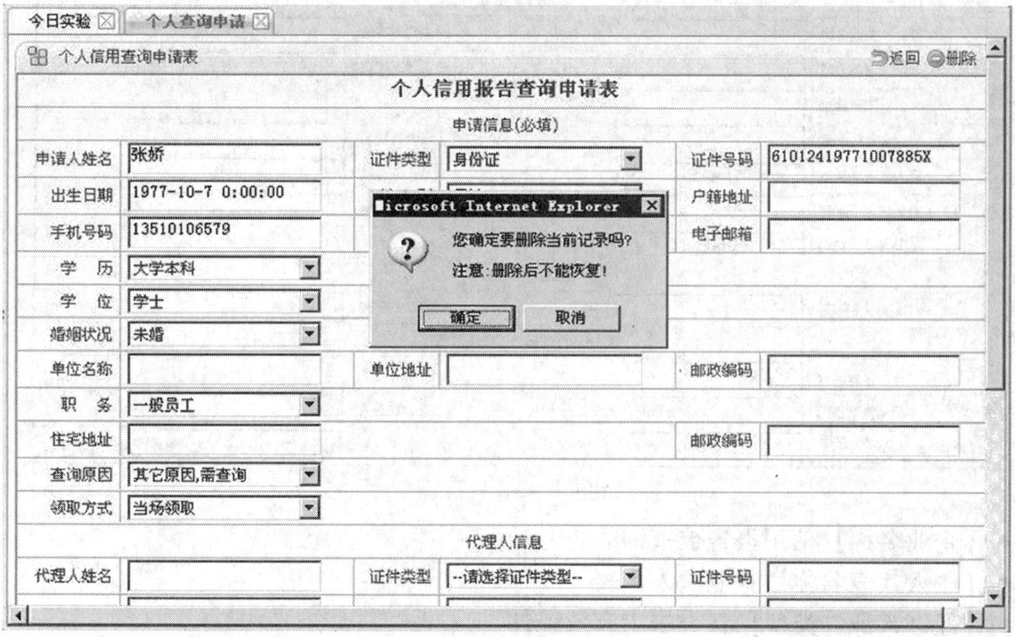

图 4-13-5

单击【确定】按钮,删除个人查询申请。
B. 单击菜单栏【企业征信管理】下的【企业查询申请】,显示如图4-13-6所示。

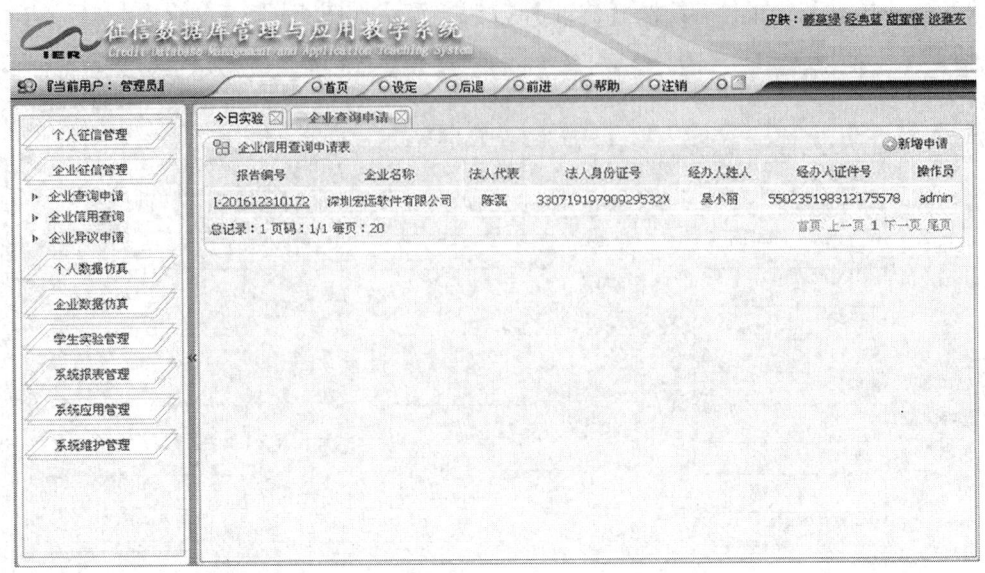

图 4-13-6

（1）【新增申请】。单击工具栏【新增申请】按钮，显示如图 4-13-7 所示。

图 4-13-7

- 【企业名称】信用报告被查询的企业
- 【法人代表名称】企业法人代表
- 【经办人证件类型】各类法定有效证件
- 【查询原因】查询的原因
- 【信用编码】由系统生成
- 【查询机构】征信查询中心

（2）【查看申请】。单击数据项【报告编号】链接，显示如图 4-13-8 所示。

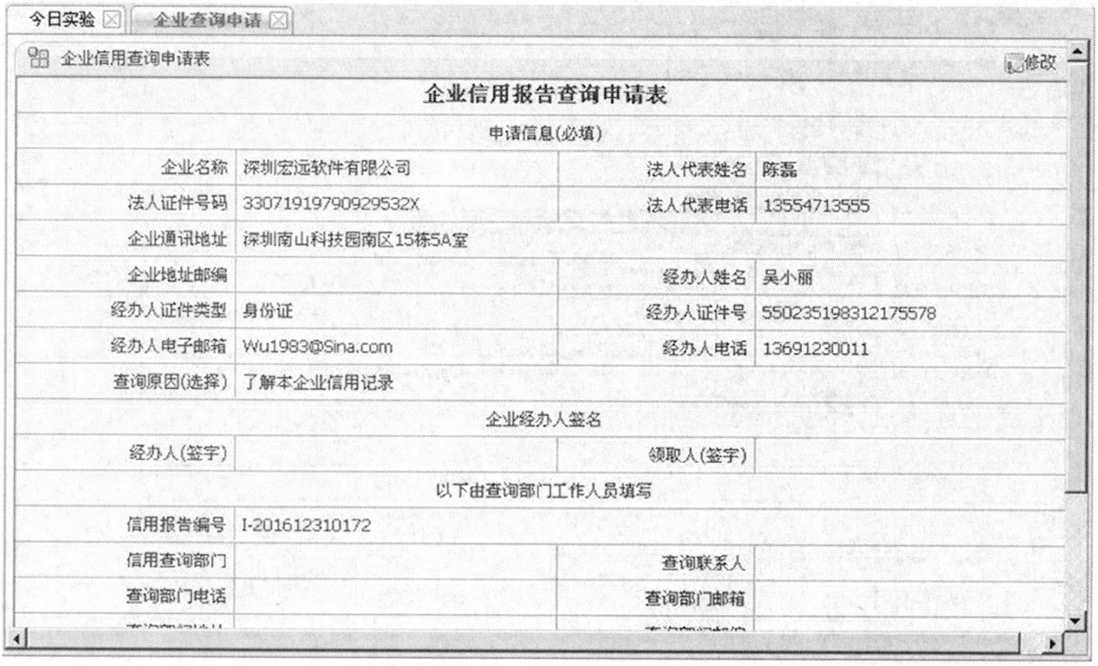

图 4-13-8

(3)【修改申请】。单击工具栏【修改】按钮,显示如图 4-13-9 所示。

图 4-13-9

(4)【删除申请】。单击工具栏【删除】按钮,显示如图 4-13-10 所示。

图 4-13-10

单击【确定】按钮，删除企业查询申请。

C. 单击菜单栏【个人数据仿真】下的【个人基本信息】，显示如图 4-13-11 所示。

图 4-13-11

单击【贷款信息】、【准贷记信息】、【贷记信息】出现如图 4-13-12～4-13-14 所示。

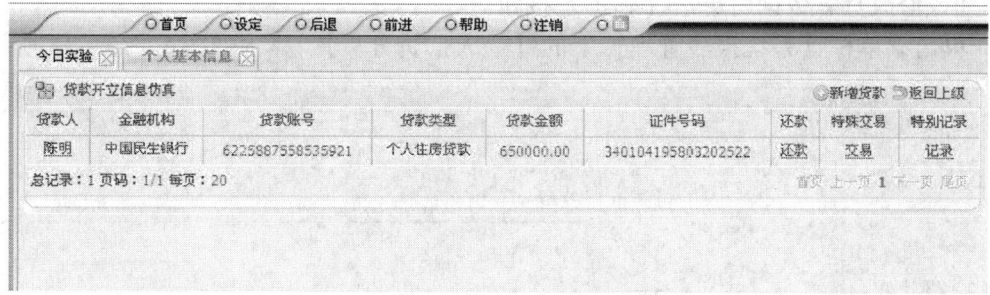

图 4-13-12　贷款信息

图 4-13-13　准贷记信息

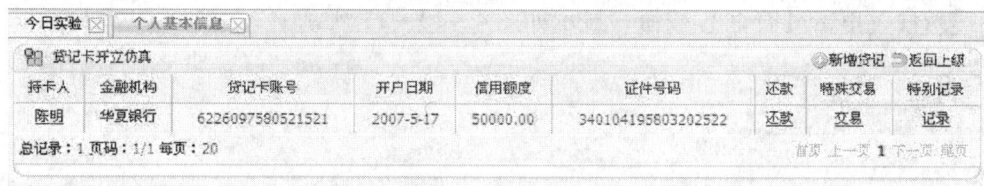

图 4-13-14　贷记信息

选择还款、特殊交易、特别记录右上角【新增】链接，如图 4-13-15 所示。

图 4-13-15

添加或修改贷款数据后单击【确定】按钮。

D. 单击菜单栏【系统报表管理】下的【个人信贷分析】，显示如图 4-13-16 所示。

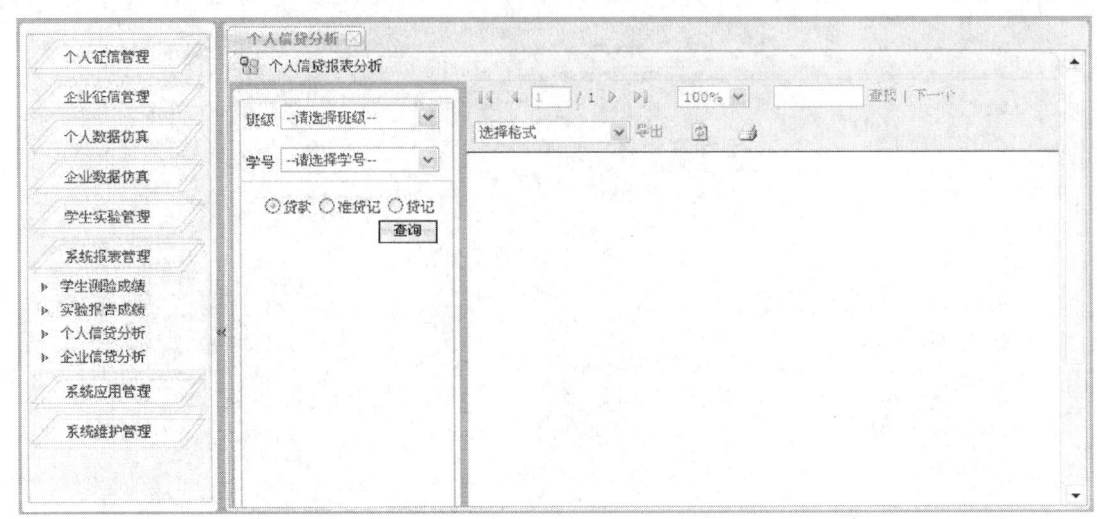

图 4-13-16

选择条件，单击【查询】按钮，显示如图 4-13-17 所示。

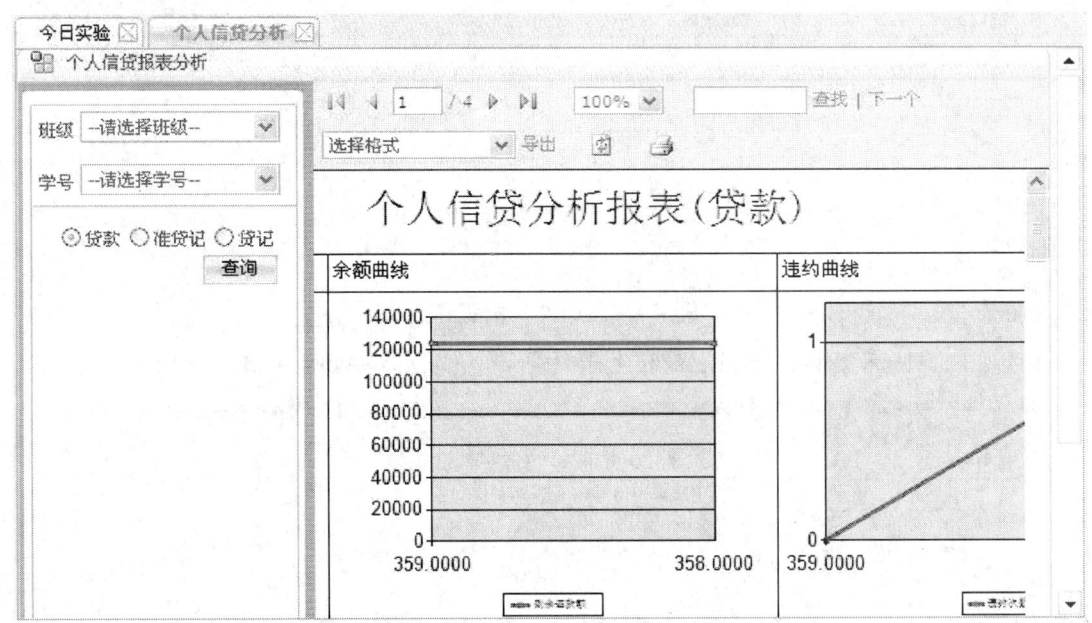

图 4-13-17

即可生成对应分析报表。

（二）企业信用统计分析

单击菜单栏【企业数据仿真】下的【企业基本信息】，显示如图 4-13-18 所示。

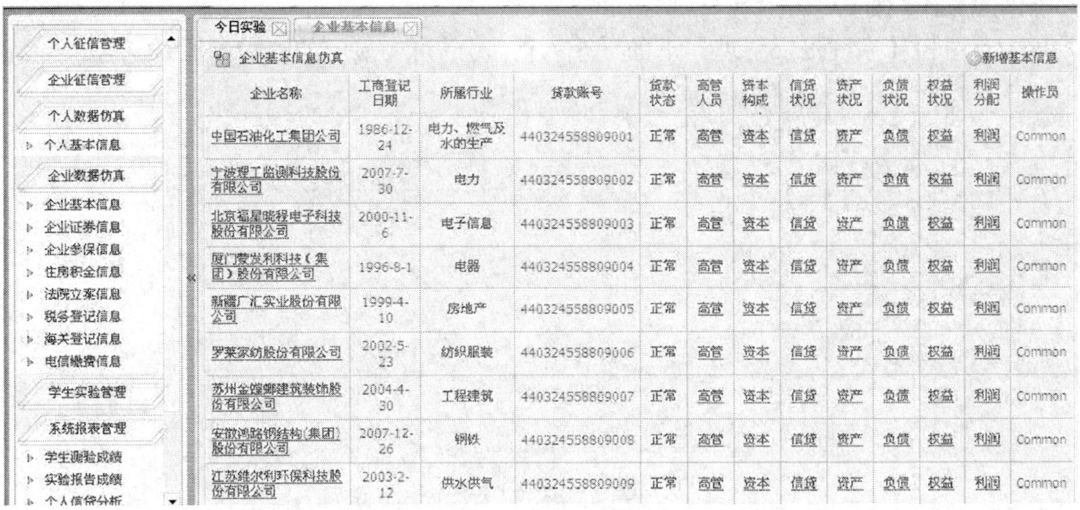

企业名称	工商登记日期	所属行业	贷款账号	贷款状态	高管人员	资本构成	信贷状况	资产状况	负债状况	权益状况	利润分配	操作员
中国石油化工集团公司	1986-12-24	电力、燃气及水的生产	440324558809001	正常	高管	资本	信贷	资产	负债	权益	利润	Common
宁波理工监测科技股份有限公司	2007-7-30	电力	440324558809002	正常	高管	资本	信贷	资产	负债	权益	利润	Common
北京福星晓程电子科技股份有限公司	2000-11-6	电子信息	440324558809003	正常	高管	资本	信贷	资产	负债	权益	利润	Common
厦门蒙发利科技（集团）股份有限公司	1996-8-1	电器	440324558809004	正常	高管	资本	信贷	资产	负债	权益	利润	Common
新疆广汇实业股份有限公司	1999-4-10	房地产	440324558809005	正常	高管	资本	信贷	资产	负债	权益	利润	Common
罗莱家纺股份有限公司	2002-5-23	纺织服装	440324558809006	正常	高管	资本	信贷	资产	负债	权益	利润	Common
苏州金螳螂建筑装饰股份有限公司	2004-4-30	工程建筑	440324558809007	正常	高管	资本	信贷	资产	负债	权益	利润	Common
安徽鸿路钢结构(集团)股份有限公司	2007-12-26	钢铁	440324558809008	正常	高管	资本	信贷	资产	负债	权益	利润	Common
江苏维尔利环保科技股份有限公司	2003-2-12	供水供气	440324558809009	正常	高管	资本	信贷	资产	负债	权益	利润	Common

图 4－13－18

选择资本构成显示，如图 4－13－19 所示。

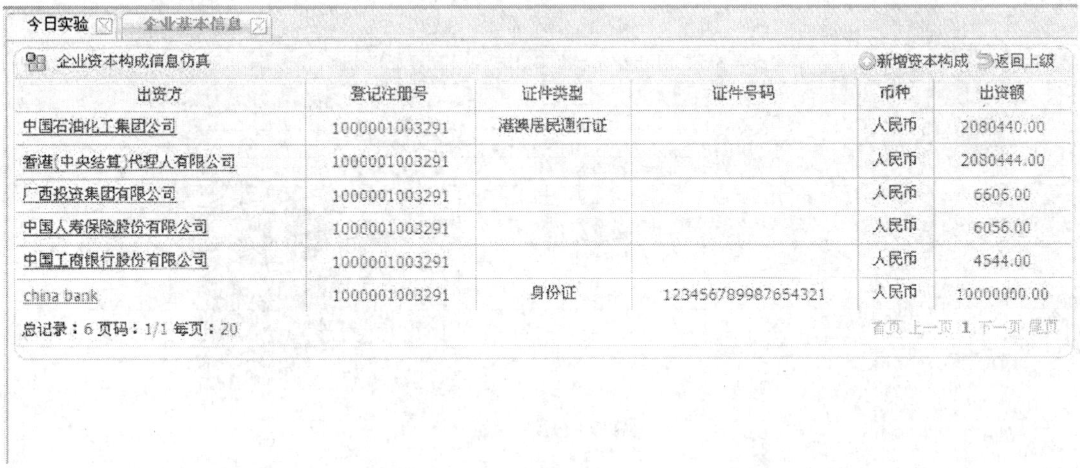

出资方	登记注册号	证件类型	证件号码	币种	出资额
中国石油化工集团公司	1000001003291	港澳居民通行证		人民币	2080440.00
香港(中央结算)代理人有限公司	1000001003291			人民币	2080444.00
广西投资集团有限公司	1000001003291			人民币	6606.00
中国人寿保险股份有限公司	1000001003291			人民币	6056.00
中国工商银行股份有限公司	1000001003291			人民币	4544.00
china bank	1000001003291	身份证	123456789987654321	人民币	10000000.00

图 4－13－19

单击【新增资本构成】，显示如图 4－13－20 所示。

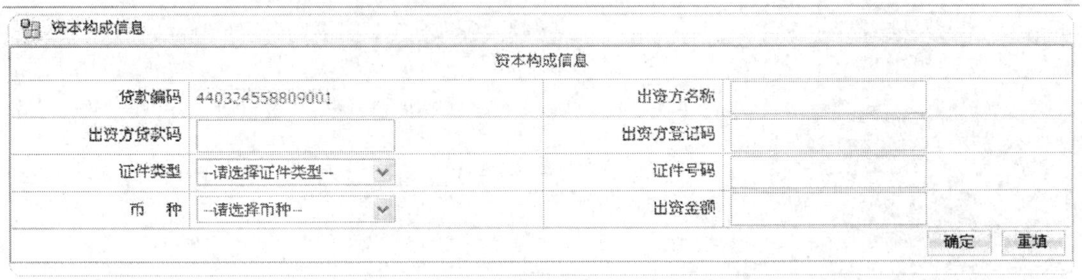

图 4－13－20

新增或修改数据单击【确定】按钮。

单击菜单栏【系统报表管理】下的【个人信贷分析】，显示如图4-13-21所示。

图4-13-21

选择条件，单击【查询】按钮，显示如图4-13-22所示。

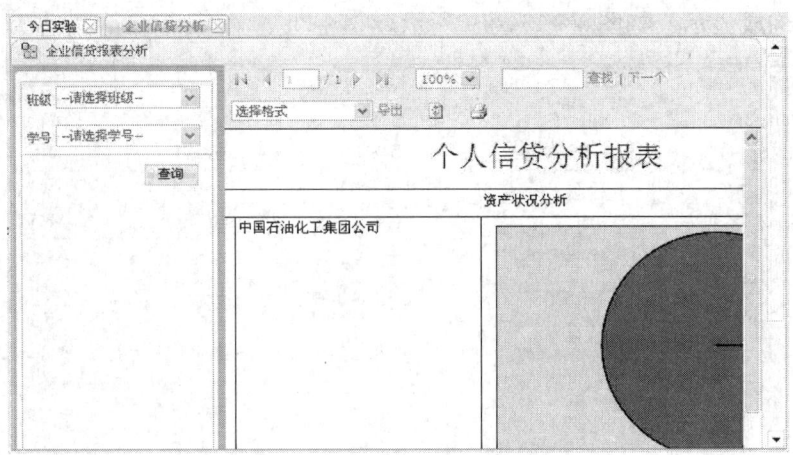

图4-13-22

即可生成对应分析报表。

附录

个人信用报告（个人查询版样本）

个人信用报告

报告编号：　　　　　　查询时间：　　　　　　　　报告时间：
20120724000010904992299　　2012.07.24 13：54：23　　　2012.07.24 13：54：24

查询信息				
被查询者姓名	被查询者证件类型	被查询者证件号码	查询者	查询原因
程阳	身份证	440824197608082226	中国建设银行深圳市田背支行	信用卡审批

一 个人基本信息

个人身份信息						
姓名	性别	证件类型	证件号码	出生日期	最高学历	最高学位
程阳	男性	身份证	440824197608082226	1976.08.08	大学本科（简称"大学"）	学士
通讯地址	邮政编码	户籍地址	住宅电话	单位电话	手机号码	电子邮箱
深圳市福田区财富广场A座16Y深圳市昊天智能系统有限公司	518040	广东省深圳市	28072222	0755-83023333	13502818888	—
婚姻状况	配偶姓名	配偶证件类型	配偶证件号码	配偶工作单位	配偶联系电话	信息获取时间
已婚	李妙平	身份证	440882198009091111	深圳市昊天智能系统有限公司	0755-28072222	2012.07.19

居住信息				
编号	居住地址	邮政编码	居住状况	信息获取时间
1	广东省深圳市宝安区民丰路兴盛花园小区B2座11D室	518000	自置	2012.05.16
2	深圳市福田区财富广场A座16Z	518040	自置	2011.10.24
3	福田区新闻路华富大厦1409室	518028	未知	2011.10.14
4	广东深圳市福田区深南大道7002号浩铭财富广场A座6Z	518000	自置	2011.09.20
5	深圳市福田区财富广场A座16Y	518040	自置	2011.09.20

职业信息				
编号	工作单位名称	单位地址	邮政编码	单位所属行业	职业
1	深圳市昊天智能系统有限公司	广东省深圳市福田区浩铭财富广场A座16Y	518000	制造业	商业、服务业人员
2	深圳市电信工程有限公司	—	—		
3	湛江中旅赤坎票务营业部	—	—	住宿和餐饮业	
4	深圳市杨德明实业有限公司				

续表

	职务	职称	年收入	本单位工作起始年份	信息获取时间
1	高级领导（行政级别局级及局级以上领导或大公司高级管理人员）	—	—	—	2012.05.16
2	—	—	—	—	2011.06.29
3	—	—	—	—	2004.06.27
4	—	—	—	—	2003.04.02

二、信用交易信息

（一）信用汇总信息

银行信贷汇总信息

	账户数	法人机构数	机构数	授信额度（元）	余额（元）	为他人贷款合同担保金额（元）
合计	12	8	9	4 100 000	3 905 521	0

信用卡汇总信息

	账户数	发卡法人机构数	发卡机构数	信用额度（元）	透支余额（元）/已使用额度（元）	准贷记卡透支180天以上未付余额（元）
合计	10	8	8	1 320 000	1 348 486	0

贷记卡汇总信息

	账户数	发卡法人机构数	发卡机构数	信用额度（元）	已使用额度（元）
合计	10	8	8	1 320 000	1 348 486

贷款汇总信息

	笔数	贷款法人机构数	贷款机构数	贷款合同金额（元）	贷款余额（元）	当前逾期总额（元）
合计	2	2	2	2 780 000	2 557 035	0

（二）信用明细信息

信用卡明细信息

编号	卡类型	业务号	发卡机构名称	担保方式	币种	开户日期	信用额度（元）	共享授信额度（元）	最大负债额（元）	透支余额/已使用额度（元）
1	贷记卡	******	******	信用/免担保	人民币	2011.10.14	2 000	2 000	0	0
2	贷记卡	******	******	信用/免担保	人民币	2010.10.28	100 000	100 000	100 039	93 552
3	贷记卡	******	******	信用/免担保	人民币	2010.08.17	60 000	60 000	64 170	64 170
4	贷记卡	******	******	信用/免担保	美元	2010.08.17	60 000	0	0	0
5	贷记卡	******	******	信用/免担保	人民币	2010.11.06	8 000	8 000	8 108	6 448

续表

编号	卡类型	业务号	发卡机构名称	担保方式	币种	开户日期	信用额度（元）	共享授信额度（元）	最大负债额（元）	透支余额/已使用额度（元）
6	贷记卡	*** ***	*** ***	信用/免担保	人民币	2010.11.08	50 000	50 000	50 916	46 691
7	贷记卡	*** ***	*** ***	信用/免担保	美元	2010.11.08	46 138	0	0	0
8	贷记卡	*** ***	*** ***	信用/免担保	人民币	2011.09.20	50 000	50 000	48 793	48 306
9	贷记卡	*** ***	*** ***	信用/免担保	人民币	2011.10.24	1 000 000	1 000 000	1 011 043	1 007 990
10	贷记卡	*** ***	*** ***	信用/免担保	人民币	2010.09.29	50 000	50 000	87 798	81 329
11	贷记卡	CR4367485100083403	中国建设银行深圳市分行	信用/免担保	人民币	2006.11.25	22 000	22 000	50	50
12	贷记卡	CR5324500009460012	中国建设银行深圳市分行	信用/免担保	人民币	2005.09.29	15 000	0	15 206	29
13	贷记卡	CR4367485090045289	中国建设银行深圳市分行	信用/免担保	人民币	2006.11.25	22 000	0	50	50
14	贷记卡	CD5324500009460012	中国建设银行深圳市分行	信用/免担保	美元	2005.09.29	15 000	0	0	0
15	贷记卡	CD4367485100083403	中国建设银行深圳市分行	信用/免担保	美元	2006.11.25	22 000	0	0	0
16	贷记卡	CD4367485090045289	中国建设银行深圳市分行	信用/免担保	美元	2006.11.25	22 000	0	0	0
17	贷记卡	*** ***	*** ***	信用/免担保	人民币	2004.06.27	0	0	60	0

编号	账户状态	本月应还款金额（元）	本月实际还款金额（元）	最近一次实际还款日期	当前逾期期数	当前逾期总额（元）	准贷记卡透支180天以上未付余额（元）	贷记卡12个月内未还最低还款额次数	信息获取时间
1	正常	0	0	2011.10.14	0	0	—	0	2012.07.04
2	正常	10 737	10 737	2012.06.18	0	0	—	0	2012.07.04
3	正常	5 561	5 600	2012.05.28	0	0	—	0	2012.07.09
4	正常	0	0	2010.08.17	0	0	—	0	2012.07.09

续表

编号	账户状态	本月应还款金额（元）	本月实际还款金额（元）	最近一次实际还款日期	当前逾期期数	当前逾期总额（元）	准贷记卡透支180天以上未付余额（元）	贷记卡12个月内未还最低还款额次数	信息获取时间
5	正常	499	1 000	2012.06.11	0	0	—	0	2012.07.19
6	正常	2 433	3 000	2012.07.10	0	0	—	0	2012.07.19
7	正常	0	0	2010.11.08	0	0	—	0	2012.07.19
8	正常	3 241	3 300	2012.05.24	0	0	—	0	2012.07.06
9	正常	313 244	315 000	2012.04.28	0	0	—	0	2012.06.17
10	正常	4 228	4 500	2012.03.29	0	0	—	0	2012.05.09
11	销户	0	0	2006.11.25	0	0	—	0	2008.03.09
12	销户	1 713	13 700	2008.01.14	0	0	—	6	2008.03.09
13	销户	0	0	2006.11.25	0	0	—	0	2008.03.09
14	销户	0	0	2005.09.29	0	0	—	0	2008.03.09
15	销户	0	0	2006.11.25	0	0	—	0	2008.03.09
16	销户	0	0	2006.11.25	0	0	—	0	2008.03.09
17	销户	0	0	2004.06.27	0	0	—	0	2007.04.21

信用卡最近24个月每个月的还款状态记录											
编号	24	23	22	21	20	19	18	17	16	15	14	13	结算年月
1	/	/	/	/	/	/	/	/	/	/	/	/	2012.07
2	/	/	/	*	N	N	N	N	N	N	N	N	2012.06
3	/	/	N	N	N	N	N	N	N	N	N	N	2012.06
4	/	/	*	*	*	*	*	*	*	*	*	*	2012.06
5	/	/	/	/	N	N	N	*	*	N	N	N	2012.06
6	/	/	/	*	*	*	*	*	N	N	N	N	2012.07
7	/	/	/	*	*	*	*	*	*	*	*	*	2012.07
8	/	/	/	/	/	/	/	/	/	/	/	/	2012.06
9	/	/	/	/	/	/	/	/	/	/	/	/	2012.05
10	/	/	/	/	*	N	N	N	N	N	N	N	2012.04
11	/	/	/	/	/	/	/	/	/	*	*	/	2008.01
12	1	N	N	N	1	N	N	N	N	N	N	N	2008.01
13	/	/	/	/	/	/	/	/	/	*	*	/	2008.01
14	*	*	*	*	*	*	*	*	*	*	*	*	2008.01
15	/	/	/	/	/	/	/	/	/	/	/	/	2008.01
16	/	/	/	/	/	/	/	/	/	*	*	/	2008.01
17	*	*	*	*	*	*	*	*	*	*	*	*	2007.03

续表

编号	12	11	10	9	8	7	6	5	4	3	2	1
1	/	/	/	*	*	*	*	*	*	*	*	*
2	N	N	N	N	N	N	N	N	N	N	N	N
3	N	N	N	N	N	N	N	N	N	N	N	N
4	*	*	*	*	*	*	*	*	*	*	*	*
5	N	N	N	N	N	N	N	N	N	N	N	N
6	N	N	N	N	N	N	N	N	N	N	N	N
7	*	*	*	*	*	*	*	*	*	*	*	*
8	/	/	*	*	N	N	N	N	N	N	N	N
9	/	/	/	/	*	N	N	N	N	N	N	N
10	N	N	N	N	N	N	N	N	N	N	N	N
11	*	*	*	*	*	*	*	*	*	*	*	C
12	N	1	1	*	N	1	*	1	*	1	2	C
13	*	*	*	*	*	*	*	*	*	*	*	C
14	*	*	*	*	*	*	*	*	*	*	*	C
15	*	*	*	*	*	*	*	*	*	*	*	C
16	*	*	*	*	*	*	*	*	*	*	*	C
17	N	N	*	*	*	*	*	*	*	*	*	C

还款状态说明:

准贷记卡:

/ —未开立账户;   * —本月没有还款历史,也就是本月未透支;   N —正常,是指准贷记卡透支后还清;

1 —表示透支 1 – 30 天;   2 —表示透支 31 – 60 天;   3 —表示透支 61 – 90 天;

4 —表示透支 91 – 120 天;   5 —表示透支 121 – 150 天;   6 —表示透支 151 – 180 天;

7 —表示透支 180 天以上;   C —结清的销户;   G —结束(除结清外的,其他任何形态的终止账户);

—账户已开立,但当月状态未知。

贷记卡:

/ —未开立账户;   * —本月没有还款历史,即本月未使用;   N —正常,是指当月的最低还款额已被全部还清或透支后处于免息期内;

1 —表示未还最低还款额 1 次;   2 —表示连续未还最低还款额 2 次;   3 —表示连续未还最低还款额 3 次;

4 —表示连续未还最低还款额 4 次;   5 —表示连续未还最低还款额 5 次;   6 —表示连续未还最低还款额 6 次;

7 —表示连续未还最低还款额 7 次以上;   C —结清的销户;   G —结束(除结清外的,其他任何形态的终止账户);

—账户已开立,但当月状态未知。

贷款明细信息

编号	贷款种类	业务号	贷款机构名称	担保方式	币种	账户状态	还款频率	还款月数	贷款发放日期	贷款到期日期	贷款合同金额(元)	贷款余额(元)	信息获取时间
1	个人经营性贷款	* * * * * *	* * * * * *	信用/免担保	人民币	正常	月	12	2011.09.20	2012.09.20	300 000	77 035	2012.06.21

续表

编号	贷款种类	业务号	贷款机构名称	担保方式	币种	账户状态	还款频率	还款月数	贷款发放日期	贷款到期日期	贷款合同金额（元）	贷款余额（元）	信息获取时间
2	个人经营性贷款	***	***	抵押	人民币	正常	月	12	2012.05.16	2013.05.16	2 480 000	2 480 000	2012.06.25
3	个人住房贷款	***	***	组合（不含保证）	人民币	结清	月	360	2003.04.02	2033.04.02	510 000	0	2010.08.04
4	个人住房贷款	***	***	组合（不含保证）	人民币	结清	月	360	2003.04.02	2033.04.02	260 000	0	2010.08.04
5	个人经营性贷款	80001999005800000001234594	中国建设银行深圳市分行	保证	人民币	结清	月	9	2011.03.23	2011.12.23	59 994	0	2012.01.10

编号	剩余还款月数	最近一次实际还款日期	本月应还款金额	本月实际还款金额	当前逾期期数	当前逾期总额	累计逾期次数	最高逾期数	逾期31~60天未归还贷款本金	逾期61~90天未归还贷款本金	逾期91~180天未归还贷款本金	逾期180天以上未归还贷款本金
1	3	2012.06.20	25 988	25 988	0	0	0	0	0	0	0	0
2	12	2012.05.16	0	0	0	0	0	0	0	0	0	0
3	273	2010.07.19	2 545	452 253	0	0	39	1	0	0	0	0
4	273	2010.07.19	1 298	230 560	0	0	24	1	0	0	0	0
5	0	2011.12.23	6 887	6 887	0	0	0	0	0	0	0	0

贷款最近24个月每个月的还款状态记录												
编号	24	23	22	21	20	19	18	17	16	15	14	13	结算年月
1	/	/	/	/	/	/	/	/	/	/	/	/	2012.06
2	/	/	/	/	/	/	/	/	/	/	/	/	2012.05
3	N	N	1	1	1	1	1	*	N	N	N	N	2010.07
4	N	N	1	1	1	1	1	*	N	N	N	N	2010.07
5	/	/	/	/	/	/	/	/	/	/	/	/	2011.12
编号	12	11	10	9	8	7	6	5	4	3	2	1	
1	/	/	*	N	N	N	N	N	N	N	N	N	
2	/	/	/	/	/	/	/	/	/	/	/	*	
3	N	N	N	N	N	N	N	N	N	N	N	C	
4	N	N	N	N	N	N	N	N	N	N	N	C	
5	/	/	*	N	N	N	N	N	N	N	N	C	

续表

还款状态说明：

/ – 未开立账户；　　　　　　　* – 本月没有还款历史；　　　　　N – 正常（借款人已经按时归还该月应还款金额的全部）；

1 – 逾期 1～30 天；　　　　　　2 – 逾期 31～60 天；　　　　　3 – 逾期 61～90 天；

4 – 逾期 91～120 天；　　　　　5 – 逾期 121～150 天；　　　　6 – 逾期 151～180 天；

7 – 逾期 180 天以上；　　　　　D – 担保人代还（表示借款人的该笔贷款已由担保人代还，包括担保人按期代还与担保人代还部分贷款）；　　　　Z – 以资抵债（表示借款人的该笔贷款已通过以资抵债的方式进行还款。仅指以资抵债部分）；

C – 结清（借款人的该笔贷款全部还清，贷款余额为 0。包括正常结清、提前结清、以资抵债结清、担保人代还结清等情况）；　　G – 结束（除结清外的，其他任何形态的终止账户）；　　# – 账户已开立 但当月状态未知。

			特殊交易				
编号	特殊交易类型	发生日期	变更月数	发生金额（元）	明细记录	信息获取时间	
1	其他	2010.07.19	0	449 708	00002，111	2010.08.04	
2	其他	2010.07.19	0	229 263	00001，111	2010.08.04	

			个人住房公积金信息						
编号	个人账号	单位名称	开户日期	初缴年月	缴至年月	最近一次交缴日期	单位缴存比例	个人缴存比例	月缴存额（元）	信息获取时间
1	20303774555	深圳市电信工程有限公司	2011.06.29	2010.12	2011.10	2011.10.26	12	12	2 000	2011.11.23

最近 24 个月缴交状态																									
编号	24	23	22	21	20	19	18	17	16	15	14	13	12	11	10	9	8	7	6	5	4	3	2	1
1	/	/	/	/	/	/	/	/	/	/	/	/	S	M	M	M	M	M	M	M	M	M	S	N

还款状态说明：

/ – 未开立账户；

* – 当前已开户，但尚未开始缴纳；

M – 账户已开始缴纳，但当月没有缴款（包括正常缴纳和补缴）；

N – 正常（缴款人已经按时缴纳该月应缴纳金额的全部）；

S – 补缴（缴款人当月没有按时缴纳当月应缴公积金，但之后月补缴了当月的欠缴公积金）；

K – 封存；

个人养老保险金信息（缴存）								
编号	经办机构所在地名称	性别	出生日期	参加工作日期	单位名称	单位类型	单位经济类型	单位所属行业
1	440399	男性	1976.08.08	2000.01.01	深圳市鸿波通信实业有限公司	企业	国有全资	农业

续表

编号	经办机构所在地名称	性别	出生日期	参加工作日期	单位名称	单位类型	单位经济类型	单位所属行业
2	440301	男性	1976.08.08	—	深圳市道特康数码通信技术有限公司	企业	有限责任(公司)	—

编号	建立个人账户日期	个人缴费基数	本月实际缴费金额	累计缴费月数	个人缴费状态	中断或终止缴费原因	数据发生年月
1	2000.01.01	3500.00	280.00	0	参保缴费	—	2011.03
2	—	0.00	0.00	0	暂停缴费(中断)	其他原因中断缴费	2008.06

最近24个月缴交状态

编号	24	23	22	21	20	19	18	17	16	15	14	13	12	11	10	9	8	7	6	5	4	3	2	1
1	#	#	#	#	#	#	#	#	#	#	#	#	#	#	#	#	#	1	#	#	#	#	#	1
2	#	#	#	#	#	#	#	#	#	#	#	#	#	#	#	#	#	#	#	#	#	#	#	2

缴交状态说明:
0-未参保;1-参保缴费;2-暂停缴费(中断);3-终止缴费;#-未知:没有此期数据。

查询记录

编号	查询日期	查询者	查询原因
1	2012.07.24	中国建设银行深圳市罗湖支行	贷款审批
2	2012.07.19	******	贷款审批
3	2012.07.05	******	贷款审批
4	2012.07.05	******	贷款审批
5	2012.06.28	******	信用卡审批
6	2012.06.26	******	贷款审批
7	2012.06.19	******	贷款审批
8	2012.06.19	******	贷款审批
9	2012.06.19	******	贷款审批
10	2012.06.18	******	贷款审批
11	2012.06.18	******	贷款审批
12	2012.06.18	******	贷款审批
13	2012.06.13	******	贷款审批
14	2012.05.19	******	贷后管理
15	2012.05.18	******	贷后管理
16	2012.05.18	******	贷后管理
17	2012.04.27	******	贷款审批
18	2012.04.16	******	贷款审批
19	2012.04.11	******	信用卡审批
20	2012.04.09	******	贷款审批

续表

编号	查询日期	查询者	查询原因
21	2012.02.01	＊＊＊＊＊＊	贷后管理
22	2012.01.11	中国建设银行深圳市田背支行/lhy/tb/sz/ccb	贷款审批
23	2012.01.11	中国建设银行深圳市南山支行/pjh/ns/sz/ccb	贷款审批
24	2011.12.31	＊＊＊＊＊＊	贷款审批
25	2011.12.19	＊＊＊＊＊＊	贷款审批
26	2011.12.07	＊＊＊＊＊＊	贷款审批
27	2011.11.30	＊＊＊＊＊＊	贷款审批
28	2011.10.24	＊＊＊＊＊＊	贷款审批
29	2011.10.20	＊＊＊＊＊＊	贷后管理
30	2011.10.19	＊＊＊＊＊＊	贷后管理
31	2011.10.15	＊＊＊＊＊＊	贷后管理
32	2011.10.14	＊＊＊＊＊＊	贷款审批
33	2011.10.10	＊＊＊＊＊＊	信用卡审批
34	2011.09.22	＊＊＊＊＊＊	贷款审批
35	2011.09.21	＊＊＊＊＊＊	信用卡审批
36	2011.09.14	＊＊＊＊＊＊	贷后管理
37	2011.09.14	＊＊＊＊＊＊	贷款审批
38	2011.09.08	＊＊＊＊＊＊	信用卡审批
39	2011.09.08	＊＊＊＊＊＊	贷款审批
40	2011.09.08	＊＊＊＊＊＊	贷款审批
41	2011.09.08	＊＊＊＊＊＊	贷后管理
42	2011.09.06	＊＊＊＊＊＊	贷款审批
43	2011.09.05	＊＊＊＊＊＊	贷款审批
44	2011.05.07	＊＊＊＊＊＊	贷后管理
45	2011.04.02	＊＊＊＊＊＊	贷后管理
46	2010.12.30	＊＊＊＊＊＊	贷款审批
47	2010.12.24	＊＊＊＊＊＊	贷款审批
48	2010.12.23	＊＊＊＊＊＊	贷款审批
49	2010.12.07	＊＊＊＊＊＊	信用卡审批
50	2010.11.16	＊＊＊＊＊＊	贷款审批
51	2010.11.04	＊＊＊＊＊＊	信用卡审批
52	2010.10.29	＊＊＊＊＊＊	信用卡审批
53	2010.10.27	＊＊＊＊＊＊	信用卡审批
54	2010.10.25	＊＊＊＊＊＊	信用卡审批

续表

编号	查询日期	查询者	查询原因
55	2010.10.18	******	贷款审批
56	2010.10.14	******	信用卡审批
57	2010.10.12	******	贷款审批
58	2010.10.11	******	信用卡审批
59	2010.09.20	******	信用卡审批
60	2010.09.15	******	异议核查
61	2010.08.30	******	贷款审批
62	2010.08.26	******	贷款审批
63	2010.08.26	******	贷款审批
64	2010.08.26	******	贷款审批
65	2010.08.23	******	贷款审批
66	2010.08.17	******	贷款审批
67	2010.08.10	******	信用卡审批
****************报告结束*********************			
报告说明			
1. 除本人声明、查询记录和异议标注外所有的信用信息均是从各家银行或其他各类机构采集所得，征信中心承诺保持其客观、中立的地位，并保证将这一原则贯穿于信息汇总、加工、整合的全过程中。			
2. 本人声明是客户对本人信用报告中某些无法核实的异议所做的说明，征信中心不对本人声明的真实性负责。			
3. 本报告的生成依据是截至报告时间为止的个人信用信息基础数据库从商业银行、公安部和其他部门采集到的有关信息。			
4. 本报告中的币种为账户开立时所使用的币种。无论账户以何种币种开立，金额类数据已由各上报单位折算成人民币金额，所采用的汇率是离报文产生当日最近的国家外汇管理局公布的人民币基准汇价。所有数值型数据都为各上报单位上报时取整所得，金额精确到元。			
5. 信息获取时间是指该信息被加载入个人信用信息基础数据库的时间。			
6. 对于用"斜体"展示的数据，属于不符合某些规则，数据项之间存在矛盾的数据。在使用时需特别关注。			

企业信用报告（自主查询版样本）

NO. 00000000000

1 报告说明

  1. 本报告由中国人民银行征信中心出具，依据截至报告时间企业征信系统记录的信息生成。除征信中心标注外，报告中的信息均由相关报数机构和信息主体提供，征信中心不保证其真实性和准确性，但承诺在信息整合、汇总、展示的全过程中保持客观、中立的地位。

  2. 本报告中的身份信息、主要出资人信息、高管人员信息来源于信息主体在中国人民银行各分支机构办理贷款卡业务时所提供的相关资料。

  3. 如无特别说明，本报告中的金额类数据项单位均为万元。

  4. 如无特别说明，本报告中的金额类汇总数据项均为人民币计价。外币折人民币的计算依据国家外汇管理局当月公布的各种货币对美元折算率表。

  5. 如信息记录斜体展示，则说明信息主体对此条记录存在异议。

  6. 报数机构说明是报数机构对报告中的信息记录或对信息主体所作的补充说明。

  7. 征信中心标注是征信中心对报告中的信息记录或对信息主体所作的说明。

  8. 信息主体声明是信息主体对报数机构提供的信息记录所作的简要说明。

  9. 信息主体有权对本报告中的内容提出异议。如有异议，可联系报数机构，也可到当地信用报告查询网点（具体地址可查询征信中心网站 www.pbccrc.org.cn）提出异议申请。

  10. 本报告仅向信息主体提供，不得作为金融机构的授信依据，请妥善保管。因保管不当造成信息泄露的，征信中心不承担相关责任。

  11. 更多咨询，请致电全国客户服务热线 400-810-8866。

基本信息

☞ 身份信息

名称	中国**有限责任公司		
注册地址	北京市复兴路188号		
登记注册号	210800004045679	组织机构代码	18379731-4
国税登记号	510802714474347	地税登记号	510802714474347
贷款卡状态	正常	最近一次年审日期	2012-11-07

☞ 主要出资人信息　　　　　　　　　　　　注册资金折人民币合计 25 000 万元

出资方名称	证件类型	证件号码	币种	出资金额（万元）	出资占比
北京**有限责任公司	贷款卡编码	4103090000063457	人民币	2 000	80%
陈光	身份证	110000194506140024	人民币	500	20%

☞☞ **高管人员信息**

职务	姓名	证件类型	证件号码	性别	出生年月
法定代表人	李伟	身份证	110000194506140024	男	1945-10-01
总经理	王伟	身份证	110000194606140024	男	1955-10-01
财务负责人	张伟	身份证	110000194706140024	男	1965-10-01

有直接关联关系的其他企业

名称	贷款卡编码	关系
报告样本北京公司1	4103090000063457	家族企业
		母子公司
		投资关联
报告样本北京公司2	4103090000063459	母子公司
		担保人关联
报告样本北京公司3	4103090000063455	家族企业
报告样本北京公司4	4103090000063445	出资人关联
报告样本北京公司5	4103090000063440	高管人员关联

信息概要

  信息主体于2001年首次与金融机构发生信贷关系，报告期内，共在8家金融机构办理过信贷业务，目前在6家金融机构的业务仍未结清。报告期内共有1条欠税记录、1条民事判决记录、1条强制执行记录、1条行政处罚记录。

  目前，报告中共有1条报数机构说明、1条信息主体声明、2条征信中心标注。

☞☞ **当前负债信息概要**

由资产管理公司处置的债务汇总			欠息汇总		垫款汇总	
笔数	余额（元）	最近一次处置完成日期	笔数	余额（元）	笔数	余额（元）
1	2 000	2011.01.23	1	1 000	1	10

由担保公司代偿的债务			由保险公司代偿的债务		
笔数	余额（元）	最近一次还款日期	笔数	余额（元）	最近一次还款日期
1	20 000	2011.01.23	1	20 000	2011.01.23

	正常类汇总		关注类汇总		不良类汇总		合计	
	笔数	余额（元）	笔数	余额（元）	笔数	余额（元）	笔数	余额（元）
贷款	3	130	1	20	1	50	5	200
贸易融资	2	110	0	0	1	30	3	140
保理	2	44	1	9	2	22	5	75
票据贴现	6	110	0	0	2	250	8	360
银行承兑汇票	9	107	0	0	1	26	10	133
信用证	2	59	0	0	1	18	3	77
保函	1	50	0	0	1	10	2	60
合计	25	610	2	29	18	406	45	1 045

说明：正常类指债权银行内部五级分类为"正常"的债务；

关注类指债权银行内部五级分类为"关注"的债务；

不良类指债权银行内部五级分类为"次级"、"可疑"、"损失"的债务。下同。

☞ 已还清债务信息概要

由资产管理公司处置的债务			垫款汇总		
笔数	原始金额（元）	处置完成日期	笔数	金额（元）	垫款结清日期
1	200	2009-01-12	3	145	2010-05-01

由担保公司代偿的债务			由保险公司代偿的债务		
笔数	金额（元）	最近一次代偿日期	笔数	金额（元）	最近一次代偿日期
1	20 000	2011-01-23	1		1 000

	贷款	贸易融资	保理	票据贴现	银行承兑汇票	信用证	保函
不良和关注类笔数	2	2	1	1	1	1	1
正常类笔数	20	9	5	30	6	2	6

说明：上表中有1笔贷款和1笔贸易融资已被金融机构剥离，剥离之后的还款情况征信系统并未收录，可能尚未还清。

☞☞ 对外担保信息概要

	笔数	担保金额（元）	被担保业务余额（元）			
			正常	关注	不良	合计
保证汇总	2	20 000	10 000	1 000	1 000	42 000
抵押汇总	3	200 000	22 000	0	0	
质押汇总	3	23 000	12 000	0	0	

注：主业务余额是按担保方式分类汇总，当一笔主业务对应多种担保方式时，该笔主业务余额在不同担保方式下均显示，导致分类统计主业务余额汇总值与合计不一致。

信贷记录明细

☞☞ 当前负债

◎◎ 由资产管理公司处置的债务

处置机构	币种	原始金额（元）	余额（元）	最近一次处置日期
华融资产管理公司	人民币	5 000	2 000	2011-01-23

◎◎ 担保代偿信息

代偿机构	最近代偿日期	累计代偿金额（元）	代偿余额（元）	最近还款日期
G001	2010-01-02	1 000	1 000	—
G002	2010-01-02	2 000	500	—
I001	2010-01-02	1 200	400	—
I002	2010-01-02	3 200	200	—

◎◎ 欠息记录

授信机构	币种	欠息余额（元）	余额改变日期	欠息类型
中国光大银行北京分行营业部①	美元	1 000	2010-10-09	表内

①信息主体于 2011 年 11 月 5 日提出异议：我公司从未发生过欠息；业务发生机构于 2011 年 11 月 8 日提交说明：该笔欠息确实存在；信息主体于 2011 年 11 月 15 日提出声明：该笔欠息为我公司 2008 年收购＊＊公司所欠息。

◎◎ 垫款记录

授信机构	币种	垫款金额	垫款余额	垫款日期	五级分类	原业务
中国银行股份有限公司北京市分行	人民币	10	10	2011-01-02	正常	信用证

◈◈ 不良、关注类的债务

□□ 贷款

| 授信机构 | 五级分类 | 币种 | 借据金额 | 放款日期 | 业务种类 | 担保 |
			借据余额	到期日期	贷款形式	展期
中国光大银行北京分行营业部	损失	人民币	100	2011-01-02	出口卖方信贷	有
			50	2012-01-02	新增贷款	无
中国银行股份有限公司北京市分行	关注	人民币	30	2011-10-02	出口卖方信贷	无
			30	2012-10-02	新增贷款	无

□□ 贸易融资

| 授信机构 | 五级分类 | 币种 | 业务种类 | 融资金额 | 放款日期 | 担保 |
				融资余额	到期日期	展期
华夏银行股份有限公司北京分行	可疑	人民币	出口押汇	50	2011-09-02	有
				30	2011-12-02	无

□□ 保理

授信机构	五级分类	币种	业务种类	叙做金额	叙做余额	叙做日期	担保	垫款
华夏银行股份有限公司北京分行	可疑	人民币	出口保理	27	12	2011-10-16	无	无
华夏银行股份有限公司北京分行	关注	人民币	进口保理	15	9	2011-06-02	有	无
中信银行北京分行营业部	损失	人民币	进口保理	16	10	2011-09-02	有	无

□□ 票据贴现

授信机构	五级分类	币种	贴现金额	贴现日期	到期日期
中国光大银行北京分行营业部	次级	人民币	150	2011-10-10	2012-04-10
中国银行股份有限公司北京市分行	可疑	人民币	100	2011-09-10	2011-12-10

□□ 银行承兑汇票

授信机构	五级分类	币种	出票金额	承兑日期	到期日期	保证金比例（%）	担保	垫款
华夏银行股份有限公司北京分行	损失	人民币	26	2011-06-10	2011-12-10	50	无	无

□□信用证

授信机构	五级分类	币种	保证金比例（%）	开证金额（元）	开证日期	担保
				可用余额（元）	到期日期	垫款
中国银行股份有限公司北京市分行	损失	人民币	50	50	2011-08-10	无
				18	2012-02-10	无

□□保函

授信机构	五级分类	币种	保函种类	保证金比例（%）	金额（元）	开立日期	担保
					余额（元）	到期日期	展期
中国银行股份有限公司北京市分行	损失	人民币	融资类	50	100	2010-10-10	无
					10	2011-01-01	无

□□正常类的债务
□□贷款

授信机构	币种	借据金额（元）	放款日期	业务种类	担保
		借据余额（元）	到期日期	贷款形式	展期
华夏银行股份有限公司北京分行	人民币	100	2011-09-02	出口卖方信贷	有
		75	2012-09-02	新增贷款	无
中国银行股份有限公司北京市分行	人民币	50	2011-05-02	流动资金贷款	无
		35	2012-05-02	新增贷款	无
中信银行北京分行营业部	人民币	30	2011-01-02	固定资产贷款	有
		20	2012-01-02	新增贷款	无

□□贸易融资

授信机构	币种	业务种类	融资金额（元）	放款日期	担保
			融资余额（元）	到期日期	展期
中国银行股份有限公司北京市分行	人民币	进口押汇	60	2011-02-02	无
			60	2012-02-02	无
中国光大银行北京分行营业部	人民币	出口押汇	80	2011-10-02	无
			50	2012-10-02	无

☐☐保理

授信机构	币种	业务种类	叙做金额	叙做余额	叙做日期	担保	垫款
华夏银行股份有限公司北京分行	人民币	出口保理	25	25	2011-01-02	有	有
华夏银行股份有限公司北京分行	人民币	进口保理	30	19	2011-06-02	无	无

☐☐票据贴现

授信机构	笔数	余额（元）
中信银行	5	95
中国银行	1	15

☐☐银行承兑汇票

授信机构	笔数	余额				
		到期日<30天	到期日<60天	到期日≤90天	到期日>90天	合计
光大银行	9	30	27	20	30	107

说明：到期日<60天的承兑汇票不包括到期日<30天的
到期日≤90天的承兑汇票不包括到期日<60天的

☐☐信用证

授信机构	笔数	开证金额（元）	可用余额（元）
中国人民银行	2	100	59

☐☐保函

授信机构	笔数	金额（元）	余额（元）
中国人民银行	1	50	50

已还清债务

☐☐由资产管理公司处置的债务

处置机构	币种	原始金额	接收日期	处置完成日期
东方资产管理公司	人民币	200	2008-01-01	2009-01-12

◇◇担保代偿信息

代偿机构	最近代偿日期	累计代偿金额（元）	结清日期
G001	2010-01-02	2 000	2012-01-02
G002	2010-01-02	1 000	2012-01-02
I001	2010-01-02	2 200	2012-01-02
I002	2010-01-02	1 200	2012-01-02

◇◇垫款

授信机构	币种	垫款金额	垫款日期	结清日期	五级分类	原业务
中国建设银行股份有限公司重庆杨家坪支行	人民币	50	2008-01-02	2010-05-01	次级	信用证
中国建设银行股份有限公司北京分行	人民币	35	2008-06-02	2009-01-01	可疑	保函
中国光大银行北京分行营业部	人民币	60	2008-09-02	2009-01-01	损失	保理

◇◇贷款

授信机构	币种	金额	放款日期	到期日期	结清日期	还款方式	五级分类
中国银行股份有限公司北京市分行	人民币	200	2010-04-02	2011-04-02	2011-09-02	借新还旧	可疑
中国农业银行股份有限公司北京分行	人民币	180	2010-07-02	2011-10-02	2011-10-12	资产剥离	损失

◇◇贸易融资

授信机构	币种	融资金额（元）	发放日期	到期日期	结清日期	还款方式	五级分类
中国农业银行股份有限公司北京分行	人民币	200	2010-06-02	2011-06-02	2011-09-02	资产剥离	损失
中国银行股份有限公司北京市分行	人民币	100	2011-01-02	2011-07-02	2011-07-02	借新还旧	可疑

◇◇保理

授信机构	币种	叙做金额（元）	叙做日期	结清日期	五级分类	垫款
中国银行股份有限公司北京市分行	人民币	50	2010-08-02	2011-04-02	可疑	无

◆◆ 票据贴现

授信机构	币种	贴现金额（元）	贴现日期	承兑到期日期	结清日期	五级分类
中国光大银行北京分行营业部	人民币	70	2010-01-02	2010-04-02	2010-06-02	次级

◆◆ 银行承兑汇票

授信机构	币种	金额（元）	承兑日期	到期日期	结清日期	五级分类	垫款
中国建设银行股份有限公司北京分行	人民币	100	2010-01-02	2010-04-02	2010-06-02	次级	无

◆◆ 信用证

授信机构	币种	开证金额（元）	开证日期	到期日期	注销日期	五级分类	垫款
中国光大银行北京分行营业部	人民币	300	2010-08-10	2010-10-10	2010-12-10	可疑	无

◆◆ 保函

授信机构	币种	金额（元）	开立日期	到期日期	结清日期	保函种类	五级分类	垫款
中国银行股份有限公司北京市分行	人民币	300	2010-08-10	2010-10-10	2010-12-10	融资类	损失	无

☞☞ 对外担保记录

类型	被担保人	证件类型	证件号码	担保币种	担保金额（元）	担保形式
保证	北京市建筑公司	贷款卡	4103090000069511	人民币	200	多人联保
保证	中国兵器装备集团公司	贷款卡	1303090000063457	人民币	100	单人担保
抵押	北京市建筑公司	贷款卡	4103090000069511	人民币	80	抵押物担保
质押	北京市建筑公司	贷款卡	4103090000069511	人民币	100	质押物担保

公共信息明细

☞☞ 欠税记录

主管税务机关	欠税总额（元）	欠税统计日期
北京市国税局	100 000	2010-10-01

☞☞民事判决记录

立案法院：四川省泸州市中级人民法院	立案日期：2007-12-13
案由：房地产合同纠纷	诉讼地位：被告
案号：（2007）泸民终字第295号	审判程序：第一审
诉讼标的：房屋	诉讼标的金额（元）：15 000 000
结案方式：判决	判决/调解生效日期：2008-05-05
判决/调解结果：驳回上诉，维持原判。限期被告中国有限责任公司支付原告四川王氏房地产开发有限公司违约金45万元。如果未按期履行给付金钱义务，应当依照法律规定加倍支付债务利息。驳回原告的其他诉讼请求。	

☞☞强制执行记录

执行法院：北京市西城区人民法院	立案日期：2008-09-25
执行案由：货款	案号：（2008）建执字第1546号
申请执行标的：房屋	申请执行标的金额（元）：420 000
案件状态：2008年12月已结案	结案方式：执行完毕
已执行标的：房屋	已执行标的金额（元）：420 000

☞☞行政处罚记录

处罚机构：北京市质量技术监督局	处罚决定书文号：（京）质技监罚字［2008］01号
违法行为：生产伪造产地的建筑材料	处罚日期：2008-04-29
处罚决定：该类产品停产	处罚金额（元）：500 000
处罚执行情况：已缴纳罚款	行政复议结果：无

☞☞社会保险参保缴费记录

保险类别：养老保险	参保日期：1998-01-01
统计年月：2010-06	缴费基数（元）：20 000
缴费状态：暂停缴费（中断）	累计欠费金额（元）：21 000

☞☞住房公积金缴费记录

统计年月：2010-10	初缴年月：1990-01
职工人数：100	缴费基数（元）：20 000
最近一次缴费日期：2010-01-26	缴至年月：2010-06
缴费状态：暂停缴费（中断）	累计欠费金额（元）：86 000

☞☞获得许可记录

许可部门	许可类型	许可日期	截止日期	许可内容
北京市环保局	环保审批	2009-05-25	2018-12-12	建设项目环境影响评价审批

☞☞获得认证记录

认证部门	认证类型	认证日期	截止日期	认证内容
北京市质量技术监督局	强制产品质量认证	2009-10-10	2012-10-10	

☞☞获得资质记录

认定部门	资质类型	批准日期	截止日期	资质内容
北京市建设厅	建筑企业资质	2009-10-10	2012-10-10	

☞☞获得奖励记录

奖励机构	奖励名称	授予日期	截止日期	奖励事实
北京市质量技术监督局	北京市名牌	2008-12-12	2018-12-12	

☞☞拥有专利记录

专利名称	专利号	申请日期	授予日期	专利有效期（单位：年）
专利一	专20100012	2009-01-01	2010-01-01	10

☞☞出入境检验检疫绿色通道记录

批准部门	出口商品名称	生效日期
国家质量检验检疫总局	棉麻制品	2008-01-01

☞☞进出口商品免检记录

批准部门	免检商品名称	免检号	截止日期
国家质量检验检疫总局	棉麻制品	一级	

☞☞进出口商品检验分类监管记录

监管部门	管辖直属局	监管级别	生效日期	截止日期
国家质量检验检疫总局	北京分局	一级	2009-10-10	2012-10-10

☞☞上市公司或有事项记录

信息更新日期	或有事项
2008-02-01	2006年5月，本公司分别收到四川省成都市中级人民法院民事判决书［（2005）成民初字第999号判决书、（2005）成民初字第99号判决书］

☞☞公用事业缴费记录

公用事业单位名称：中国移动	信息类型：电信
统计年月：2010-12	缴费状态：欠缴费用
最近一次缴费日期：2011-01-01	累计欠费金额（元）：10 000

声明信息明细

☞☞报数机构说明

内　容	报送机构	添加日期
该信息主体曾于2009年5月被起诉，法院判决赔偿金额为50 000元。	中国建设银行股份有限公司北京分行	2010-10-10

☞☞征信中心标注

内　容	添加日期
该信息主体于2009年2月18日被起诉，法院判决赔偿金额为50 000元。	2009-03-18

☞☞信息主体声明

内　容	添加日期
本企业于2009年5月被环保部门处罚20 000元，于6月底将罚款交清。但环保部门未对该数据进行更新。	2009-12-12

汇率（美元折人民币）：6.83，有效期：2011-07。

附1 当前正常类债务

票据贴现

授信机构	币种	贴现金额（元）	贴现日期	到期日期
中国光大银行北京分行营业部	人民币	1 000	2011-05-10	2011-08-10
中国银行股份有限公司北京市分行	人民币	1 000	2011-06-10	2011-09-10

银行承兑汇票

授信机构	币种	出票金额（元）	承兑日期	到期日期	保证金比例	担保	垫款
中国光大银行北京分行营业部	人民币	40	2011-06-10	2011-08-10	50%	无	无
中国银行股份有限公司北京市分行	人民币	40	2011-06-10	2011-08-10	50%	无	无

信用证

授信机构	币种	开证金额（元）	可用余额（元）	开证日期	到期日期	保证金比例	担保	垫款
中国光大银行北京分行营业部	人民币	30	10	2011-06-10	2010-11-10	50%	无	无
中国银行股份有限公司北京市分行	人民币	20	10	2011-06-10	2010-11-10	50%	无	无

保函

授信机构	种类	币种	金额（元）	余额（元）	开立日期	到期日期	保证金比例	担保	垫款
中国光大银行北京分行营业部	融资类	人民币	50	10	2010-12-10	2011-9-10	100%	无	无
中国银行股份有限公司北京市分行	融资类	人民币	20	100	2010-12-10	2011-9-10	50%	无	无

附2 已还清正常类债务

贷款

授信机构	种类	币种	借据金额（元）	放款日期	到期日期	结清日期	还款方式
中国银行股份有限公司北京市分行	流动资金贷款	人民币	1 000 000	2010-01-02	2011-01-02	2011-10-02	借新还旧

贸易融资

授信机构	种类	币种	融资业务金额（元）	发放日期	结清日期	还款方式
中国光大银行北京分行营业部	出口押汇	人民币	1 000 000	2010-01-02	2011-01-02	借新还旧
中国银行股份有限公司北京市分行	出口押汇	人民币	2 000 000	2010-01-02	2011-01-02	借新还旧

保理

授信机构	种类	币种	叙做金额（元）	叙做日期	结清日期	垫款
中国光大银行北京分行营业部	出口保理	人民币	1 000 000	2010-01-02	2011-01-02	无
中国银行股份有限公司北京市分行	进口保理	人民币	2 000 000	2010-01-02	2011-01-02	无

票据贴现

授信机构	币种	贴现金额（元）	贴现日期	承兑到期日期	结清日期
中国光大银行北京分行营业部	人民币	1 000 000	2010-01-02	2010-04-02	2010-06-02
中国银行股份有限公司北京市分行	人民币	2 000 000	2010-01-02	2010-04-02	2010-06-02

银行承兑汇票

授信机构	币种	金额（元）	承兑日期	到期日期	结清日期	垫款
中国光大银行北京分行营业部	人民币	1 000 000	2010-01-02	2010-04-02	2010-06-02	无
中国银行股份有限公司北京市分行	人民币	2000 000	2010-01-02	2010-04-02	2010-06-02	无

信用证

授信机构	币种	开证金额（元）	开证日期	到期日期	注销日期	垫款
中国建设银行股份有限公司重庆杨家坪支行	人民币	300	2010-08-10	2010-10-10	2010-12-10	无
中国建设银行股份有限公司北京分行	人民币	400	2010-08-10	2010-10-10	2010-12-10	无
中国光大银行北京分行营业部	人民币	500	2010-08-10	2010-10-10	2010-12-10	无

保函

授信机构	种类	币种	金额（元）	开立日期	到期日期	结清日期	垫款
中国光大银行北京分行营业部	融资类	人民币	300	2010-08-10	2010-10-10	2010-12-10	无
中国银行股份有限公司北京市分行	融资类	人民币	400	2010-08-10	2010-10-10	2010-12-10	无

附3　对外担保主业务明细

类型	被担保人	证件类型	证件号码	担保币种	担保金额（元）	担保形式
保证	北京市龙源科技有限责任公司	贷款卡	4103090000069511	人民币	10 000.	多人联保
对应主业务信息							

业务种类	币种	借据金额	放款日期	到期日期	余额	五级分类	业务发生机构
贷款	人民币	1 000 000	2010-01-02	2011-01-02	500 000	正常	中国农业银行南平支行

参考文献

[1] 唐明琴,缪铁文,叶湘荣.征信理论与实务[M].北京:中国金融出版社,2015.
[2] 马建华.征信知识与实务[M].北京:国防工业出版社,2012.
[3] 《百姓征信知识问答》编委会.百姓征信知识问答.北京:中国金融出版社,2008.
[4] 托马斯,等.信用评分及其应用.王晓雷,等译.北京:中国金融出版社,2006.
[5] 林钧跃.征信技术基础[M].北京:中国人民大学出版社,2007.
[6] 姜金明.我国个人信用评估研究[D].广州:广东工业大学,2006.
[7] 李德,王建华.我国信用评级机构的现状、作用和发展前景[J].关系金融研究,2003(10):04-08.
[8] 中国人民银行征信中心(http://www.pbccrc.org.cn/zxzx/qyzx/201401/9d21885d4aca4865816d9ed223ce2b74.shtml).
[9] 栾忠祥.我国企业信用评级发展问题与对策研究[J].信用技术,2010(8):216-217.
[10] 刘颖.信用风险评级模型的应用研究[D].天津:天津大学,2007.
[11] 揭水利,陈恩.国外信用风险度量方法对我国的借鉴与启迪[J].区域经济评论,2009(10).
[12] 佚名.尽快建立国家征信数据库[J].科技促进发展,2005(5):21-21.
[13] 仇高皓,王传领,乔丽华.人民银行地方征信数据库建设的实践与思考——以山东省菏泽市为例[J].征信,2016,34(5).
[14] 李丹,王鸿雁.征信体系建设中存在的问题及建议——基于数据库建设等方面的思考[J].征信,2016(7).
[15] 钟娟,温世娣.建立征信数据库系统促进社会信用体系建设[J].赣南医学院学报,2012,32(5):779-780.
[16] 李寿林.个人征信数据库采集工作存在"四难"[J].青海金融,2007(7):60-61.
[17] 天天.诚信以数据来证明——上海市个人信用联合征信数据库介绍[J].计算机周刊,2002(17):24-24.
[18] 陈当澳.基于人民银行征信数据库的企业失信惩戒机制研究[D].苏州大学,2015.
[19] 聂美英.谈个人征信体系中的数据库管理[J].商情,2011(14):55-55.